甘阳 主编

文化：中国与世界新论

＊

儒家与启蒙

哲学会通视野下的当前中国思想

［增订版］

丁耘 著

生活·讀書·新知 三联书店

Copyright © 2020 by SDX Joint Publishing Company.
All Rights Reserved.
本作品版权由生活·读书·新知三联书店所有。
未经许可,不得翻印。

图书在版编目(CIP)数据

儒家与启蒙:哲学会通视野下的当前中国思想/丁耘著.
—增订版.—北京:生活·读书·新知三联书店,2020.10
(2021.11重印)("文化:中国与世界"新论)
 ISBN 978-7-108-06881-1

Ⅰ.①儒…　Ⅱ.①丁…　Ⅲ.①哲学-研究-中国
Ⅳ.①B2

中国版本图书馆CIP数据核字(2020)第169667号

责任编辑	吴　莘　冯金红	
装帧设计	薛　宇	
责任校对	陈　明	
责任印制	董　欢	
出版发行	生活·讀書·新知 三联书店	
	(北京市东城区美术馆东街22号 100010)	
网　　址	www.sdxjpc.com	
经　　销	新华书店	
印　　刷	北京新华印刷有限公司	
版　　次	2020年10月北京第1版	
	2021年11月北京第2次印刷	
开　　本	850毫米×1092毫米　1/32　印张11	
字　　数	200千字	
印　　数	3,001-6,000册	
定　　价	59.00元	

(印装查询:01064002715;邮购查询:01084010542)

"文化：中国与世界"新论

缘　起

百年前，梁启超曾提出"中国之中国"，"亚洲之中国"，以及"世界之中国"的说法。进入21世纪以来，关于"世界之中国"或"亚洲之中国"的各种说法益发频频可闻。

但所谓"中国"，并不仅仅只是联合国上百个国家中之一"国"，而首先是一大文明母体。韦伯当年从文明母体着眼把全球分为五大历史文明（儒家文明，佛教文明，基督教文明，伊斯兰文明，印度教文明）的理论，引发日后种种"轴心文明"讨论，至今意义重大。事实上，晚清以来放眼看世界的中国人从未把中国与世界的关系简单看成是中国与其他各"国"之间的关系，而总是首先把中国与世界的关系看成是中国文明与其他文明特别是强势西方文明之间的关系。二十年前，我们这一代人创办"文化：中国与世界"系列丛书时，秉承的也是这种从大文明格局看中国与世界关系的视野。

这套新编"文化：中国与世界"论丛，仍然承继这种从文明格局看中国与世界的视野。我们以为，这种文明论的立场今天不但没有过时，反而更加迫切了，因为全球化绝不意味着将消解所有历史文明之间的差异，绝不意味着走向无分殊的全球一体化文明，恰恰相反，全球化的过程实际更加突出了不同人民的"文明属性"。正是在全球化加速的时候，有关文明、文化、民族、族群等的讨论日益成为全球各地最突出的共同话题，既有所谓"文明冲突论"的出场，更有种种"文明对话论"的主张。而晚近以来"软实力"概念的普遍流行，更使世界各国都已日益明确地把文明潜力和文化创造力置于发展战略的核心。说到底，真正的大国崛起，必然是一个文化大国的崛起；只有具备深厚文明潜力的国家才有作为大国崛起的资格和条件。

哈佛大学的张光直教授曾经预言：人文社会科学的21世纪应该是中国的世纪。今日中国学术文化之现状无疑仍离这个期盼甚远，但我们不必妄自菲薄，而应看到这个预言的理据所在。这个理据就是张光直所说中国文明积累了一笔最庞大的文化本钱，如他引用 Arthur Wright 的话所言："全球上没有任何民族有像中华民族那样庞大的对他们过去历史的记录。二千五百年的正史里所记录下来的个别事件的总额是无法计算的。要将二十五史翻成英文，需要四千五百万个单词,而这还只代表那整个记录中的一小部分。"按张光直的看法,这笔庞大的文化资本,尚未被现代中国人好好利用过,因为近百年来的中国人基本是用西方一时一地的理论和观点去看世界,甚至想当然地以为西方的理论观点都具有普遍性。但是,一旦"我们跳出一切成见的圈子",倒转过来以中国文明的历史视野去看世界,那么中国文明积累的这笔庞大文化资本就会发挥出其巨大潜力。

诚如张光直先生所言,要把中国文明的这种潜力发挥出来,我们需要同时做三件事,一是深入研究中国文明,二是尽量了解学习世界史,三是深入了解各种西方人文社会科学理论,有了这三个条件我们才能知所辨别。做这些工作都需要长时间,深功夫,需要每人从具体问题着手,同时又要求打破专业的壁垒而形成张光直提倡的"不是专业而是通业"的研究格局。这套丛书即希望能朝这种"通业研究"的方向做些努力。我们希望这里的每种书能以较小的篇幅来展开一些有意义的新观念、新思想、新问题,同时丛书作为整体则能打破学科专业的篱笆,沟通中学与西学、传统与现代、人文学与社会科学,着重在问题意识上共同体现"重新认识中国,重新认识西方,重新认识古典,重新认识现代"的努力。

之所以要强调"重新认识",是因为我们以往形成的对西方的看法,以及根据这种对西方的看法而又反过来形成的对中国的看法，有许多都有必要加以重新检讨，其中有些观念早已根深蒂固而且流传极广，但事实上却未必正确甚至根本错误。这方面的例子可以举出很多。例如，就美术而言，上世纪初康有为、陈独秀提倡的"美术革命"曾对20世纪的中国美术发生很大的影响，但他们把西方美术归结为"写实主义"，并据此认为中国传统美术因为不能"写实"已经死亡，而中国现代美术的方向就是要学西方美术的"写实主义"，所有这些都一方面是对西方美术的误解，另一方面则是对中国现代美术的误导。在文学方面，胡适力图引进西方科学实证方法强调对文本的考证诚然有其贡献，但却也常常把中国古典文学的研究引入死胡同中，尤其胡适顽固反对以中国传统儒道佛的观点来解读中国古典文学的立场更是大错。例如他说"《西游记》被三四百年来的无数道士和尚秀才弄坏了"，认为儒道佛的"这些解说都是《西游记》的大敌"，但正如《西游记》英译者余国藩教授所指出，胡适排斥儒道佛现在恰恰成了反讽，因为欧美日本中国现在对《西游记》的所有研究成果可以概观地视为对胡适观点的驳斥，事实上，"和尚，道士和秀才对《西游记》的了解，也许比胡适之博士更透彻，更深刻！"

同样，我们对西方的了解认识仍然远远不够。这里一个重要问题是西方人对自己的看法本身就在不断变化和调整中。例如，美国人曾一度认为美国只有自由主义而没有保守主义，但这种看法早已被证明乃根本错误，因为近几十年来美国的最大变化恰恰是保守主义压倒自由主义成了美国的主流意识形态，这种具有广泛民众基础而且有强烈民粹主义和反智主义倾向的美国保守主义，几乎超出所有主流西方知识界的预料，从而实际使许多西方理论在西方本身就已黯然失色。例如西方社会科学的基本预设之一是所谓"现代化必然世俗化"，但这个看法现在已经难以成立，因为正如西方学者普遍承认，无论"世俗化"的定义如何修正，都难以解释美国今天百分之九十以上的人自称相信宗教奇迹、相信上帝的最后审判这种典型宗教社会的现象。晚近三十年来是西方思想变动最大的时期，其变动的激烈程度只有西方17世纪现代思想转型期可以相比，这种变动导致几乎所有的问题都在被重新讨论，所有的基本概念都在重新修正，例如什么是哲学，什么是文学，什么是艺术，今天都已不再有自明的答案。但另一方面，与保守主义的崛起有关，西方特别美国现在日益呈现知识精英与社会大众背道而驰的突出现象：知识精英的理论越来越前卫，但普通民众的心态却越来越保守，这种基本矛盾已经成为西方主流知识界的巨大焦虑。如何看待西方社会和思想的这种深刻变化，乃是中国学界面临的重大课题。但有一点可以肯定：今天我们已经必须从根本上拒斥简单的"拿来主义"，因为这样的"拿来主义"只能是文化不成熟、文明不独立的表现。中国思想学术文化成熟的标志在于中国文明主体性之独立立场的日渐成熟,这种立场将促使中国学人以自己的头脑去研究、分析、判断西方的各种理论,拒绝人云亦云,拒绝跟风赶时髦。

黑格尔曾说,中国是一切例外的例外。近百年来我们过于迫切地想把自己纳入这样那样的普遍性模式,实际忽视了中国文明的独特性。同时,我们以过于急功近利的实用心态去了解学习西方文明,也往往妨碍了我们更深刻地理解西方文明内部的复杂性和多样性。21世纪的中国人应该已经有条件以更为从容不迫的心态、更为雍容大气的胸襟去重新认识中国与世界。

承三联书店雅意,这套新编论丛仍沿用"文化:中国与世界"之名,以示二十年来学术文化努力的延续性。我们相信,"文化"这个概念正在重新成为中国人的基本关切。

甘阳
2007年中秋于杭州

目 录

引言：重启古今中西之问　1

第一编　启蒙主体性之终结　7
　　启蒙主体性与三十年思想史
　　　　以李泽厚为中心　9
　　文化民族主义：刺猬的抑或狐狸的？　25
　　现时代知识分子如何"以天下为己任"？
　　　　从"曹锦清道路"说起　40

第二编　儒家之断续　51
　　当前儒学的政治论述　53
　　张广生《返本开新——近世今文经与
　　　　儒家政教》序　72
　　康有为：在十九与二十世纪之间
　　　　章永乐《万国竞争》序　77
　　"新民"与"庶民"
　　　　新文化运动的"梁启超问题"　96

五四、儒家与启蒙

"封建专制"问题再思考　*122*

中国哲学无法不直面梁漱溟的遗产

（访谈）　*147*

大陆新儒家与儒家社会主义

以梁漱溟为个案　*159*

第三编　哲学之会通与分际　*175*

论西方哲学中国化的三个阶段　*177*

哲学与神学的政治对照

柏拉图《会饮篇》解　*215*

是与易

道之现象学导引　*238*

《易传》与生生

回应吴飞教授　*312*

后　记　*338*

增订本后记　*339*

引言：重启古今中西之问

近十年来，中国学术思想的气质和特点发生了很大变化。与上世纪相比，这十年在对研究传统与学术纪律的强调上，应当说延续与推进了上世纪 90 年代的风气。但在问题视野的完整性上，则多半是对 80 年代精神的回应与深入。

中国的现代化建设显然取得了长足进步，以至于现代社会的一些固有问题甚至根本问题都以更加清晰的形态涌现出来。80 年代的思想界主流是憧憬一个隐然在地平线上浮现的现代社会，因而反能对现代性有个不无粗率然而大致完整的概观。90 年代沿袭了 80 年代对现代社会的憧憬，但在社会与学科两者均迅速分化的情形下——这本身就是现代化一个重要的面相——90 年代失落了站在临界点的 80 年代那种可以两面瞻视的优越视野。至于 80 年代是否在这个位置上做了周详冷静的观察，那是另一个问题。

80 年代精神的原典导师是康德，90 年代的导师则是康德的两极分化——韦伯及海德格尔。90年代的中国学术属于社会科学,因而海德格尔还在韦伯之次。这就是说,现代化是这个时代的思想基调,而对现代性的哲学反思,则仅是第二声部的衬托。更不必说,韦伯那里本来就包含着所谓的反思维度。但现代社会科学本身的现代反思维度,在90年代仍然是隐而未彰的。90年代的另一个推进,则是对现代社会的政治建构做了一些理论上的探索,以弥补80年代实践上的顿挫。

这二十年来高度发展的现代化,使得现代社会的面目在中国人眼里从来没有这么清晰过;现代社会里人所得到的享用,和他必然付出的代价,也从来没那么实在过。是生活本身,教育了我们从头来看这个现代性。在这个时代里,那些仍未丧失其锐敏的心灵,无论以什么进路,都必然会再次抵达80年代初的那个老问题——古今中西问题。

然而80年代这个几乎唯一的大问题,实有其更久远的渊源——这也是自始即纠缠于中国现代历史的老问题。对于中国人来说,古今问题之所以不断重现,当然不是因为欧洲的什么时代也有类似争论,而是由于中国人遭遇现代之后的全部生活历程本身。古今问题必然蕴含的文明间关系问题,本身既有现代性自身内部的来源,也提示了超越现代性的外部可能。

中国现代思想,每当社会面临巨大转变、历史在岔口歧途忽感迷失之际,必兴起新一轮的古今中西之辩。如从晚清算起，这次应当是中国现代思想发轫以来的第五期——前四期是维新运动前后、五四新文化运动前后、30年代社会史论战、80年代改革开放初期。前三次的思考与争论最终都被证明是更为彻底的革命之先声。第四次作为改革的先声，则重新激发了前三次讨论中那些被革命主题压制到历史表面之下的动机。

在这全部的古今中西之思中，这一次的时机颇为独特。如果说之前的争论都是在现代社会尚未以被期待的方式到来之前发生的，那么这一次，我们却是在自己及他方经验的开展之中，来重启这个思考。

或因如此，在这轮讨论中，比之前的三次更多地出现了对现代的反思和对传统的温情。这种基于理解的温情甚至鼓励有的儒学研习者表现出跨越了五四以来的新儒学、直接绍继清代经学的努力。这种态度显示这一轮古今中西之辩比其他三次更多地与晚清相似。

当然，与正在脱离传统、进入现代、朝贡体系解体的晚清不同，已进入现代、重思传统的本轮思考将更多地从人类本身的现代命运以及当前中国的世界位置入手。位置总是思考的起点，如果说不是基点的话。

此次思考与80年代有连续性，也有明显的不同。正如新文化运动前后与30年代社会史论战之间既有连续性，也有不同那样。

总之，这个重启直接承续的是80年代的思考。80年代对于现代化的期待,被概括在它的启蒙理想中。这是古今问题为主,中西问题为辅。而这次反思间接绍继的,却是晚清以降关于中国传统——其可概括为儒学——的争论。这是中西问题为的,古今问题为矢。本篇之所以名为"儒家与启蒙",实有志于探究晚清以来互为表里的古今中西问题。

或问:这是天下数一数二的大问题,能以小册子、小文章研究吗?答曰:如不得要领,则五车之书亦未必切题。如观之有术,即使不以皇皇巨著载之,亦不可谓未得厥要。前四次关于古今中西的一切论辩解析,多出以报章时文,便是明证。

或问:90年代以来中国社会科学有了长足的进步,这样的问题为何不以学科的方式研究?答曰:学问与学科未必合一。学科式的学术自有其利弊,于今日则已蔚然主流。而能自我作古,在"学科"外杀出一片天地者鲜矣。中国思想今日渐入困厄,泰半害于"学科"。如不欲中华之学绝于偏狭迁就、因循支离,非立新风气,从头振作不可。作者少年问学,得惠于80年代诸贤多矣。虽未及其盛,在精神上则绝不否认为80年代之子。请允许我延续80年代的姿态,保留一点在与"学科"的若即若离之中探索真理的自由。

本篇虽作者从十年来部分文章所搜集,却不期然自有体统,可见当代思想之律动,个人既不自觉,亦无法置身其外。今勒为三编,启蒙、儒学、哲学各据其一。而其要旨,则是从不同方面与层面观察考辨古今-中西问题。启蒙编总论这三十年思想变迁大势以及可能的出路,将古今问题转并入中西问题。儒学编则试图从新一轮古今之争的处境中,在启蒙之后的时代里重新激发儒家新的可能性。

以上两编思想评论居多。古今-中西问题,其根本在体用问题。而体用问题在其自身的形态里则是哲学问题,或至少与哲学相应的问题。在西方哲学是本体问题,在中国思想则是道体问题、心性问题。能从体用上考虑古今中西,当有慧眼,已属罕见。而知道从哲学上阐述体用论,再以之判断古今中西各大精神史形态,则非巨擘不办。作者不才,虽略窥此理,未及发皇。姑于哲学编中,列入十年来的思考纲要,特别是方法论与问题论上的探索。周密完整之构,尚俟来日。

凡人一生中,十年时间固已不短。但对这一轮的古今中西之思来说,则还远远不够。中国,也许整个人类,都又到了一个关头。在这个关头的复杂艰险面前,那些关于人类未来的种种陈词滥调大都变得苍白无力。而以反省现代激活古典资源的当代中国思想者,也许能以中国人解决大问题的传统能力,为人类找到一条新的出路。让我们这样期待、这样努力、这样见证吧。

2011年夏,上海

第一编

启蒙主体性之终结

启蒙主体性与三十年思想史
以李泽厚为中心

2008年是改革开放三十周年。一系列的天灾人变在很大程度上影响了知识界的纪念活动。当然这个事件不可能被遗忘。伟大的中国改革本身无疑是纪念活动的主体。在不断回顾三十年的伟大成就、坚持申说改革的正当性之外，其他的有关活动似乎仅见于"中国人文社会科学三十年"之类的纪念。同义反复恐怕不是好的论证方式，对改革的最好纪念也许并非在"改革开放"这个词的表面打转或者争辩，而是深入到它的历史脉络与内在逻辑中去。观念史大体上是人类现实生活史的自觉意识。检讨这三十年前后的思潮兴替，对于复杂繁多的实际历史过程而言，是一条比较简明的线索。

古人以三十年为一世，盖有以焉。人间之事，凡三十年大概可作一小结。我们提出"三十年思想史"这个概念，就是希望为这个伟大的世代作一个精神上的小结。小结不是总结，倒带点展望的因素。"思想史"也不是"学术史"或者"社会文化史"。它比"学术史"宽泛些，又比"社会文化史"确切些。在学院体制已基本成型的今天，"学术"以及"社会科学"对于"思想"固已取得了压倒性的优势，但这两者的兴起当然有具体的因素与条件。这些条件中的观念方面，本身就属于"三十年思想史"的重要内容。

"西学东渐"以来，中国思想文化史上的重大起伏，都同知识界对海外学术文化的理解与态度密切相关。即便是"研究国故"的学术、"保存国粹"的思想，亦概莫能外。上世纪70年代末以来的思潮兴替，不失为这条规律的极好例证。回顾这段历史，可以发现有四位西方思想家产生了超越单一领域的广泛影响——我称之为改革开放时期的"西学四导师"。他们是青年马克思、康德、海德格尔与施特劳斯。如果我们能够关注：为什么恰恰是这四人在我们这里占据了如此重要的地位，他们的思想学说如何被我们这个时代所解释、各自产生了什么样的影响，特别是这四位导师的教诲之间具有什么样的内在关联，或可获得一个合适的视角，去理解"三十年思想史"的整体气质与发展脉络。

改革绝不仅是基本国策的调整，它意味着大时代的自新精神。除了大决裂的时刻，新时代当其酝酿期间，必然要同旧时代的正统意识形态发生积极的联系，要从老经典那里挖出新可能。因而毫不奇怪，为了抵消在正统解释下几全无生气的老年马克思，知识界发现了作为《巴黎手稿》或者《博士论文》作者的青年马克思，一个费尔巴哈派、人道主义者，一个带着明显18世纪气息的革命者——一句话，一个典型的启蒙知识分子。青年马克思给70年代末带来的刺激叫作"人"。实际上《巴黎手稿》里的这个概念本属费尔巴哈，在当时更是被塞入了不少卢卡奇的东西。马克思主义与任何形式的人道主义的联姻注定是短暂的。除了少数人取道《巴黎手稿》终生周旋于"西方马克思主义"之外，卢卡奇化的马克思的崇拜者们很快找到了一个更合适的挖掘对象，这就是李泽厚化的康德。

李泽厚并不是什么康德专家，他的康德述评也很难说是康德研究的必读书。但在用康德解释把握时代命脉甚至推动时代精神的意义上，李泽厚无人可比——即使海德格尔高明的康德书在这一点上也无法相提并论。康德在20世纪（这个世纪即使不属于尼采也应该属于海德格尔）的某个时刻居然如此激动人心，究其原因，天时地利因素占据泰半。但把这种因素转化为活生生的现实力量，李氏解释其功至伟。

无论正统派们怎么想，时代精神的必然要求是从"人"这个概念向前推进。思想的要求如此，社会经济文化的要求也是如此。经李泽厚轻轻一拨，青年马克思对老年马克思之局就变成了康德对黑格尔之局，省却多少麻烦，打开无限生机。经由康德,一方面可以直接继承18世纪的整个启蒙传统,另一方面绕开了与正统意识形态密切相关的黑格尔-马克思一系,取道新康德主义奔向原先几乎属于"不可接触者"的"现代西方资产阶级学术"、奔向现代社会与现代思想的另一种可能。通过解释康德,李泽厚找到了一个比"人"更有意蕴的概念——主体性。他试图通过这个概念深入思索改革时代的主要问题:如何论证并建设现代社会?在这个现代化过程如何重新评价中国传统文化?同时"主体性"概念还触及了一个当时不那么显著的问题:在那个新旧交替、剧烈变革的大时代,如何确定个人的生活意义?这三个问题可以归约为"社会""文化""个体生命";或者也可从另一个角度表述为"现代""传统""安身立命"。至少在改革的前半段,思想领域是被这样三个问题轴所宰制的。

以李泽厚的康德解释为原点,基本上可以确定一个参照系,为这三十年来的思潮起伏绘出一个比较清楚的图景。雄心勃勃的后学们从康德开始了他们80年代的新长征。甘阳为什么要引介卡西尔这么个平庸角色?原因不在卡西尔本人,而在李泽厚的康德。后辈必须突破作为康德解释者的李泽厚。有人选择了更深入细致地研究康德,甘阳选择了研究那些同样要突破康德的人。对于他特别关注的文化问题或者古今问题,提出"人是符号的动物"的新康德主义者卡西尔有助于把关注从"理性批判"转到"文化批判"上。在"社会"问题（或者"现代性"问题）轴上，同新康德主义有密切关系的马克斯·韦伯开始得到重视。韦伯研究者苏国勋、甘阳等参与了社会学的学科重建工作。同时，国家的经济体制改革也导致了现代西方经济学研究的崛起。社会学与经济学一同带动了现代社会科学研究的复兴。逐渐坐大的经济学把社会学重建时那种对现代性的深沉思索简单化为"如何实现市场经济体制以及适应该体制的现代社会"这个问题。不幸的是，现代中国社会科学主流，乃至后来的社会学主流本身，都沿袭了现代经济学的这个倾向。社会学复兴时刻的那个关注，除了被年轻的福柯研究者们一度保持并且加以深化之外，主要通过马克斯·韦伯的对方，新康德主义的真正终结者马丁·海德格尔得到了最集中的表达。

进入90年代，在李泽厚那里保持完整的问题领域在研究的深入中逐渐失衡、解体并分化为"学科之争"。这是"现代社会科学"独大的时代。"传统"除了依附于海外汉学或者新儒家被知识分子匆匆瞥过之外，主要是在民间获得了学人难以赞同的复兴。"文化"热退潮了，取而代之的是后现代种种娱乐形态（也就是反文化的文化形式）的兴起。在这个传统隐退、现代逐渐成形的商业社会中，"个体生命"的意义被突出地放到了那些游走在社会科学之外的所谓"人文知识分子"面前。刘小枫对基督徒体验的诗化思考，以及人文精神的反思运动等，无不表达了这个时代的基本焦虑。这个焦虑是社会科学主流无法关注的。即使在所谓"人文学科",也无非体验丰富,至于系统反思,则无从措手。关于个体生命意义的基本焦虑,在思潮上体现为对一干"诗化哲人"的关注。但海德格尔最终把国人对尼采、萨特、叔本华之类的热情全都收入自身之内。在《存在与时间》中文本出版以来的二十一年中,海德格尔影响了当代哲学学科下包括马克思主义哲学在内的诸多学科,影响了文艺理论、艺术评论甚至诗歌创作。其流泽之广远大大超出了韦伯,甚至超越康德。这个外人难以理解的现象,其主要原因当然在于这个时代。伟大的改革瓦解了基本的旧共同体,消除了那种陈腐的归属感,把人驱逐到了无所不包的市场丛林与科层体制之中。如何安身立命的茫然之感也许很难成为一个专门的社会科学课题,但此刻却是折磨每个敏感心灵的首要问题。海德格尔的存在意义之问正是这些心灵当时所能找到的最深刻依靠。职是之故,"海德格尔"超越了专门的研究领域,成了"个体生命意义"这个问题的总象征。这个古怪的马丁·海德格尔是我国80年代马克思主义人本学探索与康德主义主体性探索的最后归宿。在这个意义上,人文学科与社会科学那不对称的"学科之争"也许就是海德格尔一个人的战争——一场思想文化的后启蒙与社会现实的总体启蒙之间的战争。90年代后期以来,思想文化方面的后现代主义与社会经济体制上的泛现代主义从相互斗争逐渐趋向相互依存。这种主观意识上的非理性主义与客观精神上的理性主义都发展着把对方统一在自身之内。陌生的客观现实越是膨胀弥漫无远弗届，主观意识就越是茫然无措进退失据。而无法区分虚无与自由的内在状态正是那个摧毁一切边界、宰制一切对方的客观现实的主观环节。无视黑格尔的教诲、孤立阐发主体性的代价，就是这个"主体"在与"实体"的遭遇战面前一败涂地。时代精神是哲学思维的内容，但单纯的"主体性哲学"已经无法思维这个被它呼唤出来的时代了。如果哲学不想走黑格尔－马克思的道路去面向实体，那么就只有以一种比康德更彻底的态度去倒腾那个"主体"了。

李泽厚-康德的启蒙主体性就这样消融在海德格尔的时代中。启蒙归根结底在于对理性的积极态度——哪怕德国唯心论将感性解释为理性的异在形态，哪怕这种对理性的依靠会导致宗教批判甚至社会革命这种感性材料十足的现实活动。但当海德格尔在他的康德解释中把创生性想象力（相当于他自己的时间性或者现象学的内在时间意识）抬到高于理性与感性的本源地位之时，当他在那些赋予人最突出的存在论地位的真正未来形而上学探究中却把"主体"之存在透彻地描述为茫然无据的"深渊"之时，当他神秘而又锐利地宣布理性离开思想最远之时，80年代笼罩在启蒙、现代甚至整个西方文明上的魅力之光就全都苍白黯淡了。

我们看到，李泽厚"要康德不要黑格尔"的哲学立场使他重视"个体主体"到了压倒"社会存在"的地步。但在更彻底的哲学分析那里，这个"个体"（字面意义是"不可分者"）的存在稳固性（主体性-主词性）消失了。如果根本不存在什么原子那样不可入的坚实"主体"，那么由这"个体主体"呼唤出来的、对"社会存在"的启蒙要求还值得认真论证吗？与把无价值的东西撕给人看的人间喜剧不同，历史喜剧是把无价值的东西实现给人看。历史对启蒙哲人们的最大嘲弄就是，当现代社会终于呱呱坠地之时，他们突然发现早就为她准备的那张合法出生证丢失了。先知所呼唤的来了，但哲人论证不了。

不过，对于一个时代的成长来说，哲学有什么用呢？早在90年代前期，"主体性哲学"或者"生命意义"之类玄远问题就被大踏步前进的市场经济与现代社会置之脑后。"建设现代社会"这个问题非但占据了时代英雄们的几乎全部注意力，还在它自身中孕育出另一个相对完整的问题领域。由政府的经济政策一手建立的市场经济体制首先面临市场与政府的磨合问题，这个问题向前走一步就成了社会与国家的关系问题。社会不平等的加剧强化了不同社会集团关于国家制度变革趋势的争论。随着现代社会的成熟与社会领域的分化，80年代的脆弱共识破裂了。同时，"开放"的市场经济使得整个社会不可避免地一步步卷入经济乃至政治的全球体系之中。市场经济与社会变革既带来了巨大的经济增长，也带来了社会分配与国家安全方面的挑战。"现代性问题"逐渐摆脱了单纯的"经济建设"形态，而变得越来越复杂。知识界的争论话题纠缠在社会平等、国家安全与民族复兴的多重关注中，论战的阵营也在单纯的"左""右"翼之外增加了"国家建设"乃至"文明复兴"的密切关注者。

问题的分化与复杂为知识界的系统性思索带来了障碍。这就是说，除非把问题复杂的完整性当作头等重要的思索对象，任何一种讨论都可能是片面甚至有害的。一个突出的例子就是，经济学主流仅关注如何刺激经济增长，却极少（严格地说根本不可能）考虑经济政策在社会正义、道德风气尤其是国家安全上带来的问题。从根本上说，片面性是高度分化的现代社会科学自身的问题。克服片面性的尝试在现代社会科学的时代注定是罕见的。必须自觉地关注整全的，在实践上首先是统治国家的技艺，在理论上则是现代哲学、现代社会理论与古典政治哲学。90年代晚期以来的知识界，自觉渴望整全的绝不是头脑基本停留在80年代的哲学界——也许李泽厚本人是个例外。社会学理论是某些清醒者试图克服片面性的最早尝试。但90年代的公共知识界已经浮躁到连韦伯都无法消化的地步。甘阳翻译的那本比《人论》重要得多的《民族国家与经济政策》几乎没有引起任何关注——虽然十多年之后，形势已经逼迫许多人重新思考此书的问题了。与现代社理论相比，古典政治哲学却在21世纪初取得了令人惊异的影响。列奥·施特劳斯的历史地位自然无法同康德、海德格尔相提并论，但这并不妨碍他的阐释者们正在中国着手结束海德格尔的时代。以药除病，药复成病。施特劳斯的教诲原本就是用来克制德国哲学之病的。

海德格尔以一种现象学的彻底性把李泽厚所依据的康德式的主体性解释为此在之存在。同德国唯心主义的"自我意识"概念一样，此在之存在方式具有两重性：其一是在处世行事中向着外物、他人、世界等而在，是为非本真的存在方式；其二是在遗世独立中向着自身而在并借此接近存在自身，是为本真的存在方式。前者意味着以不同的方式与存在者打交道，后者才把存在者以及整个世界悬置起来（生存论讲法是：在"畏"的恍惚中一切沉陷），如是才能显露与存在者有着绝对差异（"存在论差异"）的存在自身。一句话，作为对存在的追问，哲学的代价是对整个世界了无兴趣，是直面断绝了一切外缘的、孤立无据的自身。

海氏的存在之问达到了哲学与人生的极限。这一看似比以往任何哲学体系都重视生活的学说，也恰恰是彻底勾销了生活根据的学说。正如其同代人所批评的那样，存在论现象学是纯形式性的——无论对世界还是此在都是如此。它描述了此在决断的时间性结构，但必须撇开一切据以决断的先在内容。海德格尔把哲学最纯粹的那面无保留地展现出来，给他的追随者们留下了这样几个麻烦：世界的现象化，生活的无根化，存在论真理与存在者真理的分离化。"我是谁？我该如何生活？"这类被大时代唤醒的安身立命问题，只是被现象学当成存在之问的此在基本现象加以描述。至于对这些问题的回答，与基本存在论毫不相干——此类问题之为基本现象，恰恰在于它没有答案。如它被赋予任何实质性的回答，那么此在即刻就沦落到"非本真"的存在方式上去了。是的，哲学反省生活，甚至不去追问什么是好的生活，而是为了阐明，任何诸如此类的"好"都来自前见世界之非本真生存，都是对存在之真的遮蔽。

不过，一切时代的总问题都只属于"如何在这个世界好好生活"的非本真问题，海德格尔学说通过赋予人生一个殊胜的第一哲学地位恢复了我们对世界整体的关注，以此克制着现代生活与现代知识体系带来的片面性。但基本存在论上的世界整体性只是现象的、形式的、为了本真之故必须悬置的。海德格尔在形式上给出了一切，在内容上则剥夺了一切。哲学对于生活的消极意义在他那里达到了巅峰。施特劳斯对海氏学说的挑战并不表现为攻击与摧毁，而只是加以明智的限制。施氏并不会去攻击作为本真存在方式的存在之问——去掉这些问题，哲学还是什么呢——而只是把目光投向那个"在世界之中"的非本真存在方式。他的根本任务在于克服现象学的形式主义缺陷——"世界现象"的内容无非就是柏拉图的洞穴。换言之，生活世界归根结底就是政治世界。政治世界不是世界的片段，不是诸"世界"之一，不是区域式的存在者，而是世界整体本身。作为此在基本现象，"存在于世界之中"印证了那个古老的命题："人是政治的动物"。即使人的"形而上学本性"也无法越过这个界限。转成启蒙哲人们熟悉的行话说，"主体"的本性告诫人们，"理性"不可突破"权威""神话""诗教"或者一言以蔽之"传统"的界限。基本存在论贬抑理性，古典政治哲学限制理性。这就进一步打击了"有勇气运用理智"的启蒙精神。

总之，通过推进基本存在论从而将哲学上的首要地位赋予生存之政治性，施特劳斯就为重新聚合在90年代被切割得支离破碎的问题域提供了一个有力的襄助。他提醒知识人在面向事情本身的同时历史性地认识自身，认识哲学、科学或者知识冲动在现代社会形成中的对象化效果。这意味着，对现代社会的深入审视无法绕开对启蒙本身的反省。后启蒙的时代静悄悄地过渡到了反（省）启蒙时代。与浪漫主义或者批判理论之类相反，保守主义式的反启蒙是被古典政治哲学的沉静气质所熏染的。保守主义思潮不声不响地，但也是不可逆转地更新了问题整体：政治问题，或者说文明-国家的问题是统摄性的，此前的现代社会、传统文化问题均附丽其下，个体生命问题则完全隐退消失了。或者不如说，后海德格尔的保守主义政治哲学的出现，其本身就是对个体生命问题的回答——人是政治的动物，只有在这个伦理－政治－历史世界中的世俗生活才是个体生命存在的首要意义。在形而上学上保持沉默的保守主义，对海德格尔所代表的一切纯粹哲学的态度，让人们回想起儒学复兴时代对待佛老的态度。宋明儒学在"形而上学"方面之所以比保守主义政治哲学多费了那些周折，无非要告诫说，"在世界之中存在"，才是真正的本真存在；哲学生活不是毫无意义的，但以圣贤功夫浸润的伦理－政治生活才是最高的哲学生活。可以逆料，施特劳斯的保守主义在完成其历史使命之后，将迎来儒学乃至中国政治思想的又一次复兴。西学伟人们的时代行将结束。更深入的西学译介工作当然不会停止，但西学为中国思想界提供导师的情景将一去不复返了。这三十年的思想史，将以中国思想的自觉为归宿——一个真正意义上的归宿。

要而言之，撇去"导师"们的名字，"三十年思想史"经过了如下几个概念环节：人、主体、此在、政治的动物；人对应于对象，主体对应于客体，此在对应于世界－存在，政治动物对应于文明－国家。这几个概念是逐次丰富、发展起来的。每一个概念未必将前一个概念完全包含在自身之内，却都是其某个方面的推进，都是摆脱前一概念带来的思想困境的产物。目前的这个概念环节最丰富、最成熟。

如果反观三十年思想史的真正起点——李泽厚的主体

性学说，似乎也可以说，这三十年的观念历程，就是主体性自身的辩证法，只是这个主体性的辩证展开已经超越了启蒙自身的内容。与时代精神的展开类似，李泽厚本人的思想，无非就是"主体性"概念的不断充实与发挥。把这三十年的时代思想史与李泽厚个人的思想发展做一对照，会是一件很有兴味的事情。

实际上，李泽厚真正的体系性贡献，不是他著名的康德评述，而是以此为起点在"主体性哲学"上的不断探索与建设。依据其"人类学本体论"（历史本体论、主体性实践哲学），李泽厚在对包括儒学在内的中国古典思想的阐释上贡献良多。与研究道路有些类似的牟宗三相比，李的特点在于更偏重心体而非性体，在于他对"主体性"复杂性的重视。早在1983年，他就勾画出"主体性"的"两个双重内容"。

"第一个'双重'是：它具有外在的即工艺－社会的结构面和内在的即文化－心理的结构面。第二个'双重'是：它具有人类群体（又可区分为不同社会、时代、民族、阶级、阶层、集团等）的性质和个体身心的性质。这四者相互交错渗透、不可分割。而且每一方又都是某种复杂的组合体。"（《实用理性与乐感文化》，页218）

这就用主体性概念把这三十年思想史涉及的基本问题都囊括在哲学之内了。因而问题整体领域的失衡同样也表现在主体性概念含义的偏重上。清楚地认识到主体性概念的复杂性的同时，李泽厚也明确指出了他更重视每一重含义的第二方面，也就是个体的、内在的一面。随着对原始儒学的深入研读，李更是将个体的"心理"因素、"情"放到了本源的位置上。在他进入本世纪的作品中，"主体"基本被"本体"概念取代了，但仍然保持着以情为本的"文化－心理"之基本结构。"情本体"可算是李泽厚晚年体系的基石，他认为情本体"伦理－宗教"的走向可将牟宗三的体系囊括其中，更试图通过阐发该本体"伦理－政治"的走向，以"儒法互用"为主轴建立为儒家复兴乃至中国政治思想的重建提出新的方案（参见《实用理性与乐感文化》，页97，及《历史本体论·己卯五说》，页189）。

必须将李泽厚"效应"与李泽厚本人区别开来。前者停留在80年代的新启蒙时期，后者虽然没有放弃启蒙的基本理想，但已通过对"主体性"概念的不断阐发回应了整个"三十年思想史"。"情本体"的提出实际上已经是在借鉴海德格尔以推进康德——李泽厚认为牟宗三也在不同的方向上做了同样的事情。"儒法互用"学说运思精警，切中了后施特劳斯时代政治思想讨论的一个要害：中华政制或者中国国家形态的本质究竟是什么？更难能可贵的是，李泽厚试图从"情本体"推出其"伦理－政治"维度。这在"欲求整全"已被所谓"政治哲学"剥夺了权威的今天，是绝无仅有的努力。这是体系的开端，是牟宗三去世之后唯一真正的中国哲学冲动。虽然他只是独断地宣布新概念中的内容，既缺乏对"情本体"的某种所谓"现象学描述"，也缺乏对"伦理-政治世界"的"现象学构成"或者"辩证推演"，但对于一个真正的哲学开端来说，接下来的工作，也许只是必要的余事而已。

李泽厚的后康德探索，无论在"情本体"方面，还是在这个本体"儒法互用"的"伦理-政治"维度方面，都早已超越了他素朴的启蒙信念，独自走了一条对这三十年思想史具有对照意义的沉思之路。其最富教益之处在于，李泽厚仍然是以"哲学"这种18、19世纪之交的思想形式进行探索的。这位老人的不懈思考表明，从哲学那里释放出来的问题整体，也许仍可被收回到一个更深刻、更完满的体系中去。三十年之后，我们如何重新上路，开始思想？哲学能否还是启蒙之后的下一个三十年的起点？在生活·读书·新知三联书店重版的那些崭新的李氏旧作面前，每一个受过他精神恩惠的后学都会这样思考。

2008年8月

文化民族主义：刺猬的抑或狐狸的？

这是一个小文章大行其道的时代。后现代主义说得好，"书"其实已经终结了。如此看来，编文成书无非是个障眼法。但如文集碰巧呈现了一个前后呼应的有机整体，只有一个可能：这些文章或者本来就是有意无意地围绕着同一问题发生的。学院图书馆是书籍应该在的地方，报纸专栏是小文章应该在的地方。小文章一旦被编为真正的书，就出现了言说的错位。那些原该在学院里为学院人写作大书、考虑唯一问题的人，却去报纸上开专栏为传媒大众写些琐碎细事，这已经是一个错位；再把这些琐细文章编辑为书转交学院人琢磨，只能算将错就错吧。

报纸读者与书籍读者的性格大不相同。报章作者与书籍作者的性格也呈现差别。西谚有云："狐狸知道许多小巧，刺猬却知道一件大事。"以赛亚·伯林曾拿来给两类思想者画像。毕生关注唯一永恒问题，因此有一元论倾向的思想者，是谓刺猬；不断关注不同事情，有多元论立场的是谓狐狸。从这个比方看，眼里只有一部大书的自然是刺猬，而手头写下许多文章的无疑就是狐狸了。

伯林本人的重要著述都是文集，没有写出大书虽是他一生的憾事，但这个事实，和他对一元论的不断批评一起，印证了伯林似乎是个言行一致的狐狸。大陆学界介绍伯林最早的是上世纪80年代的甘阳。自此往后，可以发现甘阳与伯林的相似越发多了起来。卷帙对平生，文名满天下。在其本人，却是好谈第一、编书第二、撰文只落得第三。90年代中期，由于种种机缘，甘阳忽然为香港的报纸写起专栏文章来。彼时彼地，晨报早已替代了晨祷，而甘阳于海外负笈多年，或已熟习这种处境下的劝谕技艺。然而言者谆谆，听者藐藐，繁华处毕竟不适合领受这种文字。今将之编为一集，内地学人终于有了阅读与索解的机会。

《将错就错》文凡八编，东拉西扯，左右逢源，看来是典型的狐狸踪迹。在这部文集中，作者也不止一处谈到了伯林。文集较前的部分谈了伯林的"价值多元论"，而终编（"世界大同"）关于伯林的关键词则是"民族主义"。难道"重提价值多元论"只是为了给"民族主义"留下一席之地吗？"大同编"为什么反要用民族主义开头？这样开头的"大同"可以通向何方呢？

回答这些问题之前，对"大同"编的结构、用意做一概观，并因之倒溯全书，是不无收获的。此编文字共一十七篇。头四篇主要在学理上谈自由主义语境下的民族主义，借此托出了两个基本关怀：曰个人自由，曰族群归属感——难得的是并不讳言两者之间的紧张。接下来五篇谈了欧美列强冒犯民族国家界限导致的实际罪恶与理论麻烦。其后四篇检讨冷战之后美国主流的历史哲学及国际关系理论思潮，主要是"历史终结论"与"文明冲突论"。作者显然认为后者更符合实力政治的主流——因而这部分的末篇题为"乱世将临"。最堪注意的是，作者冷峻指出，无论历史终结论还是文明冲突论，其根源都在基督教政治神学。由此我们才不至轻忽，为什么本编亦即全书的最后四篇谈中西（中美）冲突的文字要围绕"上帝与尘世"做发挥。作者援引尼采与洛维特，把现代性的根基安置在彻底的世俗化上。所谓彻底，是连暗以"末世论"为样板的"历史进步论""历史终结论"都不要了。真正自足的尘世的历史是摆脱了"绝对理念之实现"的生灭循环。在这个已无上帝、理念与终极目的的唯一尘世上，人是否还有理由活下去？作者预言，这个始终纠缠着现代性的虚无主义问题必将进一步折磨人类。然而，文末突然一转说，这个问题对中国人从来不是问题——因为上帝在我们这里从未活过，也就谈不上死去了——这个洞见只轻轻一点便戛然而止。但借此我们或可揣测，所谓中西冲突实质就是尘世与上帝的冲突、大地与理念的冲突、循环与目的的冲突，或者，"太现代的"与"现代的"之冲突。

这名曰"世界大同"的满纸冲突透露了一个消息：甘阳其实只关注一个最大最老的问题——"文化：中国与世界"（一个"与"字揭示了冲突的事实与大同的抱负。而"文化"提示了冲突或大同的最终维度）。这与甘阳揭出的伯林面相类似。这个问题现在仍然值得关心的理由只有一个：亦即它仍是个问题，而且恐怕是最终的问题；而这个问题值得现在关心的理由在于，这二十年已使我们具备了一定的政治感受力。

文化曾是 80 年代的最重大话题之一。当时的讨论明显围绕中西、古今两个问题轴进行。较年长的几代大陆学者多仍倾向于围绕前一问题轴考量文化。与此不同，更年轻的一代则明确主张将中西问题还原为古今问题，并通过"文化的现代化"保全中国文化的"主体性"，从而在更深的层面解决中、西之争。作为一代新锐的代表，甘阳运用存在论诠释学的时间性学说解析了文化主体的未来筹划可能，在理论上有力地回答了"现代化是否会导致文化认同消失"的疑问（参见甘阳《传统·时间性·未来》）。彼时的甘阳宣称，筹划现代性就是筹划自我，文化主体的未来重建恰恰将通过文化现代化完成。在这个意义上，"现代的"就是"中国的"。

"十年一觉星洲梦"（《将错就错》），随着 80 年代思想文化运动的中断，围绕着文化问题的各种争论也逐渐退场。这是中国现代化进程的当然结果。现代性在中国的实际展开迅速侵蚀着原已接近底线的文化认同；这种侵蚀已经到了这样的程度：人们甚至不再有文化认同方面的任何危机感。危机感是认同坚守最后底线的标志，80年代文化问题的提出正源于这种最后的危机感。危机感的丧失并不代表文化认同问题已经得到解决，只是说明它被暂时搁置了。现在占据焦点位置的是现代性问题。80年代文化问题的解释与争论主要依靠人文思想的资源，而90年代接纳、处理现代性问题的各种构架则主要源于诸社会科学。现代化进程的复杂导致了现代性问题的分化。90年代轮流坐庄的各门显学为中国的现代性问题大开药方，固然各领一时风骚，但由于它们的"科学"（也就是"部分知识"）本性，均难免把部分研究得到的结论运用到整体上的摸象之讥。于是我们有了种种"思潮"，或者说越过自己的天然界限从而成为意见的部分知识。例如主要得到经济学支持的自由主义，主要得到社会学（包括社会理论、社会史、人类学乃至"文化研究"等）支持的新马克思主义以及后现代主义。几乎同时，这些思潮也展开了对政治学以及法学领域的争夺。经济自由主义紧紧抓住"效率"，而政治自由主义一心想论证"自由"；对手们则回敬以"公正"与"平等"。作为实际裁决者的历史进程付与前者更多的偏爱，交给后者更多的荣誉，但这并不能消除双方对现代化的埋怨或不满。处于双方争论焦点的无疑仅仅是现代性。在相当长的一段时期内，双方对中国日益严重的民族认同危机均无足够的意识。从这个角度看，中国文化云云确已是80年代的繁华旧梦了。

现代性问题真的能与民族性问题割裂开来吗？如果把现代性当作更高的正当性源泉，那么似应承认，中央集权的民族国家是实现现代化最有效的政治单位。这是文艺复兴以来的西欧历史明白揭示的。这就是说，如果现代化是目标，那么坚强的民族认同就是不可或缺的途径。另一方面，中国的情形则恰恰相反。在本国现代化进程的启动环节上，现代性本身并非正当性源泉，而是通过另一个更高的源泉得到正当性保证的工具性选择。这个源泉就是中国文化的"主体性"（甘阳语）。实际上，现代性的正当性从来就是派生的。它要么源自某种基督教政治神学（西方），要么源自某种文化自我保存与自我荣耀的本性（中国）。文化的主体性并不等于民族认同，但一定蕴涵着民族认同，即使该民族并非严格意义的近代民族国家。如果现代化进程侵蚀了某文化的基本主体性，从而无法建立有效民族认同的话，那么对之可有两个判断：一、由于民族认同对现代化的必要性，侵蚀民族认同的现代化无法在实际上真正完成自己；二、由于文化主体性是现代化的正当性源泉，威胁其正当性基础的现代化就无法在理念上为自己辩护。遗憾的是，在实际与理念两方面，中国的现代化进程都受到了不同程度的威胁。在实际层面，由于对本国文化传统的长期妖魔化或侏儒化，由于某类自由主义者对普世主义的天真信赖，由于所谓全球化进程的全面展开，现代化所必需的民族认同正处于空前严重的危机之中；而在理念层面，天真的自由主义者对正当性问题表现了出奇的幼稚与迟钝；而左翼方面最深刻的意见却表达了对现代性的质疑以及对民族性的暧昧——当然，除了后现代主义或不如说虚无主义之外，它们不会带来任何别的东西。有鉴于此，某些有识之士不得不改弦更张，探索另外的思想可能性。这意味着政治民族主义的兴起。

政治民族主义者基于对世界历史与中国时局的观察，特别从联邦党人的政治实践以及马克斯·韦伯的政治理论与中得到启发，试图调和自由主义与民族主义的基本诉求。他们认为，只有真正的宪政民主才能实现真正的民族认同。"以公民个体为政治社会之本，以统一宪法为民族国家之纲，就是联邦党人为美国民主筑下的基石。我以为这同样应成为今后中国民主的基本原则。"（甘阳：《走向"政治民族"》）"成熟的民族主义必然要建立在政治认同的基础之上。……要有一种宪政民主制度，把每一个人都纳入到这个政治体系中来，成为现代意义上的公民，形成强大的政治认同……这样……代表民族国家的整体意志就形成了。"（王焱：《关于民族主义的发言》）主流的政治民族主义者把民族认同明确表述为政治认同，并以此与据说"不成熟的民族主义"也就是文化民族主义区别开来。他们无疑看到了民族认同对于现代化的实际与理念意义，进而把民族认同归结为以宪政民主为基础的政治认同,这是对上世纪90年代以来中国思想的重大推进,标志着中国知识界开始具有初步的"政治成熟"意识。但问题是,作为政治民族主义隐秘导师的甘阳(国内关于政治民族主义的一切谈论都没有超出甘阳发表于90年代中期的《走向"政治民族"》《公民个体为本,统一宪政立国》的水准)非但并不非议文化民族主义,而且还在多年以来的著述中隐晦曲折但一以贯之地关注文化问题,甚至通过对伯林式自由主义的阐释支持某种文化民族主义,这一切难道是偶然的吗?是甘阳仍未摆脱80年代的天真呢,还是某些政治民族主义者其实并不像他们自己所想象的那样成熟?

在甘阳的政治论说和文化论说之间有一个至关紧要的晦暗地带。他本人从未明白道出政治民族主义与文化问题之间可能有的关系。为了进入这个地带,我们必须回到一切争论的根基,重新考察甚至政治民族主义者也匆匆掠过的问题:现代的正当性与民族认同。

单纯的政治民族主义者无疑看到了民族认同对现代化的构建作用,这是他们比粗浅的普世自由主义者高明的地方。但当他们把民族认同还原为政治认同,并因而自以为超越了"不成熟的民族主义"亦即文化民族主义时,其不成熟恰恰暴露无遗。单纯依赖政治认同构建民族认同的思路实际上源于某种"宪法爱国主义"。这意味着,个体对某共同体的归属感仅取决于个体在该共同体中以立法的方式得到保证的自然权利特别是政治权利。应当承认，自然权利之认可确实是归属感的一个重要甚至必要条件。但把后者完全建立在自然权利基础上，就会忽视一个至关紧要的方面：归属感意味着唯一性，意味着个体对某共同体的不可替代性的认肯。个体以公民或者权利主体身份属于某共同体，这是一回事；个体在某共同体中找到归属感，这又是一回事。前者意味着可以转移的政治身份。而后者则源于自然发生的文化身份。归属感不仅仅是万民法的事情，而且还是市民法的事情。它不仅要求宪政，还要求固有的文化。文化身份犹如生命，可以抛弃，但决不可转移。一旦政治认同与文化认同彻底分离，一旦个体除自然权利（natural rights）之外并不拥有作为历史正当（historical right）或民族虔敬的文化归属，那么就不会有实际或理念上的任何东西阻止个体选择一个现成的宪政国家。政治民族主义的意图原是通过实现自然权利重建民族认同。但如果没有"谁的"民族认同这个前提，一切民族认同都将是空话甚至更坏。而这个前提只能来自文化认同。

政治民族主义错误的真正根源乃是他们与自由主义隐秘共享的一个前提——近代自然权利的至高地位。自然权利的基础是抬高欲望贬低激情。但是，政治就是划分敌友，民族的敌友只能通过激情设定。自然权利将使政治民族主义走向自己的反面：以欲望为前提的"政治民族主义"将既不是"政治的",又不是"民族的"。

不管欲望的政治学还是激情的政治学,都是某种政治神学。无非前者的神是 eros,而后者的是维柯意义上的自然-民族-生命。如果我们相信柏拉图笔下的蒂俄提玛,eros 其实并非真神,而是神人之间的精灵,那么它只配喜剧酒后的私下赞美,却没有资格要求悲剧人前的公开虔敬。自然或者民族是虔敬的唯一正当对象。普世神就是某个在天国仿效了恺撒的民族神。虔敬就是信从神话并赞美神祇。民族的神话就是传统文化,民族的神祇就是文化传统。普世上帝已经死了,而诸神之争仍在持续。只有政治民族主义才知道战争仍在持续;只有文化民族主义才知道民族关乎诸神;而只有政治上成熟的文化民族主义才知道最终的政治不是别的,正是诸神之争。甘阳在他的"小文章"里所前瞻的,就是这样一幅异象。

我们的追踪至此可以告一段落了。看来这位作者把自己理解为掌握了狐狸技艺的刺猬。一贯虔敬,那就是刺猬吗?按照伯林的意见,刺猬与狐狸的真正区分在于用绝对一元论还是相对多元论解决问题。按照甘阳的看法,一贯思考某个问题就是刺猬。那么也许伯林或甘阳都是问题上的刺猬与解答上的狐狸?作为伯林的阐释者,甘阳的虔敬在于用相对主义多元论为民族之神留下一席之地。但相对主义多元论真的能保全民族认同吗?

伯林的论敌曾以一种苏格拉底式的冷峻追问了相对主

义的自由主义:"支持最低限度私域的绝对诉求无法完全得到满足;……因为相反的诉求也有同等的权利。伯林所理解的自由主义既不能有,也不能没有绝对的基础。"(列奥·施特劳斯语)。这位颇让伯林头疼的"古典学者"还指出了文明与文化的区别——似乎专门针对伯林的诸"文化"平权的说法。文明的支柱是科学与道德。只有这两者才能养成真正的人性,而它们却是唯一的。但哪个文化最终成了文明,这却是"偶然的命运"。同为犹太人,施特劳斯便面对了伯林试图回避的文化普世主义。作为哲人,前者对"文化主体性"之类神话不感兴趣,可他也没有丧失节制到公然打碎这个神话的地步。犹太亡国已久,历来有那么些错把他乡当故乡,以为自己比希腊人还希腊的犹太人(例如,现象学家胡塞尔在纳粹上台后赌气似的拼命阐发"我们欧洲文明"里的希腊精神)。即使着眼于犹太之天下兴亡者,也要从西学武库里拣几样最先进的武器打造"犹太文明的主体性"(例如柯亨、罗森茨威格、勒维那之辈)。不过费尽心机,也只为西方文明做出个看着好玩的"他者"。伯林看来比这些人聪明,相对主义多元论似乎可以绕开"主体""他者"的陷阱。但相对主义自己却是个更大的陷阱。相对主义不承认有任何普世的东西,那么本己的那个文化自然不可能是普世的。倘若面对一个其势汹汹自以为代表"世界精神"的文明,持相对主义立场的一方所争取的,便永不会超过帝国自治省的范围。文明的冲突是不属于同一神谱的诸神之争。而没有普世诉求的神只是伪神。欲以相对主义为自己的神保留一个祭坛的民族主义者，已通过这种活动本身偏离了"虔敬"。

以相对主义的方式为民族主义留一席之地，这是学的"历史主义"（虽然伯林也许更愿意用"文化多元论"来命名），特别是维柯与赫尔德。赫尔德虽然对诸民族的历史神话有兴趣，但其用意只是树立当时不成气候的德意志民族。也就是说，相对主义其实只是通向民族主义的策略，但后者却无法停顿于此。至于维柯，他表面上关心的是各民族的"自然法"（《新科学》），实则只对一种能当作普世法（《论普世法权》）的民族自然法感兴趣——这就是古拉丁民族的罗马法。无论用后世的"历史主义"抑或"文化多元主义"，都无法完全解释维柯的意图。也许在伯林们看来，维柯的用意无非也是为本民族的"文化"及其"主体性"辩护。但与他聪明的学生们不同，维柯对"文化"之类未尝多予理会。与古典政治哲学一样，他关心的只是各民族法统（nomos）的共同性。通过论证"自然"（nature）与"民族"（nation）的同源性（生命、产生），维柯给出了人类可能有的最有力的民族政治神学。民族的就是自然的，也就是普世的。但这样一来，伯林意义的民族主义就被扬弃了。力求普世的意志只能在自然神学的前提下实现（维柯的著作实在应该与但丁的 on monarchy《论天下一统》或《论世界帝国》相参看）。对本民族法统的辩护，应当按照如下顺序展开：自然神学－自然法－万民法－市民法。不懂得在自然层面论战的民族主义者，就不是真正的民族主义者。但已经在自然层面论战的民族主义者，也就没有必要继续自称为民族主义者。这就是说，无论什么形态的民族主义，都只是世界帝国之自我意识的环节。作为政治诠释学的自然神学论述是民族主义可能有的最高政治行动。但也正通过这种论述－行动，民族主义会把自己扬弃在帝国的世界大同之中。中国人的"大同"编以《论语》乃至经学收尾，这有什么可奇怪的呢？

政治只能是民族的政治。这意味着，没有虔敬也就没有政治。虔敬是关于神圣事物的认肯见解，而民族的经典神圣地解释着神圣事物。虔敬因此首先是面对经典的虔敬。那经典是什么呢？历史学家们站出来说，经典就是最早的历史，是对古代生活的不尽可靠的叙述。历史学家只关心厘定人事与文物，历史主义者则认为，更重要的是进入古人的整个生活脉络。而解构主义者又说，根本无法进入那个脉络，一切都是那么不确定，经典与其他一切文本一样，是某种无穷游戏的又一个开端。所有这些说法都拒绝把"经"的与永恒不变的原则或者法统联系起来。但神圣一定是永恒的。拒绝经典就是拒绝神圣。拒绝神圣就是拒绝民族生活的正当性本源。拒绝这个本源就是拒绝了民族自己。但问题是，存在着那样的永恒吗？

中国的经典是圣人写的。并且圣人知道自己写的是经典，叙述的不仅是当时的生活（就是我们眼里早就过去的古人生活）还有这些生活里生活着的永恒原则。从周天子到汉天子，生活到底变了没有？苏子瞻曰"自其变者而观之，则天地曾不能以一瞬；自其不变者而观之，则物与我皆无尽也"。由此可见，关于永恒的问题是与"观"相联系的。圣人能站得高看得远，所以为圣人。金文里"道"比"行"多的一个部首，就是"目"。学着像圣人也就是经典作者那样"观"，才是诠释经典的正当途径。圣人的眼里不仅是永恒不变的东西，倒首先是一去不复返的生活。学着像圣人那样观看，就得像他们那样去生活和看生活。经典之所以是经典，因为它也适用于每一个人的生活。圣人的生活就是一切人的生活。用当下生活去丰富经典的字里行间，就是"体会"。体会不是历史学，也不是历史主义诠释学，更不是解构主义反诠释学。体会是经典与生活的相互照亮，是通过古今生活经验的耦合建立或发现了"永恒"。这个永恒是政治的真正 archy（开端-统治）。坐而论道，谓之三公；作而行之，谓之士大夫。论与行都是政治整体的部分。政治整体就是"一统"（monachy），也就是道统，或者，永恒之统治。

伯林与甘阳都没有弄错，文化-政治问题最终决定性地依赖于一与多的关系。甘阳甚至隐隐然地看到了世界大同的那个"一"。关于这个"一"，我可以为谈《论语》的甘阳做一个谦逊的补充："关于善的理念我们知道得很少；如果我们不知道它，那么别的知识再多对我们也没有用处……"(柏拉图《理想国》505a)。正是在柏拉图看来，由于我们是有肉身的，凡我们经验到"多"之处，都没有"正确"可言。也许，那个返回洞穴的囚徒，就是将错就错的第一人吧？

2002年10月，上海

现时代知识分子如何"以天下为己任"?
从"曹锦清道路"说起

上世纪90年代初以来,由于社会大环境与文教单位小环境的变化,当代中国知识分子的集体面目发生了比较显著的转变。80年代热情关心文化意义与社会转型的知识分子群体产生了分化。知识分子群体的大多数脱离了公共论域,主要精力耗费于逐渐定型的学院建制内的种种体制化任务。其中有的知识分子,由于所属专业的特性,也通过学科的方式介入了中国社会转型中的重大讨论,这在经济学、社会学、法学及政治学工作者身上体现得比较明显。

知识分子群体中的一小部分,仍然保有比较强烈的现实关怀,以他们特有的方式持续参与到关于中国社会状况与趋势的争论之中。这些坚守本位的公共知识分子的阵营与光谱比较复杂,但约略地看,有这样几个共同特点。

首先,勇于对现实下判断、开药方。关心现实本是公共知识分子的天职,我们不必以此要求学院知识分子——他们的天职是学科建设、申请项目。但公共知识分子既然以此自期,则我们不得不加以绳墨。现时代公共知识分子对现实的关心程度远远高于对现实的了解程度。中国社会现实是一个正在发生迅速深刻变化的、处于内外多重、彼此交织的复杂动态关系之中的巨大整体,仅凭局部的观察、过时的感受与零碎的印象,是没有权利对现实指手画脚的。与作为四民之首的古代士绅不同,现代知识分子本来就没有在社会主要阶层中占有名正言顺的位置(我们要时刻记住自己是工人阶级的一员,这就是说,我们的法定属性不是什么"知识分子",而是工人阶级),主要生活在严重脱离社会实际的学院环境中,从不调查研究而又垄断发言大权。这样的国家医生难道能开出可靠的药方吗?

其次,热衷于运用理论。应该承认,公共知识分子仍保有一点理论表述的真诚热情,这是他们比拾人牙慧、以学谋食的学院知识分子高贵的地方。但这点热情的实现,仍基本依靠学院知识分子对西学的生吞活剥。我国自上世纪80年代以来大规模引进了——即使不那么同步——各种时兴的西方思潮。与被各种课题支配、埋头于引述西学的学院知识分子不同,公共知识分子确有自己的问题意识。但问题总是依据理论来表述和解决的。他们既不能在西学的问题脉络里历史地、全面地理解他们所运用的概念与方法,也谈不上批判地审视各种理论背后的预设与背景，更做不到面对中国现实调整、反省乃至改造自己从学院那里匆忙接受的理论前提。在现实与理论轩轾之处削足适履，无视现实或者裁剪现实以迁就理论的权威，这是当代公共知识分子面对现实要么无言失语，要么胡言乱语的直接原因。其根本原因还是在于缺乏通过全面观察现实建设合理社会理想的诚实、勇气与毅力。

再次，道德化情绪强烈。公共知识分子当然要有真正的道德热情，而不能只是干瘪贫血的理智动物。但情感愈深沉者，理性愈成熟；理性愈成熟者，阅世愈通达。让情绪压倒理性的心智是难成大器的。当代公共知识分子不幸感情用事者多，理性行事者少。往往是激情洋溢的理想主义、冷漠厌倦的犬儒主义与玩世不恭的后现代主义交替发作，将理论、理想乃至教义混为一谈。或曲学阿世、见风使舵，为狮子的份额做狐狸的辩护；或怨恨难消、逢共必反，与体制在情绪上严重对立，这两种表现都谈不上什么成熟的独立自觉意识。前者有清客篾片的灵魂，后者则是典型的青春期心理。

在这么一个图景衬托之下，曹锦清其人其道确属异数。他观察现实、了解现实，但从不轻下药方；他读经览史，钻研西学，但心存警醒，从不滥用名相；他既热情洋溢又头脑清楚，既矫矫不群又世情通达，与肉食者游而能远谋，忠君爱国而又崖岸自高，见庶民则亲，见大人则藐。一言以蔽之，曹锦清不大像我们的公共知识分子。他更不像专业知识分子。他不那么狭隘，也就显得不那么专业。曹锦清的行当算是社会学，不过不像该行当一般从业人员那么传承有自，没有专业学者那么多的家法和门户。

凡此种种，都给估计、评价曹锦清道路带来了困难。只有把这条道路放到合适的历史脉络中，才能比较恰切地理解并进一步推进其意义。下文只是一些需要进一步充实展开的提纲式观点。

一 曹锦清道路属于什么传统？

将曹锦清道路与出于不同旨趣做过地方调查的前贤做一对照，可以发现，他在精神气质上与梁漱溟乃至顾炎武比较接近，并借此与儒学中的实学传统与乡约实践建立了半自觉的关系。曹锦清对梁漱溟相当熟悉，曾经编辑过后者的文选，本人也有从哲学研究转向社会观察的类似履历。自《黄河边的中国》出版以来，随着视野的丰富与体会的加深，曹锦清已逐渐意识到，自己所首要关切的并不是社会学意义上狭义的农村调查问题，而是中华民族的气运盛衰之数。本篇发言从道统开始，就是一个清楚的证据。笔者冒昧预言，曹锦清对自己工作的性质和意义，会有更为强烈、更为自觉的道统意识；同时，他的这种自觉，也会加深我们对儒家传统的了解，突破儒生不是解释经文就是静坐存养的片面意见。曹锦清曾口头表示,浩然之气不当在静坐处养,而当在天地苍生、奔走颠沛间养,此语是他实实在在力行体贴出来者,恐发千古未明之覆。

与此相应,曹锦清在调查方法上综合了顾炎武、毛泽东以及费孝通等的一些特点。他着力比较多的是经济政策调整对农村生活的影响。在微观方面注意看似随机亲切的个人口头调查。这一点似乎接近费孝通,但曹锦清不曾像费老那样对某个乡村做比较全面的调查,他的视野一方面更为狭窄(没有费老对社会组织结构的关注),一方面更为宏观——也因此难入专业社会学家之青目。就宏观方面言,曹锦清除注重数据关系外,尤其将天下之山川形势、地方之历史沿革、国家之政令畅滞、阶层之消息兴替、人心之升降悲欣纳入考察,视野渐因此而开、胸次渐因此而弘。天地之间,万里行来,乃与斯民血肉相连。亲于天地山川即知,亲于苍生万民即仁。斯民既亲,斯道渐明。曹至一地,必先览地方志,以明山川形势、风俗嬗替;实际调查,围绕日常生活所透露之社会生活大要,未尝数数于叙述细节。这些特点,远绍顾炎武,近接毛泽东,与所谓学院知识分子的社会学调查大相径庭。"知识分子"如欲以天下为己任,首先要亲自体察天下。就自然面而言,天下无非山川民情。走万里路,而后知天下;读万卷书,而后明天下之道。这个传统,本是士大夫之实学传统。如能接上这个传统,当代知识分子或者还有自救之机。

二 如何理解农村调查工作的意义？

上文说过，曹锦清对他工作的意义是半自觉的。这就是说，他虽然对乡村调查与天下关怀之间的积极意义日益重视，但还没有足够清晰具体的考虑。这与毛泽东、梁漱溟等有很大的区别。曹锦清是下学上达，通过调查积累了关于农村的丰富经验之后，逐渐在心中展开更宏大的抱负与更广阔的图景（在当代的"三农问题"专家那里，似乎只有贺雪峰也这样慢慢接触到了更大的文明整体问题，其余多不免就农村谈农村）。毛、梁等则一上手就处理的是全中国社会的问题，无非从乡村入手解决这个大问题而已。我们且引梁漱溟的原话：

> 乡村建设理论在我一名《中国民族之前途》，因为这是我从对中国问题的烦闷而找出来的答案。(《乡村建设理论·引言》)
>
> 今日中国问题在其千年相沿袭之社会组织构造既已崩溃，而新者未立；乡村建设运动，实为吾民族重建一新组织构造之运动——这最末一层，乃乡村建设真意义所在。(《乡村建设理论·甲部一·丁》)

他在"文革"中草就的著作中更进一步说：

中国人意识所有者，近则身家，远则天下，而于国家观念则缺乏……其过去政治生活的消极，在今天必然改从积极，同时其君主制度必须改从民主，这都是无疑义的。但这要从实际生活上慢慢培养成功，断非一纸宪法空文所能奏效。我以一个生长大都市（北京）的知识分子而发愿投身乡村建设者，最初动机就是想从小范围的地方自治团体入手以养成国人从事民主政治生活的能力。中国要走向民主，全在从散漫转进于组织，全在国人学习组织团体来生活……中国人在集团生活上既病在向心力不足矣，则必进求组织以补救之……此在四五十年后之今天回首看来犹是对症下药，未云有误。（《中国——理性之国》第二十四章）

这些话清楚地表明，梁漱溟对解决中国问题的总方案是建设新的基本社会组织，与老中国的家族本位与近代西方的个人本位不同，该组织是以礼俗调节的团体生活单位。乡村建设只是团体生活建设——社会建设之入手处而已。

梁漱溟建设先行，曹锦清则首先做调查了解。这点互有短长，梁对中国社会并无系统的调查，是以有三个基本的错误判断导致了乡建运动的失败。首先，农村只是中国社会的一部分，中国社会不仅是农村社会与农业社会。工业化与城市建设是中国现代化的基本趋势，不在这个大趋势下观察农村的命运，一定会被时代抛弃。其次，中国社会问题总解决固然在于后家族的团体建设，这点丝毫没错。但从中国社会的现代化需要而言，该团体不能是地方自治的小团体，而应该是现代国家。回避国家建设的社会建设是没有前途的。历史证明，梁漱溟对中国难以建立现代统一国家的悲观判断是错误的。中国的任何社会团体建设都只能在现代国家建设的大前提下实现。最后，同时解决中国社会建设与国家建设的基本团体是强大有力的革命政党。构建这个政党的基本因素是组织纪律而非乡约礼俗，这个政党进行治理的首要前提是移风易俗，推动宗族解体（这个解体过程并非由该政党肇始，无非由其完成）。这就解决了梁漱溟乡建运动中的最致命麻烦——乡绅阶层解体之后，新风俗由谁担当，新乡村由谁治理？

毛泽东道路的实践遗产，与梁漱溟道路的理论遗产，是我们批评曹锦清道路的两个基本尺度。曹的调查中，似乎没有把处于城乡互动关系网络与国家社会互动关系网络——这两重关系网络是现代社会的本质属性之一——之中的社会组织考虑在内。他对于这两重关系网络是有清楚的注意的，这是他高于梁漱溟的地方。但他没有明确地从社会组织整体建设着手（或者说仅从乡村的经济-家务一面着手），也没有把城市的同一问题考虑在内，这是他的调查需要改进的地方。

什么是天下？从社会理论看，天下首先就是基本社会组织及其生活礼俗；从文明理论看，天下就是作为主导生活方式的文明传统。这是"天下"的非物质自然一面，是超越山川形胜的层面。这也是顾炎武、梁漱溟首先关心的问题。只有在这个意义上，才能把曹锦清从事的实际工作与他自觉到的远大抱负结合起来。

三 作为社会建设与国家建设中介的精英教育

毛泽东的遗产——新中国的社会建设与国家建设的成就是现时代任何实践的根本前提。毛在社会组织方面留下了几个基本贡献，这是他比梁漱溟成功的地方。就乡村而言，毛建立了人民公社制度，一方面为农业发展的基建和规划与农民的团体生活及其治理做了成功的探索，另一方面也大力支持了由国家主导的工业化建设，实现了中国现代化必要的原始积累。在城市，毛建立了单位制度，一方面借助单位通过经济计划逐步实现国家的基本积累与基本建设，另一方面也以单位为中心满足了市民的基本社会保障需求。这就以他自己的方式，在更高的层面上实现了梁漱溟的理想——中国人进入了团体组织的生活。在社会建设方面，之所以毛成功而梁失败，这与毛通过国家政令的计划调控分不开。毛并非就乡村建设乡村，而是通过动员乡村进行武装斗争，而后获得国家政权，再通过国家建设推行包括乡村建设在内的社会建设。

旧中国一盘散沙，这是各方政治势力都看到的问题。唯独毛泽东解决了这个问题。解决这个问题的关键是组织化，社会团体建设需要一个组织化程度更高的团体也就是国家进行推动，而国家则需要另一个组织化程度最高的团体——也就是列宁主义的、具有高度组织性纪律性的政党来进行建设。这可以说是一种组织化强度下推的过程。一盘散沙归根结底只能依靠中央集权由上而下解决，在中国这样一个缺乏团体生活传统的国家，绝无由社会自治解决根本建设问题的可能。这就是说，与西方家庭－市民社会－国家的基本结构不同，毛泽东时代中国实践领域的三要素是：基层组织（人民公社与单位）－国家（权力部门）－政党。只有反省来自西方的国家－社会对立的理论，反省来自西方的政党国家理论，才能准确地解释毛泽东时代社会建设与国家建设的成就。在社会、国家与政党三种团体建设中，最根本的团体建设是政党建设。中国的政党成员不仅是政治组织的一员，而且是社会组织的基本整合力量，在宗族解体，士绅消亡之后，政党成员作为替代性的基层精英担负起了社会整合与政治治理的使命。

随着市场经济的推行，随着人民公社制度与全能单位制度的终结，中国社会遂从一个集体主义式的团体社会转到了一个对于传统而言比较陌生的，近似于个人本位的社会。同时，与西方的成熟的个人本位社会不同，中国社会仍然有集体主义的残留传统，有家庭幸福的残留理想，有高度组织纪律与丰富执政经验的政党，有古代典籍及其残留的解释传统，这些都是我们解决现时代问题时可以加以运用的特有资源。

在这样一个时代，继续推进曹锦清式的格物致知道路，全面观察现实，深刻体会生活，密切注视中国社会的基本状况与发展趋势，在前人各种遗产的基础上解决个人－家庭－社会－国家－天下之间的各种实践问题，乃至在这样一个基本环境中解决人生在世安身立命的最根本问题，才是现时代知识分子的真正天职。

（本文原载《经学、政治与现代中国》，《思想史研究》第三期，上海人民出版社，2007年4月）

第二编

儒家之断续

当前儒学的政治论述[1]

比中国现代思想史上的几乎所有主流派别都更为严肃或者更为诚恳地看待儒学,这是我国思想界正在发生的一大变化。同其他一些态势一样,这个变化标志着,长期徘徊在意识形态站队与学术研究行当之间的中国思想正学着走向深入与成熟。可以预料,思想界的变化对于意识形态与学术研究本身也会产生缓慢而深远的影响。这个变化的实质,是在中国社会、中华文明乃至人类历史所面临的复杂沉重的问题谱面前,将儒学传统作为思想资源加以激活、推衍、运用与考量——这是有别于学术研究解剖与意识形态裁决的关键所在。这个变化之所以能够发生,也许有两方面的原因。首先,人类在每个新时代面对的诸多

---

[1] 本文曾以《共和国的君主教育——试论心性儒学的政治性》第一部分的形式在"共和国六十周年:回顾与展望"学术讨论会(复旦大学,2007年10月)上宣读。目前发表的这个评论其实只是该论文的导引。

新问题,对于某种成熟——这至少意味着,阅历丰富——的智力品质而言,无非都是那些永恒问题的最新变形而已。这层奥妙一旦窥破,思想界求新骛奇的风气往往会一变而为返本溯源、重解传统。征诸史实,大率如此。其次,就"传统"一词的本义而言,每一伟大传统都不仅适用于建立之初,而且通过直面当时的问题切中了那永恒问题的某个面相,这也正是传统能够在看似差别巨大的历史境遇中不时复兴的根据。这两方面的原因显然是彼此相应的。随着永恒问题的变形,传统也可以而且应当变形——其中的契机在于体察到"时代问题"对"永恒问题",或者不如说"传统问题"的归属。换言之,这要求我们,既"保守"地理解"时代",又"开放"地理解"传统"。温故知新,察今知古,互为因果。用"旧"眼光看看"新"的,用"新"眼光看看"旧"的:新的不那么新,旧的也不那么旧。生活与死亡、永恒与有朽的一切秘密,不就在"新""旧"之间吗?体会到新旧之机,当是心智成熟的开始吧。

依据这样一种传释学觉悟去清理当代儒学的复兴,既能比较清楚地领会它在思想史上的意义与趋势,也能发现同它的历史使命不甚相称的若干不足,这也就是说发现它更伟大的可能性,从而给予它适当的辩护与友好的提醒。

当前儒学问题域的开展,包括它的自我描述、自我辩护,包括它的解释、判教与建议,都围绕着政治这个唯一的主轴进行。这与"第三期新儒家"[1]以文化为主要视野出发对儒家进行解释、辩护乃至创造性重建的工作方法有明显差别。如果说这属于"永恒问题"方面的偏重,那么两造在"时代问题"方面存在着同样明显的差别:当前儒学对"现代性"理想多少带有清醒的检讨态度[2],而新儒家的主要焦虑则表现为将儒家现代化,或者说在现代社会基本价值的论证中为儒家传统争得光荣的一席之地。

我们要强调的是,不能因为"第三期新儒家"对于儒学的主旨论说基本集中在文化领域,就断定他们的问题意识中缺乏政治维度。恰恰相反,新儒家的文化论说背后隐含了涉及政治的一些前提,它们可以还原为这样几个判断。

第一,儒家既有心性-文化论说也有政治-制度论说,这两种论说可以分离。

第二,新儒家——无论熊、梁一代还是其后一代——

---

[1] 有的意见,将当代儒家称为"大陆新儒家",以别于"港台新儒家"。不过这就把熊十力、梁漱溟一辈与当代大陆儒家混为一谈,又把他们与其港台弟子分割过甚了。下文将熊十力、牟宗三、唐君毅及其门派中人统称"新儒家",以别于当前主要活跃在中国大陆的儒家。后者的思想体系,本文也称为政治儒学或者制度儒学。

[2] 在当代儒家代表人物蒋庆的表述中,被清醒检讨的是"西方民主";他对于"现代"这个光辉字眼还是保留了相当程度的温情。下文将讨论这种耐人寻味的保留。与之形成对照的是甘阳,他明智地维护着文化保守主义(也仅仅是文化保守主义)的儒家对现代文化(也仅仅是文化)的批判锋芒——但这只是作为现代社会本身的必要一极被维护的。参见蒋庆,《政治儒学》,生活·读书·新知三联书店,2003,页359;甘阳,《中国道路:三十年与六十年》,《读书》2007年第6期。

默默假定或者被迫承认儒家传统的政治论说（外王学）与现代社会的政治价值难以兼容。[1]

第三，现代政治价值（人民民主或者自由民主）是可取的或者必然的；于是——

第四，这两种论说也必须分离。

第五，心性为制度之本。心性论说是中国文化的血脉。为了在现代社会中保全儒家传统，必须切断其内圣学与外王学的关系。即明确地将新儒家的主要任务限定为重述道体，次要任务为通过道体之变开出现代社会基本价值。

新儒家在自己的工作中明显透露的是第五条判断，当代儒学对他们的批评也主要集中在这一条。[2] 当代儒家似

---

[1] 被迫承认指被历史现实而非权势所迫，这主要指梁漱溟。也许钱穆是个异数（他其实并未拒绝现代政治的基本价值，无非认为这些价值要素是中华古代政制在一定程度上即已包含的）。但余英时出于某些考虑已明确拒绝将钱穆列入新儒家阵营，见氏著《钱穆与中国文化》，上海远东出版社，1996。另外，康、梁、章、王、陈等的政治-文化论说都很难纳入简单的现代化派，不过他们同样也难以归入新儒家的历史阵营。如确按余英时上引说法为标准，那么熊、梁一代之前的，带有明显儒家情怀的学术思想家们就处于某种难以简单归类的思想史局面中（这对于某种思想史叙述来说很可能是好事）。余氏划分标准导致的一个尖锐问题是，为何同属新儒家，熊、梁一代基本不约而同地选择以儒学结合现代政治的人民民主一翼，而下一代则整齐地以儒学结合现代政治的自由民主一翼。

[2] 参见蒋庆，《政治儒学》第一章之第一、二节；也请参见干春松，《制度儒学》，上海人民出版社，2006。蒋庆主要依据经学中表达的儒学"理想"。干春松更注重史学也就是说发挥了实际制度效用的儒家实践，陈明等倾向以当下行动发挥这种效用。这些都是蒋庆"政治化儒学"的简单表述容易忽视的。

乎完全颠倒了新儒家凝结在第五条判断中的基本意识，对心性－文化论说抱着敬而远之的悬置态度，明确将依据今文经学特别是公羊学传统，为中国现代社会乃至人类未来设计政治制度当作自己的基本任务。但正如我们所展示的，假如没有上述第一到第四条判断（它们都是关于政治的或者涉及政治的判断）的支持，第五条判断（这一条主要是关于文化的判断）是难以成立的。同样，没有对前四条判断的攻击，对第五条判断的批评也难以成立。在当代儒家对新儒家工作方向的批评背后，隐含着它们对第二、第三条判断的颠覆。这是政治儒学的真正前提，值得论者格外重视。

与新儒家不同，政治儒学的代表人物拒绝"西方民主"（在蒋庆那里可以等同于"自由民主"）的可取性，无视"人民民主"的必然性[1]。进一步说，政治儒学完全否认儒家的外王学与现代的脱节。但如现代仅仅包括人民民主与自由民主，那么这个否认似乎无法成立。因此，政治儒学对上述第二条判断必须抱有双重态度，如果现代社会的政治价值不外乎"民主"，那么甚至蒋庆也能同意新儒

---

[1] 而正是"人民民主"统一建国的实现迫使梁漱溟与熊十力正视乃至论证社会主义中国。特别参见梁漱溟动笔于1950年的未完成稿，《中国建国之路（论中国共产党并检讨我自己）》，《梁漱溟全集》第三卷，山东人民出版社；以及熊十力，《原儒》，《熊十力全集》第六卷，湖北教育出版社。

家的这个判断。而这样一来,他也不得不承认儒家外王学的"过时"。但如果现代政治价值可以有"民主"之外的可能,那么外王学的当代论证就可获保全。这就是说,在政治儒学那里,儒家外王学的当代成立必须以设计另外一种"现代政治价值"为基础。这个设计对于儒家外王学的现代辩护是至关紧要的。它之所以仅仅是设计,是因为政治儒学对于现代实际政制的考察只能得出不利于儒家传统外王学的结论。这点与新儒家完全一致。任何既有形态的儒学,都无法直接从现代实际政制出发对儒家传统做全面的辩护,也无法从儒家传统出发对现代实际政制做有效的论证。儒家政治传统与现代政制之间看起来必定是非此即彼的。

要留心的是,当代儒家的代表人物虽仍将"现代的"一词以某种积极的方式纳入了自己的设计任务,但他们的具体论述事实上已经掏空了历史赋予"现代政治"的任何实际内容。例如,从蒋庆的论说看,"政治儒学"与自由主义、保守主义、马克思主义乃至基督教政治神学等都有某种或积极或消极的联系,但政治儒学明显无法还原为其中如何一种立场[1]。按照蒋氏的表达,政治儒学依据

---

[1] 参见蒋庆,《政治儒学》,页118—125。蒋庆毫不隐讳地表明,政治儒学同基督教政治神学在基本的方面"特别相近";同时也与保守主义有密切的联系;对于自由主义,在认同其代表现代社会一些基本共识的前提下,进行了多方的批评。蒋庆对于政治儒学同马克思主义或者社会主义的具体关系则保持了引人注目的沉默。而这正是甘阳勇敢探索的地方。

重建的"以制说经"传统,主张创建"中国式的政治制度",这也就是所谓"王道政治"。另一方面,他同样强调,创建王道政治也就是"中国式现代化"的应有特质与方向[1]。

任何细心的读者都不会放弃追问:对于"王道政治"与"现代化"的关系,蒋庆在这里到底持何主张?他如何理解、看待"现代化"?揆诸事理,只有两个可能,要么他将"现代化"理解为一个偏于形式的、代表历史政治大势的表态式用语;要么他真诚地认定中国现代化的实质内涵就是王道政治,"现代"在这里只是一个纯粹的时态用语,并不隐含立场上的"古今之争"这样的东西。无论姿态用语还是时态用语,蒋庆对"现代"的理解都同他的论敌或同情者有莫大的差异:他要么在古今之争中实际上完全否定现代(所谓名与实不与,只保留空洞的形式),要么进一步否定古今之争本身。无论哪一种可能,蒋庆所持的都是通常所谓"古代"立场。然而,我们要立刻加以补充的是,这只是古代典籍微言之下的理想立场。古代的实际已被他以"政治化儒学"这个符咒镇压到几不可见的黑暗中去了。这与古代正好相反,古代的政治实际之下是微言,微言之下的东西几不可见。古代必须以"理想"面目、几不可见的形态出现的东西(有一个哪怕无法实现的理想,

---

[1] 参见蒋庆,《政治儒学》,页359。

这对于政治的现实是至关重要的），被经学的现代阐释者们公开强调了。蒋庆试图在"现代化"的进程中通过真正的政治行动、合理的政治设计实现古代的理想。政治理想出于比较高贵的爱欲。理想之为理想，正在必须实现与不可实现之间。一经实现，理想就不再是理想了。蒋庆对于古代理想的态度，已经完全不同于古代，而是属于浪漫化保守主义之类的现代潮流。

与蒋庆的似古实今形成微妙对照的，是甘阳的似今实古[1]。既与的，或者说无论如何无法公开重新设计的现代国家是甘氏儒学论述的出发点。甘阳的儒学论述从属于他的共和国解释。从表面上看，儒家论述并未参与政制解释，而仅仅代表了对于共和国伦理性（Sittlichkeit）资源的描述，它表达的至多是一种渊源于马克斯·韦伯、脱胎于丹尼尔·贝尔的"文化保守主义"[2]。甘阳从未公开尝试依据儒学经典给出任何政治设计之类的东西。在所谓"通三统"的折中工作中，关涉政制之统的其实既非"儒家"，亦非那

---

[1] 甘阳被当今学界各派贴上了"崇美西化派""民族主义""自由主义""新儒家""保守主义"乃至"左派"的大量标签。这些彼此嘲弄的头衔只不过表现了他清楚文风之下的复杂性。学界极少有人严肃地面对——甚至极少有人意识到——甘氏简明风格之后的复杂性，更不要说自觉探索这种复杂性背后真正重要的东西了。如何阅读甘阳大概能测试出这个时代的智力与耐心，正像如何对待蒋庆能够测试出这个民族的气运与傲骨。
[2] 在这个意义上，蒋庆对甘阳的儒学论述内容的评论是正确的。但他没有考虑这种论述的意图。参见《政治儒学》，页6。

里表述的"社会主义",而是"自由"宪政。在对"中华人民共和国"的解释中,严格对应于"共和国"的正是宪政之统,"人民"对应于"社会主义","中华"对应于"儒家"。针对这种解释,很可能发生的疑问是,儒家传统意义上的"中华",其后应当系之以"帝国""王朝",何以可能是共和国?也就是说,通常意义上的现代政体与古代传统的结合是否具有真正的亦即内在的必然性?政治儒学与另一个极端都会拒绝这种必然性。政治儒学要从头设计政体,这就是说,他们与新儒学一样否认儒家与"共和国"的这种协调性。自由主义的左右两翼同样会拒绝让"共和国"(右翼)或者"人民共和国"(左翼)与儒家发生任何积极联系。历史似乎站在他们这边,中国建立现代国家的进程,同时就是在文化与政治中一步步"去儒家化"的进程。这是明显的事实,它也意味着明显的道理。要维护、调整现代政体,就必须继续维护"去儒家化"的历史成就——彻底的自由右翼与彻底的自由左翼,在这个问题上保持了默契。另一方面,要复兴儒家,也就必须对以"去儒家化"为前提的中华现代政体"去现代化",或至少抽掉"现代化"的通常含义。

对于甘阳的共和国解释,自由、保守两极在原则上都应持批评态度如是。事实上政治儒学的反应更温和克制,因为甘阳的工作至少包含了对儒家的辩护。虽然这种辩护方式明显不同于政治儒学,但也算得上把政治与儒学联系了起来,并在现代社会中为儒家留下了一席之地。政治儒学家们对甘阳的不满在于,后者似乎是在维护现代政体这个前提之下进行辩护的,留给儒家的一席之地只是"文化"。换言之甘阳的辩护同时也就是限制。甘阳论述的最终目的是调整现代政体,他对儒学的容纳从未超出新儒家的文化立场,且更进一步切断了文化与政体的实质性联系[1]——实际上新儒家在儒学历史上的真正贡献仅在于为现代开辟了这种联系。

甘阳的论述明显诱导人们仅仅将他理解为现代政体("公民个体为本,统一宪政立国")明智的维护者。在这个意义上,为现代政体辩护确实是他的目的。不过,甘阳的这一辩护方式——而不是辩护内容——表明,他同样是古代传统的明智维护者。这个辩护在伦理理想方面非启蒙、非现代,而在政治体制方面尊重启蒙式现代性的直接后果——现代共和国。甘阳并未以文化保守主义的直白立场去拒斥制止政治儒学的激进政治保守主义,而是通过他特有的辩护方式,将之转化为仅仅发挥文化作用的政治保守主义。理想之为理想,正在必须实现与不可实现之间。没有实现的冲动,理想也不复其为理想。要让政治保守主义发挥文化保守的作用,就必须在言辞内容上既尊重又限制政治儒学的王道理

---

[1] 在对《将错就错》所做的书评中,我讨论的核心问题在于,能否公开切断文化与政治的实质性联系,而诱导人们将伦理资源表述为公民宗教或者高贵的谎言。参见拙文《文化民族主义:刺猬的抑或狐狸的?》,《读书》2003年第3期,现收入本书第一编。

想。但对古代政治理想进行正面阐述与恰当限制，正是古代政制的特征。与此相反，毫无顾忌地将古代理想付诸实施，倒是现代浪漫主义复古派的做法。通过在言辞中限制古代理想、尊重既有政体，甘阳恰恰在行动中表达了高于现代的东西。在言辞上批评现代理想，在行动中尊重既有政体——哪怕从文化保守主义立场上看来这是极不可欲的政体——这就是真正的政治保守主义。

我们再重复一遍，从政治儒学的视角看，甘阳的辩护归根结底仍然是将儒学理解为发挥文化保守主义效力的心性儒学。这个观察在这个方面是正确的——甘阳确实只想让儒学发挥文化保守主义的功效。但与旧的文化保守主义不同，甘阳绕过了心性儒学良知坎陷的实质性论证，避开了政治儒学的攻击，反而回过头来，通过对政治儒学的有限承认，进一步逼迫政治儒学本身担当起被他们攻击的心性儒学的文化保守主义使命——要知道政治儒学之为政治儒学，正在于超越了这个使命。甘阳的这种论证方式，乃至他整个的"通三统"，正是一个典型的"将错就错"策略。[1]

---

[1] 让我们发挥一下甘阳本人的用语。真正的政治保守主义的灵魂一言以蔽之就是"将错就错"；保守主义就是以古代的方式承认现代，而不是以现代方式否认现代；就是以保守的方式肯定革命，而不是以革命的方式否定革命。与此相反，一切复古的、浪漫的、反革命的保守主义则"越改越错"。甘阳与那些拥有高贵激情的古典派的差别在这里，与那些天真的低级自由派的差别同样也在这里。真正的保守主义者不会用言辞告别革命；明智的古典主义者也不会一直强调古今之争。

因此，甘阳既不是以文化保守主义的方式，也不是以心性儒学的实质性论证进行他的儒学辩护的。他恰恰是以政治保守主义的方式为文化保守主义辩护，恰恰是以政治哲学的方式为政治儒学辩护。换言之，甘阳的儒学辩护与儒学内容本身没有任何实质性关系。

让我们按现代儒学那张隐藏的"自我判断表"来勘察甘阳的儒学立场。此时，这个"政治哲学-公民宗教"式的儒学论述就完全显现出复杂或狡猾的一面。由于没有介入任何实质性论证，这个论述其实在那些自我判断的每一论题上都保持了沉默。无法从言辞上获得的东西，可以从行动上勘探到，沉默本身就是一种行动。甘阳对儒学的心性-文化论说与政治-制度论说没有做出明确区分，这就表明，是否进行这样的区分乃是完全无关紧要的，无论什么传统的儒家，都只能作为现代共和国的伦理资源而非政治制度发挥作用。同时，更重要的是，儒家传统——无论是所谓心性儒学，还是所谓政治儒学——实际上是否可以同现代社会的政治价值兼容，这个一百多年以来一直纠缠着儒家的唯一致命问题、这个儒家的真正梦魇，就这样被甘阳的论述轻轻化解了：即便是那种激烈反对现代的、持有顽固保守立场的儒家，对于现代社会本身的健康来说，也是可以容纳甚至必须容纳的。健康的现代社会事实上必须包含各种张力，这些张力必须拥有反现代的一极，以防止现代性的走火入魔[1]——在这个意义上，儒家不现代化或反现代化倒好，这样反而能够更好地为现代服务。这里可以清楚地看到，甘阳破开儒家现代困境的关键一步是对问题的前提釜底抽薪。他没有调整儒家本身——他根本就没有理睬儒家本身，而是调整了那个"现代社会的政治价值"。说得更明确些，甘阳之所以破开了这个死局，是因为他的论证实际上倾向于破除传统派与现代派的共同前提——古今冲突。不同于蒋庆的做法，这种破除不是阐发古代传统吃掉实质性的现代价值，而是谋求一个容纳古代传统力量的、更为成熟健康的"现代"社会。

同蒋庆一样，甘阳颠覆了新儒家的第二条基本判断，不再坚持儒家与现代政治的不相兼容，同时批判了新儒家第三条基本判断的朴素性，超越了新儒家对现代政治的朴素理解。他与蒋庆的根本差别在于是从现实存在、变化乃至动荡着的现代政体本身出发的。甘阳对现代做了改制而非设计。通三统的根本意义就是通过政制调配[2]改进一个因有内在张力而兼有激发与制衡机制的、健康成熟的现代中国社会。如果说，蒋庆以古代名义对现代政体的设计，可以算作对现代性的"托古改制"（实际上当然比改制更

---

[1] 固然甘阳也许仅仅将之理解为文化、伦理上的走火入魔；一种不加限制地反对现代政体的儒家，同样也是在政治上走火入魔的。
[2] 这也就是柏拉图意义上的 Politeia（政制）。伦理资源同样也是这种政制的要素。

为激进）的话，那么甘阳就是在托今改制。似乎，现代性的根基恰恰在前现代的古典政教精神之中[1]。

保守主义的主旨是尊重权威、依托权威改制。鉴于现代的权威恰恰就是现代性本身，托今改制更符合保守主义的精神。真正明智的古典派不会在言辞上强调古今之争，也不会与激进浪漫的保守主义明确对立。它恰恰通过包容、支持后者而超越之。

综上所述，当代占据主导引地位的两种儒学论述，都力图通过表明儒学传统本身与现代社会特别是现代政治本身的积极联系，来重新激发儒学在当代生活中的庄严力量。与新儒学试图坎陷道体、"创造性地解释"儒学传统以开出新外王的做法不同，当前的两种努力都十分注意对儒学传统本身的尊重。蒋庆对"新外王"毫无同情，甘阳式的"新外王"则必须依靠旧传统的当下活跃。这些探索毫无疑问属于中国现代思想界的显著成就，贡献了思想史当下进展的关键环节。

这里最有活力的东西无疑就是儒学传统与现代社会的相互贯通。这个贯通可以有两个起点。蒋庆从儒学传统往现代社会走，甘阳从现代社会往儒学传统走。但我们要着重指出的是，这两个看似相向而行者，恐怕永无可能相遇在那个神秘的贯通之处。因为蒋庆理解的现代社会并不同

---

[1] 参见列奥·施特劳斯，《现代性的三次浪潮》。

于甘阳，也许不同于任何人。蒋庆对现代社会无法给出任何实质性阐述，正如甘阳对于儒学传统没有任何实质性辩护。甘阳要的只是某个现代化社会的前现代传统权威。在这里究竟是儒家还是其他什么传统宗教其实都一样，无非中国社会的支配性传统正好是儒家而已。如果面对的是美国或者土耳其，那他会在伦理性资源这个空格里毫不犹豫地填上基督教或者伊斯兰教。实际上，由于缺乏来自儒学立场的实质性论证，甘阳的保守主义主张很难同美国保守派真正区别开来。[1] 学习乃至毕肖于另外一个帝国的保守主义，有比这个更让一个国家的保守主义走向反面的东西

---

[1] 实际上被施特劳斯派滋养长大的中国青年保守派们（甚至一些禀赋良好但不明西学底里的儒生们）对美国保守派在其国内政策辩论中的每一胜利都欣喜不已，对他们经略政治文化的几乎每个手腕都赞赏不已。我国的青年保守派是大有希望的，但这取决于他们如何进一步改造自己。目前的状况是，施特劳斯派的中国青年门徒们想学着以美国保守派热爱、捍卫美国的方式来热爱、捍卫中国。他们极力寻找中国的可爱之处、寻找中国政教传统中符合施特劳斯教诲的地方。同时忽视、蔑视乃至憎恨中国一切不同于美国之处。而中国与美国最大的不同之处就在于她是中国，在于她的整个自然与历史。辩护方式或者可以学习，但辩护的前提是无条件的热爱或者出于习惯的热爱。这点绝不可能通过智巧习得。中国青年施特劳斯派们颇为类似当年的留苏派，后者对莫斯科比对北京习惯得多。这些言必称希腊、动必称美国的"中国"保守派必须经过彻底"整风"、经过脱胎换骨的改造，才能真正领会他们成天挂在嘴边的词句。仅当他们懂得如何同施特劳斯及美国保守派公开决裂，中国的"青年"保守派才有望"成熟"起来，有望成为他们一直自许的真正的保守派。

吗?[1]美国式保守主义支持儒教的一切论据,就其言辞内容而言,就其对于伦理风俗的捍卫而言,都更有利于中国的基督教。换言之,仅以美国保守主义的方式捍卫中国,其危险在于中华国家的解体甚至中华文明的终结。

甘阳的整全视野当是文明冲突图景。文明间的冲突是自然事实,而不是什么"相对主义"哲学的推论结果。不过,如果只看到这一个方面的自然,看不到另一种自然的话,那就会导致相对主义,最终取消这前一种自然。每一真正的文明都包含普遍立法意图,这同样是个自然事实。没有这种意图,文明之间根本不会产生真正的、属于文明的那种冲突。换言之,后一种自然(普世化权力意志)就是前一种自然(文明冲突)的自然根据。自然无法改变,也许可以掩饰,但决不可以掩饰到反自然的程度。因而,文明之为文明,最终必须在言辞上宣称自己是普遍绝对的。[2]言辞并不外于行动。仅仅停留在形式上,不进行实质论证的"文明",其实并无文明的精髓,并无资格进入那

---

[1] 也许正因如此,甘阳最近在公开作品中开始有意地批评美国保守派的具体观点或政策。但也正是这种批评显示了甘阳具有更明智的美国式保守派立场。聪明的美国式保守主义在中国无疑会支持儒教。但鉴于其实质主张而言,鉴于格外活跃的基督教比尚未复活的儒教更能克制激进主义而言,支持基督教也无疑能够更好地达到保守派之具体主张。至于儒学自己能否无条件地支持保守主义,那就更是另一回事了。保守主义与激进主义乃至一切主义一样都是执一之学,而儒学是守中知时达变之学,该保守时就保守,该激进处还得激进。
[2] 参见《文化民族主义:刺猬的抑或狐狸的?》,本书页25。

个自然事实。文明的自我断言必定是实质的。甘阳通三统的这个论述无法进入实质论证（这不是说他本人，而是说他的这种论述方式无法进入这个论证），因为其后已经过社会学理论与文明学说所必需的抽象——既然谈论普遍意义上的社会与文明，他也就必须抽掉中华文明的具体内涵。甘阳儒学论述的真正立场，是一种戴着文化保守主义面具的、明智或狡猾的政治保守主义。其文化保守主义的面具上清楚地写着儒学，其政治保守主义底细则写着政治哲学。那个面无表情的面具，仅仅显示了自己是被实质的政治保守主义所要求的形式的文化保守主义。而我们的总批评是，停留在形式上的文化保守主义最终无法真正捍卫实质的政治保守主义。

我们在这一点上同情蒋庆而非甘阳：对儒学乃至中华文明的真正辩护，最终当然必须落实为对传统基本内容的实质性阐发与证成。至于蒋庆对儒学传统的证成方式是否完善，其发挥的结论有无偏颇，这是第二位的问题。

我们也在这一点上同情甘阳而非蒋庆：儒学辩护的合法出发点，或至少隐秘的出发点之一，必须是现代政体本身，必须是面对现代问题的实质检讨与恰当调适。[1] 现

---

[1] 因此我们同意梁漱溟于20世纪70年代对熊十力的批评：不能将儒学当作给定的东西来论证社会主义，而应该将社会主义作为前提来论证儒学。参见梁在批林批孔中为儒家的辩护《今天我们应当如何评价孔子》的开头。见《梁漱溟先生论孔孟》，广西师范大学出版社，2003，页173。事实上，将儒学作为给定的出发点，导致的结果很可能就是对儒学的过度解释乃至歪曲。反过来反而能够最大限度地发挥儒学之真精神。

代性的发生与传统的断裂或变革是任何现代社会的既定现实。现代社会的任何自我批判都不可能是传统的直接运用。传统之为传统的真正力量，更体现为向死而生的、复活式的"非直接"运用上。被打断乃至失语，正是传统证成自己的必要环节。无视传统被启蒙打断这个基本的"传释学处境"，就无法深刻地理解"传统"作为世界本原的本性。儒家的首要任务并不体现为自我论证，而应该表现为对于中国的政治现代性也就是革命建国的正当性论证。儒家只有通过以儒家的方式哪怕以所谓"文与实不与"的方式论证革命建国，才能同时论证自己。只以儒家的方式调适现代社会，才能让儒家在现代社会真正复活。至于例如甘阳对现代社会的调适与均衡（通三统），这个当今思想界首先关注的主张，是否可取可行，同样也是第二位的问题。

总之，我们对这两种儒学论述的最大赞成是，对儒学传统辩护（或者对现代政体改良）的工作直接地就是将中华现代政制与儒学传统贯通起来。我们不满足于他们的贡献，为自己提出的任务则是实质性地通古今之统：必须在实质上将现代中华政制与儒学传统贯通起来。

这个实质性的古今贯通要求我们的论述具有双重出发点：现代共和国与儒家传统。我们将首先从共和国出发，一般性地考虑共和国与古代政制的积极联系，一般性地考察，伴随着中国古代社会结构的变化，政治制度所发生的相应变化及其连续性,特别考察宗族制度瓦解之后,古代政制残留部分的崭新形态与必要作用。这就是共和国中的君主功能问题。

同时,我们也从问题的另一端出发,考察儒家传统如何分化,如何分别发挥其政治效用。我们将特别关注被政治儒学抛到心性儒学名下而忽略的伟大政治传统——人君教育之传统。

最后,我们将结合如上两方面的考察,同时对照政治儒学的制度设计,对心性儒学在共和国中的政治功效做出辩护。

2007 年 10 月

张广生《返本开新——近世今文经与儒家政教》序[1]

广生同我，迄今唯一面之缘。但我印象颇深。其为人也，老成平实而有活力，谦和审慎而不乏锐见。这当然未尽准确，不过广生这部新作，给我类似的印象。此书研究近世今文经学。我对经学用力不多，本无资格评论，遑论作序。广生善劝，说他对大问题的判断同我接近，委托他人，恐难尽其意。故只能勉为其难，略发几句议论，聊以塞责。

撇开几处具体观点，广生对政教基本问题的文明论见地，确与我有相通处。所异者主要在进路。由于立论的不同机缘，我多从文明而政治，文明论在起手处就摆开，下行路向明显。广生此著，则由政教而文明，末章方大书

---

[1] 载张广生，《返本开新——近世今文经与儒家政教》，中国政法大学出版社，2016。

政教文明及当代中国，是有积累与铺垫的上升路线。此进路中最重要的几步，是对清代经学家的评述。在一个能够具体化的大历史视野中，对清代经学的铺陈贯通、取舍裁断，或是广生此书最独到的贡献。

近年来，大陆新儒家的头绪逐渐清晰。荦荦大者，无非经学复兴。此运动自有其历史意义，但受制于时势、流品，不乏浮诞之处。其中之一就是哲学背景的儒家学者，也许哲学太好，深植灵魂，故急于甩掉包袱。鼓吹经学而外，一定附送清算哲学。又有极端重视康有为者，重开门户家法之争，排斥古文经乃至理学。广生以政治学、政治思想史背景而治经学，虽同样注重今文经及康有为，然而没有包袱，故能别辟蹊径，不落时贤窠臼，是真能平心静气出入古今者。广生在汉宋之间，并无深入阐述，对理学、哲学等是非，亦未置一词，故反而能在清代经学中出入自得，时有卓见。

进而言之，广生之政治学训练，尤其是在这种训练下养成的政治判断力，是当前经学研究中难能可贵的。这对揭橥经学讨论之政治史背景，以及在这种背景下挖掘经学文本的丰富意蕴，可谓极有助益。将特定的经学贡献置于相应政治史语境中加以解释和评论，这原是史学界"经学史"研究的标准方法，亦取得不少成绩。但此法固有之弊，是对传统的政治与经术，均采取毫无同情甚至难掩恶意的知识态度。一些学识丰富的经学史名家，亦未能免俗。这无非是用一种简单粗暴的方式理解同继承了新文化运动对传统的裁断。广生此著，则推进了经学史与政治史交互解释的方法，无论对特定政治史情境的把握，还是阐述此情境中经学统绪的开展与纷争，都能采取豁达、通透的了解。读者自可参阅其书中关于庄存与、章学诚、龚自珍的部分，试看其方法的出入贯通、其分析的缜密周详、其态度的平和裕如、其结论的从容不迫，较诸之前的经学史研究方法，是否少了僵硬与刻薄，而实现了真正的"同情之理解"？

另一方面，作为对史学界经学史研究方式的反动，当前的儒家复兴运动则毫不掩饰其经学教条主义意图，将经学义旨普遍化、现世化，以裁断现实中的一切。只要与现实建立真正的、有效的联系，教条主义也能发育出某种成熟练达的明智乃至系统前瞻的学说，有时甚至比其他所有方案都合乎实际。但经学的这种生命力不仅取决于经典本身，更取决于解释者对大势的洞察和远见，同时用这种得之于现实的东西反哺经典，并让经典焕发出既抓得住当下，又可超越当下的普遍性光辉。这就是经典的存在方式。经典总是存活在最具现实感的教条主义者身上，康有为是这方面的典范。康有为的历史存在表明，经学仍然能够以经学自身的方式解释并强有力地介入现代政治。不过，康有为介入政治生活的方式并非只有经学一种。康有为先知般的问题意识与思想方向，在多大程度上可以归因于公羊学传统,还是要归因于康有为本人;康有为主义里真正有生命的东西究竟是公羊学及其变形,还是康有为强大健全的历史判断力;真正接上康有为的是当前的经学复兴者们,还是政治史中对大形势表现出同样健全并且更为敏感的判断的行动-思想者——所有这些都是成问题的。纯正的教条主义者大可不必理会这些问题。进入康有为的世界有三种方式,要么只有教条主义,要么只有现实感,要么既有现实感又有教条主义。当然所有的新康有为主义者都试图在现实和教条之间建立某种联系。但很不幸,教条主义远比现实感易学,而现实与教条之间的联系往往是教条的、主观的而非现实的。于是我们有了各种各样的经义裁断、制度设计、政治儒学理想、公羊学研究、康有为研究,但似乎从来没有人像康有为那样去观察和判断当下现实。

对康有为本人的态度几乎能够鉴别一位康有为研读者的真正品质。在康有为几被视为孔子之保罗的今天,广生的论著对康有为表现了强烈的热情,这是完全可以理解的。但是,在一些我未必完全赞同的具体论断背后,可以看到作者仍保留了难得的清醒。一门深入康有为而能清醒归来者,恕我未曾识见。而广生在分析庄、章、龚时表现出的洞见、灵敏与圆融,当足以应付康有为的魔力。不过,此书康有为之后部分展示的冷静与决断,与其归因于作者讨论康有为时成功保持了清醒,不如归因于作者本人对晚清以来中外大势的健全判断。能置南海于大背景下从容谛视,能善学而不随南海把握大势大局，方能出入自得，转康子而不被康子所转矣。广生其庶几乎。

今文经学固然返本开新。而正是其所开之新，使得返本开新有了新的方式。经学复兴在今天恰恰是最新的思想运动。而广生之作，为经学与政教的交互生发，提供了新的反省。其基本视野，并非经学，而是政教文明。本乃根株，草木元气所在。草木之本，复有其本，是为大地。经典犹故国乔木，或有盛衰。文明犹大地，无新无旧。非草木繁茂，不见大地之德。非大地厚生，草木不得滋长。善返本者，亦善培元固本。善待经典者，亦善培经典之本。是所望焉。谨序。

2016 年 3 月

康有为：在十九与二十世纪之间[1]

章永乐《万国竞争》序

清德既衰，士人横议。康南海以旧学出新义，因客帝保孔教，一时天下耸动。而学术新新不已，政教激荡陵夷，其人其学，身后寂寞久矣。不期于清鼎革后百年，势迁运转，时贤佳构迭出，以康子为先知大哲，而非仅近代史上一过时人物也。

迄今为止，康有为研究无非三种方式。一是老派的近代史研究。此派之长，在考订史料，编撰文献。康有为一度身陷晚清政局漩涡，后周游列国，辙迹遍天下。交游广泛、著述繁多而又好矫辞自饰。故收集、考辨、核实有关史料，极费周章，非精勤老成功夫不办。姜义华、朱维铮、茅海建诸公，用力甚勤，贡献甚巨，是史家康有为研究之

---

[1] 载章永乐，《万国竞争：康有为与维也纳体系的衰变》，商务印书馆，2017。

典范。[1] 此派之长处即其短处，考叙有余，自然诠释不足。盖解释必逾越史料，史家谨慎，议论有限，无可厚非。

另一路为思想史研究。思想史虽亦为大史学之一科，然而其旨趣不在史料，而在理解人物或时代之观念。而理解观念、阐释观念，必据观念。思想史之观念每有二层，表层为所研究之观念，底层则为据以研究此观念之观念系统。思想史研究中较素朴者，多自以为能够纯粹客观地叙述传主之思想，而对据以解释之观念，则少自觉。然而亦因此能尽量避免主观意见。老派的、思想史个案进路的康有为研究，李泽厚、萧公权等先生贡献良多。[2] 与此相应，哲学史进路中康有为亦列为专章，如冯友兰先生之有关著述。[3] 唯冯先生以哲学家治哲学史，故怀整体之史观，于深层观念，不无自觉。其撰述意图，亦非纯粹"历史"之客观，而是体现于历史之"逻辑"之客观耳。此等研究固有卓见，唯在此系统史观中，康氏无非已消逝的哲学史环节之一。而中国"哲学史"之

---

[1] 姜义华、张荣华编校，《康有为全集》，中国人民大学出版社，2007。朱维铮编，《康有为大同论二种》，生活·读书·新知三联书店，1998。茅海建，《从甲午到戊戌：康有为〈我史〉鉴注》，生活·读书·新知三联书店，2009。

[2] 李泽厚，《中国近代思想史论》，生活·读书·新知三联书店，2008。萧公权，《近代中国与新世界：康有为变法与大同思想研究》，江苏人民出版社，2007。

[3] 冯友兰，《中国哲学史》新编第六册，见氏著，《三松堂全集》第十卷，河南人民出版社，2000，页1893以下。

难，恰在于近代以来之中国思想，并非传统中国"哲学"之合乎"逻辑"的推演，故冯契先生不名之为"逻辑发展"，而名之曰"革命进程"，以古今中西问题为近代哲学之主轴。此真大见地也。然而此"革命"既为"进程"，则无非又是"从……到……"之演进。故康氏仍为一环节，处"进化论"阶段，贡献止于"初步探索"[1]而已。此哲学史之整体观与思想史之个案差别所在。两者亦有相通处，皆以康氏为对象、为过往、为仅供借鉴之历史"初步"而已。

本世纪以来，康有为研究虽有不同方向之推进，而大体皆重视康氏之"旧学"，而非徒取其"新义"。上世纪研究偏爱康氏之激进，本世纪研究则重视其保守。后见易明，所谓数千年大变局，今日似已波澜不惊，而首当其冲之世，四顾皆有生路，四顾亦皆是绝路。或生路毕竟走绝，或路路走绝乃现生路。其左右彷徨之郁苦、东西蹍突之躁厉，非后世所能想见。王纲解纽，祸福相缠，夷夏易位，天崩地解，其纠结纷乱远超以往末世。如不能于此处体贴、深入，随其行止，共其悲欣，其研究即难免隔膜、轻巧。故体会康氏情境愈切，则理会康氏思想愈真。本世纪之康有为研究有所推进，皆缘于此。

汲取旧派思想史个案研究之长处，而又以整体史

---

[1] 冯契，《中国近代哲学的革命进程》，上海人民出版社，1989，页101。

观为本者,有汪晖及张广生之研究。[1]汪晖以"现代中国"或"中国现代"为研究之轴,以政治史、社会史中所嵌之"思想史"为进路,不复仅据观念研究观念,亦不复将"中国现代"之上限定于晚清。张广生则重视今文经学传统中的康有为对晚清实际政治局面的应对。汪及张对康有为身处之错综诡谲情境皆有更为深入清醒的认识。汪之历史叙述远较一般思想史学为复杂;其理论解释,亦远较一般近代史学为精致,是其兼综两派所长处。而其骨架,则无非"天理""公理"之变,盖仍以思想史概观为本,无非将议论之简易,化为叙述之繁复矣。这是第二路研究近期之变化,亦思想史学一时之盛也。

康有为研究之第三条道路,以曾亦、唐文明、干春松的有关著作为代表,可谓横空出世。[2]此种研究虽亦以思想史研究之面目出现,但既不将康氏对象化,更非视其为过往,而是将康尊为整个现代中国思想史的"先知"式人物(唐),或儒家传统应对中华政教文明现代总危机的终结式人物(曾、干)。先知式人物也就是终结式

---

[1] 汪晖,《现代中国思想的兴起》,特别是上卷,第二部,生活·读书·新知三联书店,2008。张广生,《返本开新——近世今文经与儒家政教》,中国政法大学出版社,2016。
[2] 曾亦,《共和与君主》,上海人民出版社,2010。唐文明,《敷教在宽——康有为孔教思想申论》,中国人民大学出版社,2012。干春松,《保教立国》,生活·读书·新知三联书店,2015。

人物，因为他们都超越了时间。"先知"与"初步"属于两种时间性。"现在"包含并超越了初步，而先知则既包含"现在"也包含"将来"。没有一个时刻可以超越先知，先知则超越了任何时刻。"初步"是被后人扬弃的，而"先知"始终是支配性的。如果说通常的思想史阅读是"对象化"的，那么这种阅读则属于"基源化"或曰"资源化"的。在这种阅读态度中，康有为在思想史的写作时刻非但仍然在场，而且比思想史写作者的同时代人更有支配力。因此，这第三条道路体现了思想史研究从单纯的"对象式"到"基源式"的转折。这种转折在其他的精神形态史门类（例如哲学史、经学史等一切不被现代科学知识增长法则所支配的精神形态）中虽一再发生，但在康有为研究中并无先例可循，故仍能算作突破。当然，曾、唐、干只代表基源化阅读之一派，盖用其为资源未必即尊其为先知。

"基源化"阅读是诠释学的，而非科学的。不过诠释学本身也有各种形态。诠释性实践基于被诠释者与诠释者两者视域或情境的关系，这层关系的另一面相是文本与情境之间的张力。可以说诠释学的全部立足点就是这层关系。也正是这一关系的复杂性导致了诠释学的不同形态，例如基源化的诠释以及其他。对象化的理想阅读在于尽量排除情境，特别是诠释者的情境，而把重心放在文本的意义及其情境条件上。20世纪的哲学诠释学则主张在有差异情境之间的"融合"[1]，以打开文本的新义。情境方法进入思想史尤其是政治思想史之后[2]，渐凌驾于文本意义之上，也打破了诠释者与被诠释者之间情境的平衡。此派以为，文本的意义要在诸文本之间构成的情境中确定。尽管如此，这也可归属于诠释学而非科学。哲学诠释学与语境主义思想史之间的差别并不妨碍它们的共同之处，即强调对话式的阅读，无非前者那里的对话存在于文本与理解者之间，而后者的对话存在于语境之内，或诸文本之间。

对话式的阅读不是对象化的阅读，但也不是基源化的阅读。基源式的阅读建立在被诠释者的语境与诠释者语境之间的类似性上，因此既确立语境，又不过于强调语境之间的差异。其背后，是对两下情境的把握和对照。例如，那种认为所有真正的政治哲学文本都在大义下掩藏着微言的阅读，正在于将一切语境都视为本质上同一的永恒语境——基于礼法而非哲学的政治共同体。只要政治存在，语境便一贯如此，绝不改变，在诸作者之间是这样，在作者与解释者之间也是这样。故有助于理解文本意义的是永恒的礼俗共同体，而非那些川流不息的周遭情况。理解作者的原意非但是可能的，而且是唯一正确的。因为作者和读者处于本质上相通的语境之中，故经过恰当解释的古代

---

[1] 参见伽达默尔，《真理与方法》，洪汉鼎译，商务印书馆，2007。
[2] 参见丁耘编，《什么是思想史》(《思想史研究》第一辑)，上海人民出版社，2006。

典籍完全可用于获致当代生活之幸福与正义。这，就是一种基源化阅读，无非是读出了哲人，而非先知。

其他的阅读方式也同样如此。显然，对政治思想史做基源化解释的最大考验是把握作品之语境。而语境是复杂多面的。剑桥学派重视语境盖无大错。如有所误，则在低估政治语境的复杂多变。他们从维特根斯坦或奥斯丁处学得一些语用学分析方法，懂得了失火时说"起火了"是用来让人逃生的而不是让人理解语义的，明白了说话也是行动，就勇敢地用这套东西去分析政治世界。犹如在盆中观察研究过水之后，就以为自己懂得水了，就敢于扬帆出海了。在政治世界中，语境与行动是高度复杂的，非但不止一维，且彼此作用，随时改变。一指入水，四海起变。行动基于语境，行动也改变语境。你的行动，就是别人的语境。别人对你的行动采取行动，又是你的新语境。现在的行动，就是未来的语境，而现在的行动，取决于行动者如何把握它的语境或曰过去的行动总和。对政治人物来说最重要的语境当然是总体政治形势，而非同代人的政治小册子。以康南海为例，他的语境至少具有三个维度：一是当时之实际政治，中外形势；二是经学史；三是同代人复杂的政治言行。故南海之写作，既在谋一时之效，亦欲垂万世之教。[1] 语境中最重要维度是

---

[1] 康有为好矫文自饰，正说明其行动指向是多重的，既欲立教，必指向后世，而非仅针对同代人。

当时之中外形势总体。无此形势，康对公羊学的解旧与开新，对大同义的向往与克制，与论敌等的争辩，就无焦点可聚。而今文经学，是其立论根本，绝非无足轻重。形势所趋，不得不维新变法。维新变法就要驳守旧派。守旧派都是儒家士大夫，不是留学生，那就不可讲西学，而必讲孔子改制、公羊大义。要讲公羊大义，就不得不驳古文经，上及刘向歆父子。既驳古文经，就不得不遭遇章炳麟、刘师培辈经学、时论之夹击。实际政治、经典历史、政见时论彼此纠缠、因缘相生，环环相扣，哪有什么单纯稳固的语境可觅！康有为保皇、组党、立教、纵横捭阖。他不仅属于政治思想史，也属于政治史。其积极的政治行动远较柏拉图、马基雅维利或霍布斯等重要、复杂而有实效，故一方面其著述更明显地从属于政治行动；另一方面，其政治行动也绝非仅限于经教著述与报章辩论。政治人物既处复杂语境之中，而其行动自身的复杂性又导致了新的语境。故政治思想史既要把握思想人物之情境，也要对该人物自身的情境把握进行再把握。康有为对经学历史之判教，与时贤政论之纠缠，皆相对简易清晰。语境之中，最难再把握的，就是他对实际政治维度的把握。

19、20世纪之交的中外政治总形势，就是康有为的根本政治处境。一种类似的情境仍然支配着当前。那种以后见之明轻率褒贬康有为的素朴研究，就是对此情境之复杂性认知不足，而那种基源化的阅读方式，即有所见于康有为情境之支配性。政治人物存在于政治世界中的基本方式是政治智慧,是对其语境的把握、应对、转化、超越,也有对其行动界限的自觉。仅当行动被语境限制,政治智慧才会回转到主观,成为较纯粹的"政治思想"。理解政治智慧的只能是政治智慧,真正理解政治思想的也只能是政治智慧。而政治智慧无非是对政治处境、具体形势的总体把握。政治思想史只有能力把握文本,或诸文本构成的语境之一隅,故政治思想史研究既不同于政治智慧,甚至也理解不了政治智慧。贫血的"政治思想史"所缺乏的,就是总体把握具体形势的能力。这也是康有为研究的症结所在。

康有为之根本处境,是19世纪与20世纪"之间"。此非物理时间的定位,而是历史时间的定位。此亦非单纯中国历史时间的定位,而是世界历史时间的定位。阿瑞基、汪晖有长19世纪、短20世纪之说,即此意也。唯他们对两个世纪"之间"的张力,对两个世纪之中国与外国"之间"的张力,或留意不足。大体而言,晚清士人,即处于此两个世纪之间,康有为更处于中外各自两个世纪之间。晚清认知的所谓世界,归根结底就是19世纪的西方。正是这个19世纪,把中国卷入其殖民世界体系之内,也正是这个体系内部的强权兴衰与战略失衡,终结了19世纪,开启了20世纪。19世纪始于拿破仑战争的终结,而终于俄国革命。20世纪始于俄国革命,终于70年代末中国革命结束。中国的两个世纪问题与欧洲的两个世纪问题有关联,而不尽相同。欧洲虽"万国竞争",其实则非独有列强争霸,非独有英法德俄等远及亚洲、美洲的地缘之争,且有一国之内共和、君主、教会之争,民族国家间教会教派之争,更有成为国际运动的工人运动、阶级斗争。"维也纳体系"固然本指列强在地缘上的脆弱平衡,其实则是君主制的西欧联手应对法国革命,驯服共和主义乃至一切激进社会运动的总体系。而只要回顾一下《共产党宣言》的开头,就知道这个体系要对付的决不仅仅是拿破仑和共和派。亚洲的那些老大帝国遇到的西方,包括"船坚炮利""技术与机器""经济""制度""思想""文化",无非就是这个体系的不同面相。那么,19世纪对中国又意味着什么呢?固然没有不同战线的统一战争与争霸战争,但有朝贡体系之解体、海防塞防之优劣,且不时遭遇明火执仗之劫、瓜分豆剖之危;固然没有工人运动,但有此起彼伏、原因复杂、震荡内外的农民起义;固然没有街垒、炮兵与断头台,但面临着更为复杂的、与民族央地问题纠缠在一起的君主共和之争;固然没有新旧教派与宗教批判之争,但有更为严重、影响深远的经学科学、中西体用之争以及各种民间宗教运动。欧洲19世纪的破题,是比共和革命更为激进的革命,非独皇冠落地、帝国瓦解,更有殖民地解放、国际共产主义运动与多国的无产阶级专政。康有为看到了19世纪中国的所有难题,也看到了用共和革命破题之后面临的更大难题。但他没有看到,真正的破题是20世纪的俄国,而非19世纪的德国。康氏之经术虽然雄奇,论其无匹则不及其政治智慧;康氏之政治判断虽然中肯,论其难得则远逊其实地周察。康寻伺欧美之深广周密、裁断由己,远超一切讲西学之留学生,遑论旧学者。以一代儒宗,亲造欧美,默观政教,缔造党派,经营产业。此因缘之会,千载难遇。康有为一人兼具饱学硕儒、雄才大略、博闻多识、身谋其事、亲历其地诸缘,岂一般政客、学者可比?岂一般复古派、西化派可比?岂一般帝制派、革命党可比?岂西洋思想史上一般政治哲学家可比?故康有为之所见,极为重要,而康有为之未能见,尤为重要。以此书议题喻之,康有为之所见,即19世纪之德意志、英格兰、法兰西诸国政教得失,康之未能见,即20世纪之俄罗斯之革命专政。康之所见与未见,即永乐书点睛之处。

曾、唐、干诸人于康有为研究实有大贡献。身处20世纪终结之后,诸学者已遍历此世纪之忧乐苦欣,回看康南海当年之警告,不无痛切追悔之感。曾、干书重审康氏之共和评议,于共和弊病中,重估其君主立宪、虚君共和主张。唐书于人伦解体,"新儒家"一任心体遍润之际,重估康氏立教之议。儒门附议者甚夥,一时纷纷攘攘以新"康党"自命。曾、唐诸儒,真能见南海之所见,此治康有为之前辈所难及也。此即所谓"基源化"阅读者。

基源或是问题资源,或是答案资源。较其同代人,康氏尤其在正确的发问方向上。时人及后人批评康氏者,多在君主制、孔教会两端。曾、唐诸儒独能见康氏之所忧。数千年之帝制所支撑的多民族、多宗教的历史共同体,共和革命之后,确难以保全疆域之统一、文明之连续与藩属之屏障。此确乎君主制之所长,而共和制之所短也。保中国不得不保君主。数千年帝制,一家能治天下,一族能统万族,一教能理诸教,一士能率四民,端赖儒教调停其间。而儒教虽长盛不衰,势力则处君王之下。儒士散漫,各奉其宗,无统一教会,故教权弱,君权强,唯知有家族,不知有社会。列强环伺,衰乱之世,欲抟万民为一国,而又不破家族、不断伦常、不易礼俗者,必不能无儒教,亦必不能无组织。遂有孔教会之立。孔子既为素王,孔教之耶稣早存。唯成立教会,尚需保罗,康子自任之。康氏保君以保国,保国以保教。君国既然不保,则以教会保教,而教会有组织,亦能据之抟合国家,则保教亦能保国矣。故君主制、孔教会皆良有以也。此康南海应对数千年巨变之方案。此方案于书册中甚雄辩合理,盖切中要害、推演透彻。曾、唐、干诸儒,因康子对问题看得真切透彻,故认肯其方案,乃至尊其人为先知,尊方案为教条矣。以为康子方案既出,儒家当能应对现代之全面挑战,何必去君去教、一路革命耶?此议不徒儒门拥戴,保守主义学者亦大激赏。儒门与西学保守派一同以为,共和麻烦重重,革命并无必要。贤等恐未尝自问,何以共和革命之后,多民族大一统之疆域,终究并未如康子所言削弱、崩解?何以共和革命、文化革命、不断革命之后,非但能保其国,而且能强其国,甚而至于渐能恢复儒门元气,于今日指点古今是非也?如不破教,何以强国,如不强国,何以复兴其教?何以康氏树为君主制楷模之德意志第二帝国,其土崩瓦解也速,其复辟帝制也难?其拒帝制之决绝,何以较反复政变之法兰西尤甚?康子多大略、有远见,极了解中国,亦极了解西方。唯于中西方大势所做之大判断,皆有大误,何也?

永乐新著,即意在解释康有为对西方的判断何以失误,如此了解西欧,尤其欣赏德国之康圣人,何以料事并不如神,何以抓住了正确的问题,却抛出了错误的方案。永乐此书,同近年曾、唐、干诸书,皆能深入康子语境之实际政治维度,对康子之把握,做同情共识式再把握。两者均开辟新路,超越既往之思想史研究。两者之差别,首在取舍有所不同。曾、唐、干等于康子语境之经学、政论维度亦颇有照应,而于康子理解、判断外国之政教诸论,未尝措意。外国政教之论,原非它事,本是康子介入中国政教之争的一种方式。假设法兰西共和制弊病较少,英、德诸国君主制弊病甚多,则康子持论未必如是之坚耳。永乐之书,详他人之略,略他人之详,于内容贡献实多。而其方法论之贡献,尤胜于内容之贡献。此亦章著与曾、唐、干所著最重大之差别。如曾、唐、干等先生之康有为阅读,为方案化、教条化的基源阅读,那么永乐此著,即是问题化或再问题化的基源阅读。既以康为基源,深入康之理路甚至情感,顺康思索19、20世纪之交中外实际政治共通之核心问题。此问题于作者并非突兀,盖正承其前书[1]而来,既由一世收为一人,复从中国拓至诸国。两书作法,大迹略同,而前书非"思想史"主题。故本书方法于"思想史"尤有创发之功。此即鄙人所谓"政治语境之基源式研究"。作者认同康之问题而追究康之方案。此非作者主观欲如此追问,读史至此,必有此一问。无此一问,即从根本上不能理解康氏以来之所有中西历史,即从根本上不能理解,何以有19、20世纪之变。将康子视同教条,而非问题,此种态度隐含康圣人为正确,为应然,而历史,换言之20世纪革命,虽是实然,却是不应当,是越走越错、将错就错。此虽亦可化为儒门之语,其内里即汪晖所谓"革命之悔恨学派"。无非汪所谓悔恨学派,追悔的是中国革命,而某些保守主义者,追悔的首先是欧洲革命而已。因偏离先知裁断而判世俗历史为罪错,这既不是真正历史科学的态度,也不是真正儒家的态度,而是基督教的态度。

对于19与20世纪的整个人类史,对于理解上世纪70年代末以来的全部历史,最有意义的恰恰是追问,康有为

---

[1] 章永乐,《旧邦新造》,北京大学出版社,2011。

错在哪里。这样追问,绝非低估康有为。一个错误的康有为比他侥幸正确的同代人伟大得多。同样,一个错误的康有为也比一个在可能世界里正确的康有为伟大且意味深长得多。因为,站在康有为伟大错误背后的,是更伟大的历史意图。看历史之手如何捉弄伟人、英雄与智者,能给人以极大的震撼与教益,远超一切悲剧、神学和哲学。或许历史才是唯一真正的启示,而领会这个启示需要的既非虔诚,亦非知性,而是理性。

康子已经抓住了几乎所有正确的问题,且如此切实、中肯、雄辩,怎么会错?康子对民国派的批评完全正确,无君的共和势必不能保持历史延续的大一统,去儒教的士绅也不能维系日趋散漫的社会,承担伦常、抟聚国家。但康对民国批评正确,不等于康替代共和的方案是有效的。康替代共和具体方案之无效,不等于其原理是不正确的。与儒门激进派所设想者相反,康决非排斥共和以及其他现代因素,而是要限制共和的危险。康的政制设想,无论君主立宪还是虚君共和,其要义是综合君主制与共和制,其形态是寓共和制于君主制之中。康对郡县制大一统君主制亦有重要的修订或限制,如其地方自治说、孔子素王说,皆是此意。康的孔教会运动,其要害不是孔教,而是教会。孔子之教,古已有之,而家国同构之天下并不需要教会。教会有其宗教性,更有其政治性。教会作为一个有组织与纲领的政教团体,正如康有为仰慕的路德或保罗的时代那样，其机乃是古典世界瓦解、近代原理兴起。它既是自然的政治共同体崩解的征兆，也是其补救。君国既亡，科举已废，士绅败坏，孔教会乃兴，其意乃一统政教，再造精英，寓政治团体于宗教组织之中。

要之，康有为方案中真正有活力的东西就是，综合君主制与共和制，融合政治团体与宗教团体，重建精英组织。这个活的、正确的原理为何导致了失败？因为康用来容纳共和制的清朝皇帝仍是一个旧君主，是一个受到肉身限制、种族限制的君主，不够抽象故不够普遍，于满蒙种种瓜葛，无法代表万民。他用来融合新政治的是旧孔教，虽经公羊三世说等极力推扩，仍无力容纳西学，亦无力支撑对历史普遍而具体的解释。他通过孔教会造就的又能是何等样的精英呢？19世纪的殖民资本主义世界体系对资源、市场和利润的无限渴求将旧士绅阶级置于一种崭新的、揭去温情脉脉面纱的生产关系之中。同时，皇权崩溃、乡村败落、都市兴起。在这些新的时代状况中，旧士绅沟通朝野、美政美俗的意义已一去不复返了。科举的消失、儒教的失势和资本主义经济环境的兴起让士绅淤积在上下之间，从起敦化表率作用的"乡贤"逐渐变成单纯的剥削、压迫、守旧者。而无法沟通、维护、教育和发动人民的就不是真正的精英。康有为之正确，在于看到了19世纪。中国从未有人那样清楚地看到整个19世纪。康有为的失败，在于他只看到19世纪的表征，没有看到其原理性矛盾，没有看到19世纪因此必然解体；在于他依靠19世纪对付19世纪，无力解释旧世界体系的崩溃与新世界体系的产生。他没有看到资本主义关系的普遍性必定会完全摧毁他试图依赖的旧文明的肉身，包括旧君主、旧孔教、旧精英。而这个普遍性会带来新的矛盾和新的力量。

康有为虽逆大势而败，并不能直接证明顺势者之高明。一时顺逆，不可据以抑扬豪杰；一味顺势，适足因之断定小人。盖历史之势，绝非其直如矢，而历史中人，终当有所保守。此非关血气之衰，亦非只问应然，不顾现实。乃因人之所守，其实亦势之所守也。康子于旧制度、旧文化、旧士绅命无可续之际，倡君主、教会、精英。此似逆势而行，实则大势因之而成。大势取康子之方向，而不取康子之道路而已。"康有为写了《大同书》，他没有也不可能找到一条到达大同的路。"[1]即此意也。岂止大同而已，康有为要保国、保君、保教，但他没有也不可能找到一条通向大一统、君主制、新精英和公民宗教的道路。历史同康有为，更同他的对手们开了个玩笑。虚君共和是寓共和制于君主制之内，孔教会是寓政党于教会之内，三世说大同义是寓共产主义于儒学之内。历史之所成，其实与康子内容全同，而显隐颠倒、表里皆反。无产阶级专政是寓君主制于共和

---

[1] 毛泽东，《论人民民主专政》，《毛泽东选集》，第四卷，人民出版社，1991，页1471。

制之内,革命政党是寓教会于政党之内,革命史观是寓儒学于共产主义之内。在共和之内的,是无身体的、普遍化的"新君主";在政党之内的,是有共同信仰、社会构建能力和先锋表率作用的新教士;在革命史观之内的,是经过重新解释的大同小康学说。

共和制、新君主、新教会、新民与新精英就是现代革命的真正原理。这条原理的实现,就是 20 世纪。这个实现的契机,就是整整一百年前,一声炮响送来的"列宁主义"。这既是 19 世纪西方的破题,也是 19 世纪中国的破题。

2017 年 4 月

感谢永乐的强邀,让我有责任拜读他的新作。读后兴奋之余,乘写序的机会,表达一点对康有为、思想史研究及晚清以来中国历史的看法。永乐书讲的是康有为的西欧研究,是迂回的,但语言平易活泼,很好读。拙文试图直接理解近现代中国,不过表达笨拙,很不好读。永乐和我的不同写作方式说明,他属于 20 世纪,我属于 19、20 世纪之间。

上世纪 70 年代末以来的时间,属于什么世纪?有思想家认为,之后历史又摆回了 19 世纪。有很多证据支持这个判断。但也有很多证据可以支持其他的判断。我个人意见，这段时间总体呈现了19、20世纪"之间"的紧张和复杂。也正因如此，被整个20世纪放在一边的康有为似乎毫无预兆地复活了。康有为身上几乎所有令人难忘的对立特征：卓越和拙劣，远见与短视，先锋与过时，激进与保守，也全都因为这个"之间"。当然这个时代，尤其是这个十年，出现了许多新鲜的东西。如此之多，如此之新，以至于有迹象表明我们也许正开始进入一个与以往人类历史总体断开的时代。究竟是天道有常、太阳底下无新事，还是万物皆流、于今为烈？没有什么现成的软件能推算出来。我们只能从人那里、前人那里学会分辨持久的和暂时的，恒常的与崭新的。这就是思想的开始。也许人的超级产品可以计算。但计算从来不是思想。思想史最大的教训和收获就是这个。康有为虽然擅长这种分辨，终究也做出了错误的判断。他不是唯一拥有这种命运的人。历史即便充满矛盾，也没有错误。人类哪怕处处算到，也终有一错。不该因此指责他，这是思想者的特权。思想史的研究者则没有这种特权，他们应该做的是解释错误，而不是坚持错误。章永乐这部书的真正旨趣就是这样。这部书非常精彩，但愿它不会终结当代的康有为研究。因为此书只是打开了一条道路，而非走到它的尽头。

附识于 2017 年 4 月

"新民"与"庶民"
新文化运动的"梁启超问题"

无论要为历史复杂性付出多少额外补偿,衡量新文化运动的最有效尺度,似乎仍可概括为"科学"与"民主","问题"与"主义"这两组范畴。观念史的复杂性在很大程度上潜藏在这两组范畴的交错纽结处。"主义"产生的根本原因,就是为了研究和解决问题。"主义"论与"问题"论所争者,无非是"主义"论试图诉诸"主义"找到一个总方法与总解决。而"问题"论以为问题林林总总,应该具体地、逐渐地解决,万能灵丹是没有的。但即使"问题"论者也无法否认,问题总有其本末源流、纲目主次。与此相关,"主义"大体可分为三类,第一类是解决问题的总方案。此类主义以"答案""立场"的面目出现,且往往来自东西洋。主义论者所欲鼓吹、问题论者所欲抑制的,往往是这种主义。第二类是研究问题的总方法。例如"实验主义"。此类主义,即使问题论者,亦不能不用。第三类则既是方法,又是方案。因方法周全、解释有效,方案方能大行。马克思列宁主义就是这样。从最终趋向看,新文化运动的总问题就是民主,方法上的总主义就是科学[1],方案上的总主义就是关于民主的科学——"科学的"社会主义。

新文化运动的"民主"与"科学"都是在实际与观念的历史中不断变形、分化、具体化和谱系化的。在许多情形下,它们虽然丧失了通名,但却保持了通义。

"民主"之为问题,起于清帝国的危机,更起于王朝政治与中国古代文明的总危机。它在时间上固然早于新文化运动[2],在逻辑上也未必完全包含在新文化运动的主张之内。梁启超的"新民说",试图在调和儒家和西学的基础上,对民主问题(或民治问题、民权问题)有所回应。而新文化运动及其最终开启的中国共产主义运动,同样是对民主问题的回应。本文希望,对有关史料的分析可以呈现,新文化运动在其发生阶段,是如何受惠且

---

[1] "主义"中极重要的部分不是纯粹的主张,而首先是研究与解决"问题"的方法。当科学以不限于研究自然问题的普遍方法的面目出现,就成了形形色色的主义(例如马克思主义与实验主义)。科学可否运用到人生与文化之类自然之外的东西上,这些领域是否需要不同于自然科学的研究方式,这是科玄论战以及东西文化论战的实质。民主与科学的最终结合,就是通过历史科学研究民主需要的社会、经济和文化条件。这就是新文化运动为社会史论战乃至马克思主义中国化提供的逻辑动力。
[2] 参见熊月之,《中国近代民主思想史》,上海人民出版社,1986。

受制于梁启超的,而在其兴盛阶段,又是如何努力摆脱梁启超的。本文试图用"梁启超问题"来指称"新民说"所蕴含的可能路向对于新文化运动的启迪、挑战与限制。此议题的意涵当然不是实证的,不会停留在梁启超与《新青年》真实的历史关系中,甚至也不局限于任公本人为"新民说"注入的内容。本文更多地期望,通过显露于这种复杂的历史关系的那种契机,探索儒学的"新民"政治传统与《新青年》发皇的"庶民"或者人民政治传统达到一种既相互限制,又相互激发的思想可能性。为了打开"新民"说更丰富的可能性,同时也为了避免对复杂传统的单调理解,本文将适度展开新文化运动之前儒家之不同脉络对于"新民"解释的分歧,以探索在丰富的儒家政治学说中,找到回应梁启超问题的契机。因此,在新文化运动的历史效果即将动摇之际,提出"梁启超问题"的最高意义无非是,既回顾新文化运动对儒家政治传统的扬弃,也在这种扬弃的基础上,期待重新激活丰富的儒家政治学说传统,为人民政治传统再次奠基。这个历史时刻独具的思想活力,也许只能存在于新文化运动和儒家政治传统的相互激荡之中。

一 《新青年》与梁启超:以"新民说"为引

一年之后逐渐占据中国思想论战漩涡位置的《新青

年》,在它创刊后的第一篇论战文字,是指向梁启超的。[1]七年之后,刊物停在第九卷第六号上。整个第九卷的第一篇论战文字,还是指向梁启超的。[2]如果不算第九卷第六号施存统对许新凯同路人式的批评[3],那么全部《新青年》的论战文章,就是从梁启超开始,到梁启超结束的。

与陈独秀对康有为持续两三年的一系列猛烈批判相比,《新青年》对梁启超态度客气、情绪克制、论辩精密,表现出激进思想家们罕见的慎重。这并不意味着,康有为比梁启超更加危险。批梁文章数量虽然不多,但位置重要。更耐人寻味的是,批康文章里洋溢着的雄辩与讽刺风格,到批梁文章中,一概不得其用,只能代之以细密的辨析。对《新青年》来说,主张孔教、反对共和、同帝制复辟纠缠在一起的康有为,其"反动"色彩是如此鲜明,其立论依据是如此背时,故毋庸细心剔抉,只需迎头抨击。梁任公则大不一样。

近人伍启元于1933年撰写、1934年出版的《中国新文化运动概观》一著,是对新文化运动比较早的系统梳理,研究者以为"见解持平"、面世时"颇有影响"[4],当

---

[1] 一卷四号,高一涵,《读梁任公革命相续原理论》。此时刊物名尚为《青年杂志》。
[2] 九卷一号,李达,《讨论社会主义并质梁任公》。
[3] 这一期也编选了许新凯本人的两篇文章。故存统和新凯的辩论不同于一般论战,更多的还是同志式的商榷。
[4] 语出罗志田为此书作的编者后记,参见伍启元,《中国新文化运动概观》,黄山书社,2008,页183。

能窥见时人意见。此书将新文化运动分为1895年—1915年的启蒙时期，和1916—1933年的全盛时期。后者的代表固然为《新青年》诸公；而前者之代表，则首推公车上书时期的梁启超。[1] 此书又以为，新文化运动进入全盛期后，其唯一的敌人是折中派的东方文化论者。他们"有许多是新文化运动的先驱，后来却转了态度，赞扬东方的文化（不过他们并不是反对新文化）。梁启超先生就是一个例。(《新民丛报》时代的梁氏是西方文化的提倡者；但《欧游心影录》的作者梁氏，却变成了一个东方文化学者……)"[2] 此书又总结说，五四以来直至社会史论战的一切论战无非都是东方文化学者和新文化学者之间的论战。如此说来，对新文化运动的晚辈而言，这个梁任公真可谓瞻之在前、忽焉在后、身法飘忽、难以捉摸。后辈所虑，每在难逾先驱范围。故后学起家，总要清算先驱。而从先驱变成的对手，尤为危险。康南海不足深虑，而任公对《新青年》之重要主张[3]，皆有开导之功、限制之意，则洵为《新青年》诸公之大敌矣。

不过，伍启元的观察，犀利诚然有余，周密或者不足。这是其粗糙的叙述框架导致的。伍氏思想史分期的

―――――――

[1] 即使谈及公车上书，此书亦附康于梁后。此虽不合历史，却是从对新文化运动的影响立论的。参见《中国新文化运动概观》，页6。
[2] 参见同上书，页34。
[3] 如激励青年、民众政治、社会主义、阐扬墨学等。

框架是中西文化之争。他以为新文化运动启蒙时期的基本问题，不在经今古学，而在中西文化。而全盛时期之巨变，是从中国文化转到西洋文化。之后的论争，仍在东西文化之间进行。这一框架对于理解《新青年》同仁的分裂是无效的，对于处理新文化的分期、解释梁启超的转变也不够有力。虽然如此，这个框架本身仍触及了中国近现代的思想基本问题的某些方面，只是需要更加精细，需要更多的区分。梁启超在新文化运动中复杂的乃至不无突兀的形象，部分是这个叙述框架的简单性造成的。梁启超形象的复杂性表明，他应该意味着比这个框架更多的东西。因此，从梁启超与《新青年》杂志的关系着手，或者可以找到丰富这个框架的入路。

《新青年》作者群的思想倾向本身是多方面的，而梁启超也以思想多变著称。本文拟从梁的"新民说"入手考察两者之间的关系。这样做出于以下几点考虑。

其一，梁在中国近代史上地位的奠定，同他担任《新民丛报》主笔关系极密切。[1]"新民"之说，虽来自儒家传统，且为君宪派所污，但一直保持着某种超然的地位。毛泽东等于1918年在湖南组织的共产主义小组，仍名为"新民学会"，而没有像同时期的《新青年》那样

---

[1] 如冯友兰《中国哲学史新编》列有康有为但没有梁启超的专章；而在评述章太炎的时候，则专门分析了作为章太炎论敌的《新民丛报》的主张。

采用"庶民"这个词。这一举动表明,儒家新民学说与所谓激进主义的人民学说之间并不是毫无积极联系的,这种联系在近代观念史上,至少应该追溯到梁启超。在古代思想史中,或涉及更复杂的脉络。循名自可责实,离开特定的政见,梁启超"新民说"的丰富内容仍值得考察。"新民"这个《大学》的"三纲领"之一,实在为儒家、启蒙和共产主义传统建立了明确的联系。当然这种联系的内容是需要在历史中和观念中不断重新解释和赋义的。

其二,"新民"要义,既在"民",也在"新"。梁启超早在《新青年》问世多年之前,已大谈"少年中国""新大陆",甚至"新中国"。而《新青年》之"新",原是《青年杂志》之新,非中国青年之新,无关乎思想内容。后陈独秀为之弥补,1916年始作《新青年》一文,内有"德之立教,体育殊重,民力大张"[1]之语。转年毛泽东乃于《新青年》第三卷第二号发表《体育之研究》。内有"天地盖唯有动而已"一语,实为毛泽东哲学之滥觞。动无非日新,"人之身盖日日变易者:新陈代谢之作用不绝行于各部组织之间"[2]。而彼时梁任公则已感叹"新"的未必是"真"的[3]。《新青年》既以"新"自期,而梁氏言"新"在先,则其

---

[1]《独秀文存》,安徽人民出版社,1987,页46。
[2] 毛泽东,《体育之研究》,《新青年》第三卷第二号。
[3] 参见《欧游心影录》,《梁启超全集》,北京出版社,1999,页2981。

必当对梁氏"新民说"之"新"有所了断。而梁氏亦当与《新青年》之"新"有所区隔。然而了断与区隔,实因两者原本相续,又皆有赓于儒家新民、日新之说也。两造之"新",皆可释"新文化运动"之"新",而又有其别也。此别即在"新民"之"民"中。

其三,人民概念,是全部中国现代政治制度及其相应学说的基石。中国革命的全部意义,就是把政权牢固地安顿在这块基石上。中国革命的全部顿挫,就是这块基石在政治、社会、经济与文化之下的动摇、摩荡乃至偶有崩解之虞。人民概念与儒家传统之间既有连续,也有断裂。从儒家有分别之"人""民"[1]到阶级学说基础上的"庶民""人民""群众",有着极值得注意的观念转变史。从梁启超的《新民说》到《新青年》的"庶民"学说,可充这段历史的范例之一,亦不失为一种过去将来时的可能性。《新青年》对梁启超"新民说"的转变,既增添了一些东西,也丢失了一些东西;既展开了一些东西,也收缩了一些东西。这些损益折中的思想意涵,正是我们需要研究的。

总起来看,"新民说"体现了以梁启超为中介的、儒家人民学说和现代人民政治之间的联系。故以上三条思考,实可贯通为一。

---

[1] 参见赵纪彬,《论语新探》,人民出版社,1976,页1—27。

二 《新青年》杂志及其作者与梁启超的三重关系[1]

对梁任公,《新青年》杂志及其作者至少表现出了三重态度。第一重是在问题意识、学术旨趣甚至关键概念方面,反映出梁的足以产生"焦虑"的影响。

首先有一些在内容上或者次要,但在形式上引人注目的表现,例如对"新"的阐扬、对青年的呼吁[2]、对墨子学的兴趣、梳理政治思想派系的方法、风格甚至措辞[3]。但更重要的,是对以"人民"为中心的一系列政治问题的研究[4]。例如李大钊的"民彝"思想,与梁启超《新民说》当不无关系。《新民说》提出:"凡一国之能立于世界,必有其国民独具之特质,上至道德法律,下至风俗习惯文学艺术,皆有一种独立之精神。祖父传之,子孙继之,然后群乃结,国乃成。"[5]这是一个极其重要的观点,但任公并未专门为此特质取一术语。而李大钊所谓"民彝",实可指此"特质"。又,李大钊比同辈深刻之处,在于不侈谈民权、

---

[1] 梁启超本人的政治行动,与"五四"反帝救亡运动也有直接联系,此间忽略不论。参见张朋园:《梁启超与五四运动》,载汪荣祖(编):《五四研究论文集》,台北:联经出版事业公司,1979,页277—311。
[2] 可对比陈独秀《敬告青年》与梁启超之《少年中国说》及《新民说》。复可参见陶履恭《新青年之新道德》,第四卷第二号,其中多袭任公语。此不赘述。
[3] 如《近世三大政治思想之变迁》(第四卷第一号)。
[4] 《民约与邦本》的作者就是第一篇论战文字的作者:高一涵。
[5] 《梁启超全集》,页657。

民约，而推究民权之条件。他说"但叹悼民德之衰，民力之薄耳。民力宿于民德，民权宿于民力。无德之民，力于何有？无力之民，权于何有？"[1]与高一涵在《新青年》第一卷第一号上发表的《共和国家与青年之自觉》相比[2]，李大钊的上述言论，其实更接近于梁启超《新民说》的立场[3]——民力、民智、民德齐进，则民能自认其天职、主张其权利，民气不期进而自进。无疑，梁李二人，都不欲如高一涵等，劈头空谈民权，而是探索民权的条件或限制。

第二重，有意区隔与自然断裂。或者正因为这种无意的吸取和默默的影响，《新青年》更要明确地将自己与梁启超区别开来。除上述首篇论战文字外，陈独秀为《青年杂志》撰写的宣言，多针对梁启超《新民说》语。[4]

---

[1] 李大钊，《论民权之旁落》，全集，人民出版社，2006，卷一，页41—43。
[2] 高曰："然无论何国，苟稍顾立国原理，以求长治久安，断未有不以民权为本质。故英宪之根本大则，亦为吾华所莫能外。然则自今以往，吾共和精神之能焕然发扬与否，全视民权之发扬程度为何如。澄清流水，必于其源。"
[3] 参见《新民说》（1902）第二节对用"民力""民智""民德"对"民气"的限制。见《梁启超全集》，页656。民力和民德这两个概念也为李大钊所用。
[4] 参见梁启超，《新民说》第三节"世界上万事之现象，不外两大主义，一曰保守，二曰进取。人之运用此两主义者，或偏取甲，或偏取乙，或两者并起而相冲突，或两者并存而相调和。偏取其一，未有能立者也"，见《梁启超全集》，页658。复见陈独秀《敬告青年》（《青年杂志》首卷首号），"进步的而非保守的""进取的而非退隐的"。这是取舍的根本不同，梁启超紧上文谓"善调和者，斯为伟大国民，盎格鲁撒克逊人种是也"。陈独秀同期（《青年杂志》首卷首号）独标"法兰西人与近世文明"等。不一而足。

《新青年》(含《青年杂志》)凡九卷五十四号,初唯主张文学革命、实验主义,虽批孔教,亦仅在捍卫共和,未必彻底激进。陈、李、高、胡,尚未分化;科学民主,皆所拥戴。偶论及社会主义,则附马克思于拉萨尔之后。至欧战结束、俄国革命,五卷五号,基调亟变。李守常《庶民的胜利》《布尔什维克主义的胜利》两文既出,其后各卷各号,均措意于社会主义、共产主义、马列主义、苏俄政策。至此民主之意乃传,非复泛指民众之治,而特指庶民、劳工之治。《新青年》之分裂,非分裂于科学,乃分裂于民主。非分裂于民主之名,乃分裂于人民之实。中国近代政治思想,梁启超不独有援引古今西学之功,复有调和中西古今之意。于民治之说,所谋所虑,皆周全深远。《新民说》不独论民治民气,亦反复申论民德民力民智。可谓始终把德性置于权利之前,以为权利之前提。唯对人民仍统而言之,既不明提民权,亦不加阶级分析。而《新青年》诸公虽始于民权之说,毕竟从泛泛所谓"新民""民约",中经民力、民德,最终归束为"庶民"、劳工。而梁之新民说,是仍以中国不易之特质为本:"新民云者,非欲吾民尽弃其旧以从人也。新之义有二,一曰淬厉其所本有而新之,一曰采补其所本无而新之。二者缺一,时乃无功。"[1]庶民的胜利、赤旗能插遍世界,此自非中国之"特

---

[1]《梁启超全集》,页657。

质",民彝明矣。这是大关键处,既是梁启超后来转持东方文化论旨的嚆矢,也是李达批其社会主义观之吃紧处。既是李大钊自己前后转折的拐点,也已开启多年以后毛泽东和梁漱溟关于中国社会普遍、特殊之争的先河。[1] 如此看来,"庶民"论起,则新民论消。马列主义兴,则儒家传统退。此时之《新青年》才真正与梁启超发生自然的断裂,而不必大事论战、刻意区别了。然虽经此析离,《新青年》亦未必如后世论者设想的如此激进、偏执。这就是《新青年》与梁启超的第三重关系:断裂后的接续。

陈独秀在1919年11月作的《实行民治的基础》一文中,郑重提出,孔子的"均无贫"等高远理想,确实证明国民性里包含着社会经济的民治主义成分[2],这与梁启超《欧游心影录》里的话:"社会主义绝对是孔孟固有,我没有丝毫附会"[3]实在只有语气上的不同。而陈独秀发表在《新青年》第7卷第5号上的《新文化运动是什么?》(1920年4月1日)实较他猛批康有为的文字有所收缩,且再次刻意与梁启超等区别开来。

例如,独秀批孔教时一口咬定一切宗教与现代不相

---

[1] 自由主义的民权、宪政要落实,固然要有本国的条件,庶民与布尔什维克的胜利要在中国落实,难道就不需要本国的民气、民力、民德、民智之类的条件吗?这就是毛泽东思想既区别于梁漱溟的特殊论,也区别于党内教条派的根本之处。
[2] 参见《独秀文存》,页252。
[3] 《梁启超全集》,页3493。

容,而此文则大书,除科学外,也不能没有宗教。同时又批评一战之后所谓"科学无用,西洋人倾向东方文化"的论调。此似指梁启超而实略有误会[1]。除此之外,更进一步为新文化运动对儒家的批评稍作限制和引导。陈辩解说,批评儒家所谓孝悌,不是不要父母,唯因孝悌太狭,不能扩充。新文化运动反对青年以新文化、新思想为借口抛弃老母。"因为新文化运动是主张教人把爱扩充,不是主张教人把爱缩小。"最后,在提醒所应注意的几件事中,明显带有为运动纠偏的意图,其实是在提醒新文化运动存在的不足。大略有以下几点:第一,强调团体的活动和组织。认为西洋人不比中国人高明,只是中国人缺乏组织、缺乏公共心(这点梁启超在《新民说》中早已提出)。更辩解说,这恰恰是传统家族主义而非个人主义之过;第二,强调要有创造的精神,不仅要对古代文化、东方文化不满足,也要对西洋文化不满足,要超越;第三,新文化运动不能局限在文化上,要影响到别的事物上,影响到军事、产业,特别是政治上。

陈独秀的这一文献,是正本清源之作,也是承先启后之作。可消除许多对于新文化运动的误会和小视。其值得注意的最重要方面,首先是陈文带来的新态度:既

---

[1] 此颇似梁启超《欧游心影录》语,然梁强调,本意非云"科学破产",乃云"科学万能破产"。参见《梁启超全集》,页2974。

非一味厚今薄古、厚西薄中，当然亦非一味复古，而是在通过对儒教有意断裂的前提下，在以拓展、改善的新文化运动本位的基础上，表现出了重新肯定包括儒家在内的中国文化[1]的倾向。其次是希望中国青年组织起来，超越知识分子的小圈子，将新文化运动推向社会其他领域、推向民间。

从对梁启超引入的儒家政治学说的视角看，陈独秀此文表现出了自然断裂之后的自主接续态度。这种态度既孕育了毛泽东等发挥儒家新民之义以接引共产主义思想的政治实践，也启发了在清洗儒教的政治、社会旧关联的前提下，重新阐释儒学义理、组织民众的新儒家道路。这就是新文化运动对梁启超问题的真正解决：破是立的前提、断裂是接续的前提、革命是传统重生的前提。只有摧毁旧制度、旧社会、旧思想，才能吸收旧的制度、社会、思想的精髓。当人民的时代到来时，才能有大同之世、圣贤之治。

三 申论："新民"歧说

前文已示，康梁是新文化运动一代必欲讨伐的导师。共和以来，康有为保守立场坚悍直白，反不足虑。梁启超

---

[1] 扩充孝悌，本来就是儒家仁义之说的主旨。

持论灵活多变，于趋新守旧之间，每求折中，不无迷惑性。故《新青年》诸贤立论，多针对之。任公政治思想，舛驳多方，而要在"新民"，可贯新旧。新文化运动诸贤，虽未触动其"新民"说，而李大钊"庶民"之论既立，则任公"新民"说之势，自然渐转渐杀。20世纪20年代之后，新文化运动之至激进者，虽陈独秀亦不得不曲引旧学，苦心开导。然而中国思想史中之"新民"主旨，所包实广，虽极激进之庶民立场，亦非不可从中引出。新文化运动一批最富活力、远见与实干精神的健将们，在长沙创建的革命团体，其名即为"新民学会"。在中国学术思想史上，对"新民"最权威的解释无疑来自朱熹的《大学章句集注》。不过这些湖南的革命领袖，对朱子表现的认同实在有限[1]，而对作为明末大儒及湖湘先贤的王夫之，则表彰备至。即使70年代"评法批儒"时期，其著述亦可流布天下。然而吊诡的是，船山之"新民"说实较朱子及一切宋明儒"保守"。盖船山见晚明王学之荡，有所激也。虽其大体尊朱而辟王，然朱王《大学》之教虽大相径庭，其别要在"格物""致良知"，不在"新民"矣。王守仁虽据古本改"新民"为"亲民"，其释明明德于天下，其实亦同朱子。无非之所以明明德之方与朱有别而已。

---

[1] "宋朝的哲学家朱熹，写了许多书，说了许多话，大家都忘记了……"毛泽东，《论人民民主专政》，见《毛泽东选集》，人民出版社，第四卷，页1478。

"新民"出于《大学》首章。经谓:"大学之道,在明明德,在亲民,在止于至善。"[1]朱子从程子,以为"亲"当作"新"。此与汉唐儒之释既迥然不同,则无论后人对"新民"做何解释,都以宋学为前提。盖无程朱之释,即无所谓"新民"之说。

"新民"云云,为宋儒所谓"三纲领"之第二项。"新民"之解,当从属于完整之三纲领。首章释义如有不同,则《大学》全书之意亦必有别。《大学》之释,古来众说纷纭,尤见于首章。宋明儒之内异说纷纷,姑置勿论,最大差别,当在汉唐经学与宋明儒之间。其次在船山与宋明儒之间。船山绍述周张,仍未破宋学之统,然其解经倾向,有极似汉儒者。此处先别汉宋,终判朱王,据此定"新民"说之歧路。

朱子注首章曰:"大学者,大人之学也。明,明之也。明德者,人之所得乎天,而虚灵不昧,以具众理而应万事者也。但为气禀所拘,人欲所蔽,则有时而昏;然其本体之明,则有未尝息者。故学者当因其所发而遂明之,以复其初也。新者,革其旧之谓也,言既自明其明德,又当推以及人,使之亦有以去其旧染之污也。止者,必至于是而不迁之意。至善,则事理当然之极也。言明明德、新民,皆当至于至善之地而不迁。盖必其有以尽夫天理之极,而

---

[1] 朱熹,《四书章句集注》,上海古籍出版社,2001,页4。

无一毫人欲之私也。此三者，大学之纲领也。"[1]据朱注可知，首章之要在明明德。朱子曰："明德为本，新民为末[2]，新民是推己之明德及人；止于至善是明明德之极。"故汉宋亲民、新民之别，尤在明明德也。据朱注，所谓新民，"新"在于自明其明德之后，推之及人，亦使之消除旧染；"民"字则泛泛解为"人"。

汉唐儒则大不然，郑玄注曰："'明明德'，谓显明其至德也。'止'，犹自处也。"孔颖达疏曰："此经大学之道，在于明明德，在于亲民，在止于至善。积德而行，则近于道也。'在明明德'者，言'大学之道'，在于章明己之光明之德。谓身有明德，而更章显之，此其一也。'在亲民'者，言'大学之道'，在于亲爱于民，是其二也。'在止于至善'者，言'大学之道'，在止处于至善之行，此其三也。言大学之道，在于此三事矣。"[3]

故据汉唐儒，首章所重，实是君道。大学如确可定为"大人"之学[4]，则"大人"云云，不能如后世泛泛而指，而当如《易·乾》之九二、九五，特指有人君之德或人君之位之君子。[5]《学》《庸》中尤指文王。所谓明明德于天

---

[1] 朱熹，《四书章句集注》，上海古籍出版社，2001，页4。
[2] 同上。
[3] 郑注孔疏均见《礼记正义》，北京大学出版社，1999，页1592、1594。
[4] 参见朱熹，《四书章句集注》，页4。
[5] 参见《周易正义》，北京大学出版社，1999，页3、7。

下，盖指尚未有天子之位者向天下显示有君临天下之德。故《学》《庸》重视文王，正因其以圣人之德素其位而行，虽据臣位，而能彰显天子之德。《大学》既重君道，则亲民无非君道之一极。首章大义：大人之有天下，必显明其德；欲显明其德，必亲民；欲亲民，必自处于至善。经引《大雅·文王》，赞成"为人君止于仁，为人臣止于敬，为人子止于孝，为人父止于慈，与国人交止于信"。汉唐经解，止于至善即自处于这些具体德目，并非直到超越一切的抽象至善才停的意思。所以首章是下落语序，由高远而切实、由广大而精微、由天下而己身。这个顺序，和《中庸》首章三句"天命之谓性，率性之谓道，修道之谓教"是一致的。《大学》之教落实在自处、"修身"。《中庸》之说落实在"自明诚谓之教"。《大学》谈论"明德"，也像《中庸》那样，可以追溯到《诗经》里那些赞美周文王的诗篇。《中庸》末章引了《大雅·皇矣》："予怀明德，不大声以色。"又用孔子的话解释说："声色之于以化民，末也。"[1]这是《中庸》里"明德"二字联用的唯一地方。而《庸》此章的开头说"故君子之道，暗然而日章"[2]。这和郑孔的《大学》注疏一样，大义都是显明其德。这也是郑笺《大雅·文王之什》里明明德的基本含义。[3]有明明

―――――――
[1] 参见朱熹，《四书章句集注》，页46。
[2] 同上书，页45。
[3] 参见《毛诗正义》，北京大学出版社，1999，页966。

德这样的共同前提，则《大学》首章的"亲民"，也就接近《中庸》末章的"化民"之义。《中庸》又把人君的默默化民，比为上天的默默生物，所谓"上天之载，无声无臭"[1]。上天生物，不可能把万物生成上天一般。故人君之化民，也不是让万民都具备人君之明德，像宋儒设想的那样。故《大学》所谓明明德于天下，正是郑笺《大雅·皇矣》所谓"照临四方"[2]之意。这也对应于《易传》的"夫大人者，与天地合其德，与日月合其明……"[3]故于汉儒，明明德唯人君之道，固不可推之及民也。

汉宋解"明明德"的相悖，更与他们对"明"的体会与阐释有关。《大戴礼记·曾子天圆》云："天道曰圆，地道曰方，方曰幽而圆曰明；明者吐气者也，是故外景；幽者含气者也，是故内景，故火日外景，而金水内景，吐气者施而含气者化，是以阳施而阴化也。"[4]郑玄解"明明德"为"施明德"，即阳施之义也。光显于天下，即"火日外景"之义也。而朱熹解"明德"为"虚灵不昧，以具众理而应万事者也"，即阴含之义也。宋儒通常将明明德比为磨镜，即"金水内景"之义也。然则宋儒之"明"，

---

[1] 《中庸》引《大雅·皇矣》。参见朱熹，《四书章句集注》，页46、47。郑玄注"载"谓"生物"。参见《礼记正义》，页1466。
[2] "照临四方曰明"，《毛诗正义》，页1026。
[3] 《周易正义》，页23。
[4] 方向东撰，《大戴礼记汇校集解》，中华书局，2008，页587。

于汉儒实非"明"也,乃"幽"也。船山于汉宋之间,大体尊宋。于朱陆之间,显然尊朱。但船山对"明明德"之总体看法,确乎离朱子远,离汉学近。船山一方面指出,如仍然遵从宋学传统的解释,那么这首先就不是对文王那样"承乱君师"说的。[1]无论明明德者是人君还是君子,也就是无论遵从汉儒还是宋儒的解释,像朱子那样将明明德推至人民,都是不可能的。所以船山说:"君德可言新,于民不可言明。'明明德于天下',固如朱子所云'规模须如此',亦自我之推致而言,非实以其明明德者施教于民也……明是复性,须在心意知上做工夫。若民,则勿论诚正,即格物亦断非其所能。"[2]这番话虽仍尊重朱子的权威,但还是做了委婉的批评,认为明明德这个意义上的"新民"是不可能的。另一方面,他更进一步阐释了"明"的意涵。"孟子曰:'日月有明,容光必照焉。'明自明,光自光。如镜明而无光,火光而不明。内景外景之别也。'明德'只是体上明,到'致知'知字上,则渐由体达用,有光义矣。"[3]这段解释实际上已经用了《大戴礼记·曾子天圆》的"幽明"之别,只是为了维护宋学解释的正统性,没有点破而已。又照朱子对《孟子·尽心》的解释,

---

[1] 参见王夫之,《读四书大全说》,中华书局,1989,页4。
[2] 王夫之,《读四书大全说》,页13。
[3] 同上书,页3。

希望明德有"明"之体,有"光"之用[1]。但这实已割裂体用,希望如镜的"明",倒有如"火"的用,这在汉儒那里是根本不可能的。但船山既用孟子"日月"照临义解释"明明德",实际上也就沿用了汉儒的显明其德的解释。

据以上材料,可以认定,在解释《大学》"明明德"学说时,船山一方面明确拒绝宋儒可将明德推至人民的解释。另一方面阴从汉儒,将"明明德"转解成了显明其德,从而进一步突出了君民之别,这就从源头上拒绝了宋儒对"新民"的解释。

由上可见,船山并不如古本《大学》那样以经文为"亲民",亦非不主"新民"说,而是不同意以朱子为代表的宋儒的"新民"说。船山以为,民之染污较人君尤重,故人君固可自明其德,而民只能以礼俗渐渐化之。这就不期然地与汉儒有了某种一致性。进一步说,船山之有这样的"新民"说,乃因他有一个相对完整的对"民"的认识。这层认识是借助对儒家主流民本学说的批判而呈现的。"新民"说固然只能围绕《大学》,完整的"民"论则当涉及其他儒家经典。本文略示其要,看看船山如何呈现儒家传统在这个问题上的复杂性与丰富性。

首先船山对孟子的民贵君轻学说原则上是赞成的,但对传统解释做了修正。他强调说,轻君贵民者恰恰是

---

[1] 参见《四书章句集注》,页421。

更高的"君",也就是天子。孟子本意,是王所奉者唯民心,奉民之好恶以进退天下诸侯。[1]这就将民放置到与天子的基本政治关系中予以考量了。这是船山论"民"的基本视野。其《大学》解释所据的就是这一视野,而表达了"民"论最丰富内容的《尚书引义》更是全面展现了这一视野。与关于《大学》和《孟子》的讨论所依托的"君民"关系相比,《尚书引义》引入了最重要的第三维度:天。

君民是最古老的基本政治观念,而天则是周代统治者的至尊观念。殷人尚鬼,周人尊天。故儒家正统莫不重天。无非各派认知不同。伪《古文尚书·泰誓》记载了武王伐纣誓师时的一句名言:"天视自我民视,天听自我民听。"[2]实际上以此话为基础,就可以做出一套基于天道观的最强版本的民本主义,比孟子的民贵君轻说更为完整深入。船山一方面在不止一种撰述中肯定,不可能离开民去理解天意[3];另一方面针对民本一元论的倾向,反复强调民并不等于天,更不能脱离天去理解民。重视民不是重视民之私欲,而是重视在民心中显现的天命。故"民之重,

---

[1]《读四书大全说》,页746。
[2]《尚书正义》,见《船山全书》,岳麓书社,1996,第二册,页277。
[3]"圣人所用之天,民之天也;不专于己之天,以统同也。"《尚书引义·皋陶谟》,《船山全书》,第二册,页271。"可以行之千年而不易,人也,即天也。天视自我民视者也"。《读〈通鉴〉论》,卷十九,中华书局,1995,中册,页540。

重以天也"[1]。舍民言天易则诬;舍天言民则乱。[2]

所以在船山的政治学说中,天民关系才是奠基性的关系,比君民关系更为源初。而天民关系之所以必定是奠基关系者,盖这是理气这对基本关系在政治与历史领域中的体现。天即理,民即情。情志归根结底是气。作为气本论者,船山不是否定心、理、志、神的存在,而是将心志等理解为气之特定状态。在这个基本哲学框架下,船山强调,一方面理必定不脱离气而在,故天命必显于民;另一方面,气如不定之以理,则为浮荡之气,可悖理而浊恶。所以他说:"古之善用其民者,定其志而无浮情。"[3]又说:"民之视听,一动而浮游不已者也。"[4]注意这个在不同文本里出现的"浮"字,及与之相关的"游"字。这原是张载气论描述气态的基本概念。[5]正如船山在道体学上不是理一元论者,他在政治学上也绝非那种认可垄断真理的精英论者——因为理不可能离气而在;但正如前文所示,他也不是那种认为真理可以推及全体民众的启蒙论者——因为气有清浊升降正邪。船山对理气关系的处理是辩证的。与此同理,他对理情或天民这一最基本政治关系

---

[1]《尚书引义》,页328。
[2] 同上。
[3]《诗广传·唐风》,《船山全书》,第三册,页363。
[4]《尚书引义》,页329。
[5] 参见《正蒙》开宗明义的首篇《太和》。《张子正蒙》,上海古籍出版社,2000,页85、96。

的处理也是辩证的、非还原主义一元论的。所以他主张，"以民迓天，而以天鉴民，理之所审，情之所协"[1]。如果"民心之大同"，则"理在是，天亦在是"[2]。如果民陷入私心恩怨，则与天、理已不相应。人君之己私不可徇，民私亦不可徇。[3]

民意属气。气虽涵理，亦必流行多变。如一味任气流行，则如晚明王学末流之一任情识，天则隐而政乱生。船山对此说过一句完全可以纳入新文化运动对话语境的话："民权畸重，则民志不宁。"[4]而新文化运动从"民"中区分出"庶民"的视野，亦非船山学所不能涵。他在论及前汉著名的盐铁论辩时指出："汉武、昭之世，盐铁论兴，文学贤良竞欲割盐利以归民为宽大之政，言有似是而非仁义之实者，此类是也。夫割利以与民，为穷民言也；即在濒海濒池之民，苟其贫弱，亦恶能食利于盐以自润，所利者豪民大贾而已。未闻割利以授之豪民大贾而可云仁义也。"[5]对豪民、穷民的这一区分适用于他对于"民"本说的所有限制。利者，欲之所趋也。民之合天或悖天，端在理欲之间、公私之间。豪民者，较庶民能逞其欲者也。理

---

[1]《尚书引义》，页331。
[2]《张子正蒙注》，页112。
[3] 同上。
[4]《尚书引义》，页331。
[5]《读〈通鉴〉论》，上册，中华书局，1995，页246—247。

欲之辨明，而后天民之辨显。故曰"有公理，无公欲。私欲净尽，天理流行，则公矣。天下之理得，则可以给天下之欲矣"[1]。

综上所述，通过对朱子与王船山"新民"说及其完整人民学说的检视，可以发现儒家传统本身在这个问题上的复杂性。对于"梁启超问题"，运用朱熹或李大钊的方案，固然是一种回应；而借助王夫之的学说，又何尝没有可能尝试另外一种回应呢？

在新文化运动越来越单纯、明晰的走向中，朱子的新民说与李大钊的庶民说其实是结合在一起了。只有日新其明德的庶民，才是中国革命的真正主体。只不过朱熹的名字，连同儒家或理学本身的名字，在这个结合进程中隐去了而已。这种结合，是历史本身对"梁启超问题"的回应，超出了新文化运动诸贤当时的理论图景。无疑，在一个新文化运动不断遭到质疑的、后革命的新时期，新民与庶民的这种结合，无论从历史上还是理论上，都逐渐开始破裂。那么对"梁启超问题"的重新检视和再次回应，就有了其历史的必要性。而本文尝试的，是回到新文化运动的开始时刻，甚至回到宋明理学的完成时刻，找到再次回应此问题的理论可能性。从儒家传统本身的断裂和延续中回顾，从新文化运动历史延长线的延续和断裂回顾，如果

---

[1]《船山思问录》，上海古籍出版社，2000，页36。

我们承认新民说本身的复杂性,那么也就可以期待它在不断解释中重新丰富起来的可能性。对于尚待展开的这种丰富性而言,无论梁启超本人的发问,还是新文化运动前辈对此问的回应,都是值得激活和接续的。对新文化运动的反思性接续,也许将是对整个中国思想传统的反思性接续无法绕开的第一步。

2018 年 7 月

(原文刊登于《杭州师范大学学报》2018 年 9 月第 5 期)

五四、儒家与启蒙[1]

"封建专制"问题再思考

在人类的社会文化史上,也许很少有这样一场思想文化运动,像五四新文化运动[2]那样,在它当时的发生、随后的解释与最终的评价中都充满了热情洋溢的理论争辩,而又是以不同社会集团之间日益残酷的政治斗争为背景的。没有一场以文化性自命的社会运动具有像五四运动那样直接的政治起因与深远的政治后果[3]。

---

[1] 为五四运动九十周年而作,未曾发表。收入本书时有修改。整篇文章都要参看 2010 年写的"论中华特性的根本特性"(《文化纵横》2011 年第一期),后改名为"论中华传统——中国化马克思主义的历史基础",收入丁耘,《中道之国》,福建教育出版社,2014,页 115—130。

[2] 广义的新文化运动时期当指 1917 年至 1921 年,而不仅指 1919 年 5 月 4 日之游行那一天。参见周策纵,《五四运动》,江苏人民出版社,2005,页 1。

[3] 百家争鸣、智者运动、文艺复兴或者启蒙运动固然有着或许更为漫长、更为丰富的思想交锋,但除了百家争鸣中的个别例子之外,其领导者与参与者仅仅是理论先知,并无可能同时成为社会变革的主要推动者。然而中国启蒙与中国革命在时间上如此接近,(转下页)

五四运动是旧时代的寂灭点与新时代的爆炸点。它一方面代表了新文化的认同者与旧制度旧文化的彻底决裂——这意味着中国的现代性只能通过"古今断裂"达到其明晰的自觉。同时在政治上,这也意味着对渊源于前清政统的北洋共和政府合法性[1]的彻底拒绝。另一方面,随着中华现代国家革命建国所伴随的社会变革进程的日益激进,在五四新文化运动中曾取得基本共识的文化-政治集团产生了显著的分化。中国国民党的激进化与中国共产党的建立本身就属于五四运动的政治效果[2]。国共两党的联合、分裂,它们各自的游移转化与它们之间的势力消长直接导致了对五四运动的不同解释与定

　　(接上页)社会使命竟然迫使启蒙先知们尝试同时扮演卢梭、罗伯斯庇尔乃至拿破仑的角色。就这个特点而言,五四运动显然与国际工人运动更为接近,但涉及的领域较后者远为广泛。五四运动催生了职业革命家,但它却是由知识分子推动的。五四一代知识分子是古典士大夫的最后一代,现代知识分子的第一代。这个特点在某种程度上意味着中国士大夫传统的现代转化。参见林毓生,"五四式反传统思想与中国意识的危机",见氏著,《中国传统的创造性转化》,生活·读书·新知三联书店,1996,页147。

[1] 就法理而言,中华民国的合法性并非直接源于辛亥革命,而是来自清帝逊位、各派制宪。
[2] 从整个20世纪的世界历史角度也可以说,一战带来的列强格局的变化,特别是作为一战最重要后果之一的俄国革命显然正是五四运动、国民党激进化与共产党成立的重要原因。正是这同一个凡尔赛格局导致了二次大战,而其战后的国际格局也正是国共两党力量消长的关键因素之一。

位。[1] 对五四运动的解释与评价取决于中华现代国家的自我论证与自我描述。

"五四运动"是中国现代性最强烈、最清晰的符号。然而，现代性本身固有的复杂与紧张会不断侵蚀任何符号的一义性。如果现代性本身——无论是其可取性或者可行性——成为问题[2]，这个符号就会从用以指称对象的东西，变成被争辩的对象。正如五四运动解释史表明的那样，对现代性本身的不同态度、不同的现代化道路、现代化道路的不同时期，必然会导致对五四运动解释的歧异乃至争辩。[3]

现代性或者尚未完成，但现代世界已经是、并将仍然是既与的东西。我们在几代前辈之后，之所以再次思考五四运动，无非试图借以思考我们现在身处的这个世界，思考它的前提、起源与原则，思考那些仍然活跃的、已经

---

[1] 一个显著的事实是，在民族主义乃至传统主义色彩不断强化的中国国民党那里，对五四运动的评价发生了微妙起伏与总体下降。与此相应，中国共产党那里的五四运动地位则隆然上升。参见《毛泽东选集》第二卷，页569，注2。五四运动的"反帝反封建"定位与新民主主义论的成立本来就是一个硬币的两个方面。注意毛泽东是在所谓新中国"望得见桅杆"的1939年以这样一种最隆重的方式纪念五四运动的：他把从旧民主主义转向新民主主义的"革命建国史转折时刻"归给了五四运动。鉴于新民主主义对于新中国最原初以及最被接受的合法性论证意义，可以说，新中国与五四运动是相互归属的，两者的正当性联为一体、密不可分。参见毛泽东"青年运动的方向"，《毛泽东选集》第二卷，页561。
[2] 现代性本身不断地成为问题，这难道不是现代性最清楚的特征之一吗？
[3] 参见周策纵，《五四运动》，江苏人民出版社，2005，第十四章。

过去的或者暂时休眠的东西。新文化运动凝结了中国现代思想的诸多冲突要素。思考五四，就是反思中国的现代性。

五四新文化运动的基调，史家们虽然议论多端，然而大体不出这个范围：五四新文化运动的主流特征是被爱国热情所强化的、与儒家传统最直白的彻底决裂。换言之，它是在鲜明强烈的古今之争中实现的、通过激烈否定传统文化总体（包括学术、伦常、品性、习俗、特别是家族制度，而不仅限于传统政制）达到的现代性自我认同。五四新文化运动最大的思想效果就是彻底切断了儒家传统与现代社会的积极关系，就是以现代的名义对儒家的去魅、拒绝乃至公开蔑视。五四运动之后，任何明确诉诸儒家传统的现代化方案、任何高调的保守主义努力，甚至任何调和传统与现代的智性尝试都会遭到时代主流的无情嘲弄。另一方面，这种与传统的断然决裂恰恰出自对祖国命运的关切与焦虑。思想史家们充分注意到五四新文化运动包含的这种复杂性，它总是被双重化地命名为"反帝反封建""反传统的民族主义"或者"救亡与启蒙的双重变奏"等等。[1]

---

[1] 参见林毓生，"五四式反传统思想与中国意识的危机"，见氏著，《中国传统的创造性转化》，生活·读书·新知三联书店，1996，页147。又，李泽厚，"启蒙与救亡的双重变奏"，氏著，《中国现代思想史论》，页11。又，毛泽东，"五四运动"，《毛泽东选集》第二卷，页558。毛泽东的命名解决了吊诡。封建主义与帝国主义在他的叙述中是联盟关系，显然这不是从思想角度而是从政治现实与社会现实出发的。这就是地主阶级与官僚买办阶级之间的密切关系。反封建论述真正诉诸的与其说是传统文化批判，不如说是土地革命。

救亡、反帝、民族主义或爱国主义大体同位，反封建、反传统、启蒙大概相应。但对于这两重因素之间的关系，论者们却聚讼不休。在新中国最雄辩简易的自我论证中，帝国主义与封建主义拥有联盟的关系，因此反帝反封建之间不存在任何逻辑冲突。当然这种判断主要是以社会政治现实角度为基础的。[1] 而其他论者几乎全都承认这两重因素之间隐含的冲突关系。[2] 为了解释这种近乎吊诡的冲突，学者们要么将其归为传统思维方式本身，[3] 要么认为这两重主题在本质上仅具外在关系，启蒙只是救亡的历史工具，自为的目的高于为他的工具，救亡最终压倒启蒙，中国思想界的任务是继续启蒙事业等等。[4]

---

[1] 如以学术观点看，问题自然是，作为帝国主义走狗的买办资产阶级的意识形态难道是封建的吗？具有反帝民族资产阶级的意识形态固然有争取民主的一面，但难道可以说是反封建的吗？但毫无疑问，"封建"一词在毛泽东的政论中有社会史论战的支持，也有其当时的实际所指，参见下文。

[2] 无论是否受民族主义热情的激发，反传统主义显然极易导致民族主义的反面，导致民族自尊心的下降与民族自我统治合法性的丧失。20世纪30年代以来，国民党的民族主义走向了与传统和解，这在一定程度上导致了五四运动地位的下降。共产党对五四的肯定程度与国民党的否认程度是同步一致的。参见周策纵，《五四运动》，江苏人民出版社，2005，页348。

[3] 参见林毓生，"五四时代激烈的反传统思想与中国自由主义的前途"，见氏著，《中国传统的创造性转化》，生活·读书·新知三联书店，1996，页160。又参见刘小枫，《儒家革命精神源流考》，上海三联书店，2000。

[4] 参见李泽厚，"启蒙与救亡的双重变奏"，氏著，《中国现代思想史论》，页11。

这两种解释都有各自的问题。前一种论调的传统概念过于笼统。五四新文化运动诚然激烈反对儒家传统，但与这种拒绝相伴随的是对传统文化中儒家敌对学派的积极评价。例如对法家、墨家等的重视，不无为现代社会寻找传统资源的深刻动机。[1]"反传统"也不仅属于一种姿态或者"思维方式"，而是带有丰富的具体内容。这个论调最大的问题是所谓"民族主义"的断言。五四新文化运动的复杂光谱中明显包含了超越单纯民族意识的世界视野。[2]即便那种体现为救亡意识的爱国热情，也必须与辛亥前革命党之"驱除鞑虏"区别开来。反帝的爱国主义与排满的民族主义切不可混为一谈。前一种论调有意回避了反传统与启蒙的关系，而在一定程度上将反传统动机追溯到传统本身。这显然出于某种带有保守主义色彩的深长顾虑，但并不切合五四运动领袖们的自我理解。迄今为止，在所有对五四新文化运动的分析工具中，"救亡与启蒙"——固然经过某种调整——仍是被最广泛接受的话语。确切地说，越来越多的论者更愿意用"启蒙"为五四新文化运动提供一个尽可能恰当的分

---

[1] 整个20世纪中国思想史研究中法家的引起争议的独特地位，颇耐人寻味。
[2] 参见程农，"重构空间：1919年前后中国激进思想里的世界概念"，见许纪霖编，《二十世纪中国思想史论》，东方出版中心，2000，页253。

析尺度。[1]

由于救亡的历史目的无非是建立现代国家，而现代国家的正当性论证只能来自启蒙[2]，是以根本不可能将启蒙从救亡中排除出去。考虑到这种复杂性，更有谨慎的学者再将欧洲启蒙传统辨析为二，试图将"救亡"限制在法式启蒙传统的历史效果之内[3]。无论如何，所有仅仅使用"启蒙"范式的论证同样无法抹杀"救亡"与"启蒙"的彼此冲撞。五四新文化运动的思想史意义就存在于这个吊诡关系之中。必须看到，这种吊诡就是中国现代性固有的特征。这就是说，古今必然冲突，儒家与现代不能两立，只有拒绝儒家传统，才能建立现代社会与现代国家，完成救亡之使命。这个驱使中国现代世界得以构成的基本信念，当然建立在对中国传统、现代社会及其关系的特定理解上。另

---

[1] 周策纵对此有所犹疑，参见前揭，页345。舒衡哲则坚持五四运动之启蒙性，见氏著，《中国启蒙运动》，新星出版社，2007，页3ff。又参见李泽厚，前揭。又，汪晖，"中国现代历史中的五四启蒙运动"，参见许纪霖，《二十世纪中国思想史论》，东方出版中心，2000，页31。胡适的"文艺复兴"之说除了暗示儒家传统充满中世纪的黑暗之外，显然不符合五四新文化运动的特点。后者不是托古改制，而是明确的求新求变。

[2] 新中国的正当性论证直接来自社会史论战中马克思主义历史观的全面胜利。社会史论战本身是对五四运动基本问题的最深刻辩护，而唯物史观又是对欧洲启蒙运动的维柯式继承（将自然法转为天命或者历史必然性）。在这个意义上，没有中西启蒙运动，就不可能有新民主主义论。

[3] 参见高力克，"《新青年》与两种自由主义传统"，参见许纪霖编，《二十世纪中国思想史论》，东方出版中心，2000，页135。

一方面，按照这个信念建立起来的中华现代国家与现代社会，无论如何并不完全符合启蒙运动关于现代性的想象与期待。它在很大程度既具有现代色彩，又拥有古代要素，这一切又是怎么发生的？现存的东西总有其充足的根据。探索中国现代性的实际根据，借此批判中国启蒙运动那个古今截然对立的信念，将是一项极有意义的工作。

限于篇幅，本文只能在这个论题意识下将自己的任务限制为：检讨中国启蒙运动对传统特别是儒家传统之理解。我们且从五四运动对儒家的批判入手。

五四运动爆发仅两年之后，胡适就及时总结了当时两大风云人物的反儒贡献：

> 吴先生和我们的朋友陈独秀是近年来攻击孔教最有力的两位健将。他们两人……精神上很有相同之点……吴先生是学过法政的，故他的方法与独秀稍不同。[1]

诚如胡适所描述的，五四运动反孔的代表性人物就是陈独秀与吴虞。后世从五四运动中汲取的反儒资源，大概不出此二子之议论范围。陈吴两位，就其否定儒家传统的果毅决绝而言，并无二致。然而其论据与效果，都有不容

---

[1]《吴虞文录·序》，黄山书社，2008，页2f。

忽视之差别。大体而言，吴氏主要从专制方面攻击儒家，而陈氏则将这个观点拓展到了对"封建社会"的总体批判上。早在其1915年的反孔檄文《家族制度为专制主义之根据论》中，吴虞开宗明义便说：

> 商君、李斯破坏封建之际，吾国本有由宗法社会转成军国社会之机；顾至于今日，欧洲脱离宗法社会已久，而吾国终颠顿于宗法社会之中不能前进。推其原故，实家族制度为之梗也。[1]

晚清以来，中国知识界对传统君主制的猛烈批判，起于甲午战败之后，谭嗣同、严复、梁启超都曾参与。据有关考证，关于中国传统皇权制度的专制政体叙述，源自日本及其远绍之孟德斯鸠学说，中国知识界首先以"专制"直陈中国传统政体的，则是1899年的梁启超。[2] 然而，梁氏在20世纪初虽一面以《中国专制政治进化史论》《论专制政体有百害于君主而无一利》等雄文猛烈批判传统政治，一面对尊孔保教婉转批评，却仍对孔子之教持有敬意，从未直接将所谓专制政体的根源追溯到孔学与家族制

---

[1]《吴虞文录》，卷上，页1。
[2] 参见侯旭东，《中国古代专制说的知识考古》，《近代史研究》，2008年第4期。

度上。[1]这是吴虞的贡献,也是五四新文化运动更为激进的主要表征之一。

概言之,吴氏对儒家的谴责出于这样一个基本论断:在社会组织上支持宗族制度的儒家在政治上必然支持君主专制制度。在辛亥革命之后,君主立宪政体与开明专制制度或许还有争辩之余地,单纯君主专制政体即使在保皇派那里也难以取得一致的拥戴。在共和革命之后,与君主专制紧密联系在一起的儒家遭受全面清算,不过是个时间问题而已。在共和制度政治正确的前提下,吴虞对儒家的批判是难以反驳的[2],即使对儒家做了托古改制式的改造也不成,除非在与传统政制清楚切割的前提下重述儒家——后者就是五四之后兴起的新儒家道路。不过,吴氏论证中也还隐含了一系列的社会史判断:战国之前的中国社会是"封建"的政治制度与宗法社会;法家变法破坏封建,宗法社会有转为"军国社会"之机;欧洲现代社会就是某种"军国社会";正是儒家所支持的家族制度使中国滞留于"宗法社会";欲学习西方建立"军国社会",只有否定儒家,破坏宗族制度。

吴虞的这个论证,就思路上与一般反孔者并无不同。

---

[1] 参见梁启超,《饮冰室文集》,上海新文化进步社,民国二十四年,第三卷。
[2] 在民国初年的政治斗争中,帝制复辟往往伴随着尊孔读经。这是对儒家的批判逐渐全面激进的主要背景。

但其关于东周、秦汉以降乃至清代的社会及现代社会（他没有用"现代"一词）三者的性质断定，流传不广，逐渐湮没不彰。其说盖因袭严译《社会通诠》之分类，却恰与严复本人之判断相反。[1]严复看到了法家所立秦汉郡县制度的"军国"性绝不同于封建制的"宗法"性。而吴虞相反则坚执郡县专政制度的另一面甚至基础，就是宗族制度。合二子之论，中国古代历史是"军国的"（郡县的、专制的）国家、"宗法的"（封建的）社会而已。他们各自看到了一面，而这两面的结合恰好是所谓"封建专制"或"儒法合流"。吴虞的贡献在于深刻地看到了这两面之间的关系，指出"专制"国家（表面上的法家式君主制国家）的根源在于宗法社会（儒家式社会）之家族制度。这里的问题十分复杂，既隐含了儒家亲亲尊尊学说的深意，隐含了周秦之际原始儒家自身的转化，也隐含了解决儒法之间或封建郡县之间表面矛盾的密钥。但在五四的语境下，吴氏观点很快就通向了通过社会史给予儒家毁灭打击的唯一道路。

吴氏"只手打倒孔家店"的政治-文化论证接受者甚夥，没有遭遇任何实质性的挑战。但就这种论证必须隐含的社会史论证而言，被继承光大的，乃是陈独秀的

---

[1] 严复说，《社会通诠》的作者举中国为宗法社会的例子是错误的，"盖支那固宗法之社会，而渐入于军国者"。见《严复集》，中华书局，1986，第四册，页923。

"封建说"。

陈独秀比吴虞有更为自觉的现代意识。他明确宣判了"孔子之道"与"现代生活"之不相容。[1] 然而他对现代生活的看法,主要兼经济与伦理而言,更偏重唯物史观的色彩:

> 现代生活,以经济为之命脉,而个人独立主义,乃为经济学生产之大则,其影响遂及于伦理学。故现代伦理学上之个人人格独立,与经济学上之个人财产独立,互相证明,其说遂至不可摇动;而社会风纪,物质文明,因此大进。中土儒者,以纲常立教……此甚非个人独立之道也。[2]

在五四前后对儒家的批评中,陈氏并未像吴虞那样,仅从对专制主义的无条件反对出发,进行带有主观意愿的历史判断,而是以某种唯物史观加进化论的色彩的、更加全面的社会史观点评价了儒家。这就是说,一方面对儒家在历史上的意义不无肯定,另一方面,则从"历史必然性"——而不仅是"政治可取性"——的角度宣判了儒学之必不可行于当日:

---

[1] 否定孔教之第一理由,即不能适应现代社会。"孔教研究",《独秀文存》,安徽人民出版社,1996,页415。
[2] 《独秀文存》,"孔子之道与现代生活",安徽人民出版社,1996,页82f。

五四、儒家与启蒙

孔子生长封建时代，所提倡之道德、礼教、政治，封建时代之道德、礼教、政治也……其范围不越少数君主贵族之权利与名誉，与多数国民之幸福无与焉。[1]

必须注意，在这里陈独秀对封建概念的使用已与吴虞大不相同，不再拘于中国制度史的旧义，而是明确在与马克思主义社会史相一致的意义上使用该词的。按照有关学者的考证，在陈氏之前，"封建"概念的使用仍处在中西日语文之间的彼此"格义"阶段，而此概念之逐渐赢得唯物史观中 feudalism 之含义，并且以此原本指涉欧洲中世纪社会的社会史概念去指吴虞之类老派学人所指的"宗法社会"，并连同其背后的普遍社会发展史学之定于一尊，陈氏在五四期间的论调起了关键的先驱作用。[2]

陈独秀破斥儒家之激烈，未必有甚于吴虞。其殊胜之

---

[1]《独秀文存》，"孔子之道与现代生活"，安徽人民出版社，1996，页85。
[2] 参见冯天瑜，《封建考论》，第九章，武汉大学出版社，2006。按冯著考证，五四新文化运动期间实际只有陈独秀一人在后来的主流意义上使用封建概念。其借鉴前提是以此批判幕府门阀政治的日本思想界。陈氏封建概念之定于一尊，实由于30年代初的社会史论战。显然，社会史论战为毛泽东在30年代末从历史高度总结五四运动提供了极清楚的史学叙述。从这个脉络看，相比"科玄论战""中西文化论战""社会史论战"才是五四运动在主干上的实质性发展。普遍史观一旦底定，科玄之争、中西文化之争，其结局不问可知。冯契精辟地指出，历史观问题才是近代思想的首要问题。中西古今之争所围绕的实即历史观问题。参见氏著，《中国近代哲学的革命进程》，上海人民出版社，1999，绪论之第二节。

处在立不在破。在新文化运动期间，陈氏为自己的反儒论调辩解说，其排儒反孔，无非为了立德赛二先生。为拥护民主与科学，只有反对儒家传统、旧制度、旧文化乃至一切国粹。欲为儒家辩护者，必须先打倒民主与科学。[1]然而民主科学是果非因，其所立者，就根本言，其实并非科学民主，而是唯物史观。按照唯物史观在中国社会中的运用，民主与科学的作用无非横扫封建文化与封建专制政治而已。[2]正如哲学史家指出的那样，五四新文化运动乃至近代思想的一切探索，其中心问题，无非是建立历史观用以指导革命。[3]

五四新文化运动的启蒙意义究竟何在？解决这个问题的关键也许并不在于完全参照欧洲启蒙的具体内容[4]，而在于当时中国社会的具体语境。中国启蒙运动的锋芒所指就是被断定为"封建专制"之精神支柱的儒家传统[5]。五四新文化运动的那两位反孔健将，各自从一个方面批判儒

---

[1] "《新青年》罪案之答辩书"，《独秀文存》，页 242f。
[2] 参见 1938 年陈独秀为五四运动的再辩护。转引自周策纵，前揭，页 350f。又毛泽东在批判陈独秀的几乎同时，仍然坚持新民主主义文化的民主与科学理想。科学就是反封建，民主就是大众。参见毛泽东，前揭，页 567，页 707f。
[3] 冯契，前揭。
[4] 参见汪晖，前引。又，舒衡哲，前揭。
[5] 参见李泽厚，前揭。李文与其他思想史作品不同，通篇没有给"启蒙"下定义，而只是通过启蒙所反对的东西来显示这个立场。这是巧妙的做法，因为正如卡西尔看到的，启蒙运动难以给出统一的定义。参见氏著，《启蒙哲学》，山东人民出版社，1988。

家,综合起来正好就是"封建专制"。经过社会史论战,作为五四新文化运动的正统继承者,新民主主义论遂将"封建""专制"结合在一起描述秦汉直到清朝的中国社会。[1]于是,"封建专制"说作为新中国的自我论证的一部分,遂构成中华现代国家自我理解的一种成见。作为启蒙运动,五四新文化运动对于所谓救亡的意义,归根结底在于提供了这个必要的成见。儒家在现代社会之所以被反复批判,中国传统政治之再辩护之所以艰难[2],归根结底都在于这个成见。反省五四,归根结底就是反省这个前见。

"封建专制"说的内在结构大体是:封建的社会、专制的国家。社会性质决定政权性质,封建的土地、宗族制度决定政权的君主专制形态。封建专制是前现代的、落后的社会形态与政制形态。新文化运动的民主理想,就是反对专制;科学理想,就是反对封建文化的某个方面(例如"封建迷信")。

我们要把概念的本来意义、语境意义与历史效果区分开来。"封建专制"说在民国以来复杂的社会政治现实中,有

---

[1] "新民主主义论",《毛泽东选集》,第二卷,页664,"封建社会"。"中国革命与中国共产党",谓秦代之前是割据的封建国家,秦代之后是中央集权的专制主义的封建国家,同上,页624,辛亥革命推翻了"皇帝与贵族的专制政权",同上,页631。
[2] 参见甘怀真所谓钱穆情结问题,甘怀真,"皇帝制度是否为专制",见氏著《皇权、礼仪与经典诠释》,华东师范大学出版社,2008,页381。

其具体所指。"封建"首先指军阀割据,其次指土地的私人占有制度,最后指宗法制度。[1] 其中,"割据"意义与"封建"之古义基本可通。宗法制度与封建之古义有密切的关系,但不宜混同。土地制度私人占有制度上的封建关系;则基本是西文 feudalism 之含义,与中文之作为政治关系之"封建制"不是一个概念。但"封建"在当时社会中既然实有所指,就是一个有功能的概念,其本义即使发生偏转,也是无可奈何之事。"专制"则当指帝王、军阀的家长式、统帅式统治以及民国领袖们非宪政的独自统治。

我们的问题并不仅在这个概念的语境所指,而是关切其历史效果。为考察其历史效果,则不得不复核其本意及其偏转之机。考诸中西历史,儒家"封建专制"说及其前现代落后之论调会面临一些问题。本文只尝试初步提出这些问题以及解决的一般思路。

"封建"与"专制"这对概念都有诸多歧义,这些歧义来自古义、西义、翻译格义与现实关切等多个源头。它们纠缠交织在一起,为我们恰当地理解中国古今社会与政体带来麻烦。然而,如果对儒家传统的批判值得我们认真对待,就非澄清这些歧义不可。首先来看"封建"。

"封建制"概念在中国古代史的本义,当指封土建侯之政治结构。然而此政治结构对应于宗法系统的社会结构。

---

[1] 参见冯天瑜,前揭,页212。

政治与社会同构,国家与家族同构,君统与宗统的对应,是"封建制"之核心内容。因此,殷周之际以来,统治方式中虽然也有郡县制的直接治理方式,就天下而言,封建制是占主导地位的统治方式。封建制与宗法制是彼此造就的。封建制就是宗法制的政治延伸,宗法制就是封建制的社会基础。殷周制度之变,即将君统合于宗统,是以其政治结构是礼治的、封建的。但在这种政治体系中,有土皆为君的封建君主绝非大权独揽之专制君主。其原因在于,一,受礼法(主要是宗族关系)限制,小宗受制于大宗,诸侯大夫受制于天子诸侯,岂有所谓专制之意?二,封建宗法同时也限制大宗君主对小宗君主之统治。封建诸侯大夫之封地并不被其宗子——天子诸侯直接统治。封建制天然地与专制不合,封建制中的后一因素、非集权因素逐渐压倒前一因素。这就是东周之礼崩乐坏,陪臣执国政之原因。春秋战国正是封建分权因素与专制集权因素彼此相争之过程。周礼之封建制已无法遏止其导致的权力下移过程。这个倾向的遏止,是由法家变法,尊国君、抑世卿实现的。春秋战国之际,国家形态实已发生了根本的变化,从贵族主导之春秋式国家,转为国君主导之战国式国家。[1]有秦一代,无非是将这种强大的君主制因素扩大至全天下而已。

---

[1] 孟子所谓贵戚之卿可废国君的议论,必对战国时国君权重之势而发。难以想象春秋时儒家能有这种意见。

周秦之际，制度巨变。但这个变化在政治层面上当然归于法家而非儒家。战国之后，列国由于法家变法，国君逐渐大权独揽，专制因素逐渐压倒封建因素。秦汉制度遂即奠定。这个制度被称为"专制"，带有一定的"东方学"话语背景[1]，并非历史学的定论。盖命名必以政体。秦汉制度并非政体表中的现成制度，而要从政体分类中侧面推得。如仅以对贵族制的否定看，可以说是君主专制，也不妨说是平民政体。例如钱穆就直陈秦汉政体为"平民政府"，甚至将秦的灭亡归因于不能以最后一个贵族国家领导"平民政府"。[2]

然而，必须注意，周秦之际，并非彻底毁灭宗法制度，而只是将政治原则与社会原则分开，将国家形态与家族形态分开。战国时国家形态有人称之为所谓儒法国家。[3]汉承秦制，自谓王霸道杂用，也有学者以儒法互用称之。[4]究其大端，无非是儒家的社会、法家的国家而已。但由于宗法制度未遭根本撼动，亲亲世袭原则仍对统治基础产生影响。汉代以来，虽经强干弱枝、削藩推恩，不断贬抑封建贵族，仍不能阻止强宗大姓之门阀兴起，直至隋唐科举或唐宋转型。

我们的问题是，先秦儒家宗周，可以说代表封建因

---

[1] 关于"专制"，参见侯旭东，前揭。
[2] 参见钱穆，《国史大纲》，商务印书馆，1996，上册，页127。
[3] 参见赵鼎新，《东周战争与儒法国家的诞生》，华东师范大学出版社，2006。
[4] 参见李泽厚，"说儒法互用"，见氏著，《历史本体论，己卯五说》，生活·读书·新知三联书店，2006，页189。

素[1],然而所谓专制因素明显来自独尊国君之法家[2],何以概以"封建专制"称之?如果以此间"封建"盖指"封建社会"而非"封建制",那么"封建专制"所指无非秦制。秦制难道竟然是"孔子之道"的理想吗?问题的关键在于,儒家传统在秦汉之际作了怎样的调整,怎样吸纳了法家因素以适应封建周礼崩溃后的专制大一统。后世儒家——特别是理学传统——又是如何依据先秦原典精神、依据三代理想批判秦汉制度的。

另一方面,儒家之所以在周秦巨变之际未尝断绝,甚至在秦汉制度下获得了远较先秦为高的独尊地位,应当有其深刻的社会原因。在这个意义上,"封建"与 feudalism 亦非全无相符之处。可以将"封建"概念,不论其渊源,解析为三个方面。即经济关系上的土地制度、社会关系上的宗法制度与政治关系上狭义的封建制。由于土地兼有"领土"与"财产"之双重含义,是以土地制度必然具有经济、政治两方面的变化。周秦之际,土地制度变化必然导致政治制度变化,拥有司法、行政、税收各权之领主转变

---

[1] 直至战国时期,孟子仍试图以贵戚之卿限制君主专制。
[2] 春秋礼崩乐坏,竟至陪臣执国政。儒法皆倡尊君,而实有差别。儒家以周礼的精神(固有变通),在等级制下尊君;法家的倾向是斩平等级独尊国君。儒家代表了一种与贵族制平衡的君主制精神,法家代表了独大的君主制精神。在这里,法家意义的专制的主要对立物当然是贵族制而非民主制。这些其实都可容纳到不同形态的现代国家政体中去。

为只拥有所有权、享用地租而非赋税之地主[1],（商君变法甚至以军功授庶人以田，则所谓新兴地主阶级亦可来自庶人，而非旧领主）。土地既然国有，则政治制度必定导致各级封建领主之消失。天子遂真正而非仅在名义上（即通过司法、行政、赋税关系）领有/占有天下之土，即所谓封建转为郡县。然而，在土地制度与政治制度的巨变背景下，家族宗法制度未曾有实质性触动，经过某种转化的宗法之基本精神（孝悌）仍为郡县制天下所迫切需要者，此即儒家在秦汉制度下——即便在所谓唐宋转型之后——反而持续成为独尊之学的主要原因。

在这个背景下，我们要对中国启蒙运动追问的是，秦汉制度是否前现代的落后制度？如欲以"封建专制"合理地指称秦汉制度，其中所指的"封建"当为土地制度与宗法制度。土地之真正的国有制度并非欧洲中世纪之土地制度（仅仅单独命名为亚细亚制度是毫无意义的），而郡县制与宗法制度的两下适应实际意味着地方自治与国家权力的相互合作与彼此制衡。[2]那么，什么是现代？什么是专制？现代国家是与专制截然对立的吗？要解决这个问题，我们要在接着"封建"之后，看一下"专制"。我们先考察一下欧洲启蒙运动的专制观，以了解现代国家与专制之关系。

---

[1] 参见侯外庐之社会史辨析，参见氏著，《中国思想通史》，人民出版社，1992，第二卷第一章；第四卷，页3—34。
[2] 参见费孝通，《中国士绅》，生活·读书·新知三联书店，2009。

与中国启蒙运动将儒家作为主要批判对象截然相反，欧洲启蒙运动在相当长的一个时期内，将儒家传统当作了启蒙的重要资源之一。[1] 儒家传统与中国制度给了欧洲启蒙哲人两个大刺激，其一在宗教方面，其二在政治方面。在宗教神学方面，理学系统中没有人格神的位置，天理与哲人之理神观念非常接近。[2] 在政治方面，中国（主要是清政府）成功统治一个庞大帝国的方式与经验——通过耶稣会教士们的转述——给处于潜伏危机之中的绝对主义国家提供了某种借鉴。值得注意的是，无论中国的颂扬者（例如伏尔泰与魁奈）还是批评者（例如孟德斯鸠）都用"专制"去指示中华帝国的政体性质。[3] 关于中国的争论实际上就是关于"专制"的争论，关于欧洲绝对主义国家未来的争论。这是开明君主制与宪政制衡这两种不同的现代国家方式的争论，但从来不是什么古代与现代、落后与进步的争论。魁奈之所以撰写"中华帝国的专制制度"，很大程度上是以中国为例子，对孟德斯鸠对专制的批评进行

---

[1] 参见朱谦之，《中国哲学对欧洲的影响》，上海世纪出版集团，2006。又，张国刚等，《启蒙时代欧洲的中国观》，上海古籍出版社，2006。
[2] 即使不同于神学之神，但也无疑更近自然而非人格神。参见庞景仁著，《马勒布朗士的"神"观念与朱熹的"理"观念》，商务印书馆，2005。参伏尔泰，《哲学辞典·中国教理问答》，商务印书馆，1991，下册，页266。
[3] 参见伏尔泰对孟德斯鸠的批评，《风俗论》，商务印书馆，1997，下册，页478。

反批评。[1]在这场争论中，前者实际上代表了法兰西王国的君主制要素，而后者实际上代表了法兰西地方贵族的利益，也就是进入绝对主义国家之后封建领主的利益。[2]无论"封建"还是"专制"，并不自在地就是前现代的。现代国家中仍有某种程度的封建／专制的冲突与均衡，例如地方自治传统与中央集权的斗争、例如部门－集团利益与国家利益的斗争。从欧洲历史的脉络中看，专制对于封建而言正代表了典型的"现代"因素。君主专制的绝对主义国家正是现代国家的早期形态。君主专制一方面剥夺了教皇的世俗统治之权，另一方面削弱了封建领主的权威，实现了国家立法政令财政以及司法上的统一。西欧中世纪现代之变与周秦之变同样昭示了，"专制"才是真正的"反封建"因素。[3]周秦之变与西欧中世纪现代之变也同样昭示了，专制一统，才是真正的"现代"因素。

欧洲政治思想史经验提示我们，不能匆忙地用进步／落后、现代／前现代为标准去考量封建专制问题，这些尺度即使合用，也不是第一位的。对于国家体制来说，首要的应该是政体要素（也就是不同的权力要素）以及政体形式之分析。第一个为欧洲现代国家作正当性论证的博

---

〔1〕 魁奈，《中华帝国的专制制度》，商务印书馆，1992，页93f。
〔2〕 参见安德森，《绝对主义国家的系谱》，上海人民出版社，2001，页105。
〔3〕 体现为地方、民族自治的"民主"倒有可能是"封建"的表现形态。

五四、儒家与启蒙

丹是这样做的[1]，第一个使用中文"专制"概念对中国古代政制进行清算的梁任公也是这样做的。[2]任何完备的政体分析都是"君主""贵族"与"人民"的三元关系分析。从这个视野来看，"封建专制"与"民主"的二元对立具有严重的误导性。五四新文化运动的这个基本前设，使我们无法恰当地理解中国古代历史，也无法恰当地理解在五四运动激励之下建立的中华现代国家的自然正当性（而不是社会史的正当性）。

虽然历史学者大多认为，自秦汉到清朝的政治制度基本沿袭秦制，[3]但仍有越来越多的古代史学者强调了所谓唐宋转型问题。[4]当然在转型的实际发生契机是否在唐宋之间[5]、其思想史前提究竟何在、如何理解民族国家与帝国的关系[6]等问题上仍有很大的争论余地，但概括来看，学者们在这样几个观点上具有默契：第一，所谓转型，按照内藤湖南等的观点，实即贵族制因素削弱，君主专制因

---

[1] Bodin，《政制六书》描述了王政、专制以及僭政这样三种独治的政体。他所谓王政相当于魁奈用于描述中国的"合法专制"。
[2] 梁启超详细介绍了几种不同的政体学说，参见梁启超"中国专制政治进化史论""开明专制论"等文。
[3] 参见侯外庐著，《中国思想通史》，第二卷，页2。
[4] 参见内藤湖南，《中国史通论》，社会科学文献出版社，2003。
[5] 陈寅恪的《唐代政治史述论稿》的问题意识实与唐宋转型说一致。只不过他将此追溯到唐代科举的兴起与关陇集团的衰落。
[6] 参见汪晖，《现代中国思想的兴起》，第一卷，生活·读书·新知三联书店，2004。

素加强[1];第二,中华现代国家的渊源应当追溯到这个转型;于是,这就是说,第三,君主专制是现代国家兴起的必需因素。

这几点与欧洲现代主权国家兴起的历史是可以相互参照的。但我们要加以补充的是,一方面,转型后之君主专制因素早在周秦之际即已经出现,转型只是使之强化而非从头缔造。第二,门阀氏族政治不是先秦与欧洲意义上的贵族统治。它与儒家学术与宗法制度的沿袭有着密切的关系。在野蛮民族消灭汉族国家政权的时代里,宗族保全了社会结构不随政权的崩溃而动摇。第三,君主专制因素的强化,直接削弱了贵族制因素,在这点上有利于平民。与其说"民主"与"专制"对立,不如说与"专制"直接对立的是"贵族制"。第四,君主专制因素的加强在客观上造成了有利于平民的效果,但现代政体仍非完全不需要混合与制衡的因素。虽然如此,像黑格尔那样持混合政体立场而将明清政体批评为"在君主面前一切人都是一无所有因而平等",是不符合中国政制的实际的。最后,也是最重要的一点,在这样一个大一统的"封建专制"政体下,要对儒家传统的政治与社会功能做出恰当的理解。儒家传统一方面通过宗法制度维持着底层社会的自治以与皇权相

---

[1] "这种贵族政治,自唐末到五代,从中古向近世过渡中衰落下来。代之而起的是君主独裁统治。贵族衰落的结果,是君主与人民之间的距离,越来越接近了。"内藤湖南,前揭,上册,页324。

制衡,另一方面同样在政治结构上融入大一统的官僚制国家之中。[1]只要宗法社会仍然存在,封建制国家的解体并不足以中断儒家传统。儒家对秦制的基本判断,可以从船山的史论中得到基本的佐证:

> 秦以私天下之心而罢侯置守,而天假其私以行其大公,存乎神者之不测,有如是夫![2]

五四新文化运动对儒家的攻击,其最高的历史意义无非是摧毁了封建的土地关系与宗族制度,但并没有也不可能破坏中央集权与土地国有——这就是启蒙与救亡的各自使命。换言之,救亡使命的实现恰恰释放了原来已被儒家整合的法家传统。经过某种转化的法家的专制/平等因素正是中华现代国家与现代社会的构成要素。现在的问题是,在宗族制度基本瓦解了的现代社会,那已经与法家合流了两千余年,维系着中华政统正当性的儒家传统,应当如何重新论证自身?那没有儒家的中华现代共和国,又将如何继续维持自己的正当性而不致丧失文化与历史的基本认同?

2008 年 10 月

---

[1] 参见马克斯·韦伯的《儒教与道教》。
[2] 王夫之,《读通鉴论》卷一。

中国哲学无法不直面梁漱溟的遗产
（访谈）[1]

问：梁漱溟以中学学历被蔡元培聘任为北大教师的故事为人津津乐道，人们常以此说明蔡元培之"开明"或梁漱溟之"天赋异禀"。然而梁漱溟早年表现出的"天赋"究竟在何处？《究元决疑论》讲了些什么内容，为何会被蔡元培、梁启超等人如此看重？仅从教育背景看，梁漱溟所受无论中学、西学训练均不系统，尤其是和当时北大其他一些教员比较，他的学问与洞见又从何而来？

答：此事无甚稀奇。梁漱溟其实颇符合蔡元培的要求。蔡氏"开明"固不假，"精明"更是真。彼初掌北大，既不欲依靠旧学统绪中出来的教员；又不能废中学而不讲。而胡适之这位以西方哲学为范本整理中国思想的、有"系统西学训练"的大人物尚未归国，则蔡氏只能在本国

---

[1] 原载《三联生活周刊》2018 年第 27 期，问题为刊物编辑所提。

寻觅能用新眼光讲中学的人。印度哲学专才，就是今天也仍奇缺。从佛学背景入手寻找，也只是聊胜于无。本来梁漱溟和他的印度哲学，对于蔡元培也就是聊备一格。他真正倚重的，将是胡适博士与西学。而梁漱溟在当时一些尸居余气、残留晚清气味的北大教员衬托下，绝对是自带西学光环的新派人物。

《究元决疑论》显示了这位二十四岁的作者既熟悉中文佛教典籍，又能读英文西学文献，能用西学道理谈论佛学，且分析颇深入精细。这在当时国内接受教育的年轻一代里，可以算中西学俱佳了。要知道当时大学毕业生都是凤毛麟角，遑论"海归"。梁漱溟是新学堂出身，从小习英文，"西学训练"可谓不错了。而"中学训练"成系统者，往往守旧，非蔡氏所欲延揽者也。梁漱溟本人在佛学修养方面的表现亦可谓早慧。《究元决疑论》是探讨佛理的作品。具体分为《佛学如宝论》（即"究元"）、《佛学方便论》（即"决疑"）两文。佛学文章不比其他，要写得如理又得体，其实甚难。首先佛学不是学佛，盖出于学术而非宗教，否则难以说服尚无正信者。其次佛学也不是一般哲学或科学，又要有一些亲身修习，否则或成史学考证，或成概念戏论。民初时好谈佛学的名流不少，但往往不是谈成考据如梁启超，就是搞成玄理如章太炎。梁漱溟晚年坦率地说，这两位研究过佛学的前辈，其实并不真懂佛。至于胡适，于佛学可谓始终隔膜；并玄理及考据亦实非其所长，尚差章、梁一头地在。像《究》文那样既深细又纯正，且能同西学相互参照的佛学文章，其实罕见。蔡元培本人前清翰林出身，又尝负笈泰西研究哲学，可谓于中西学均有"系统训练"了，其能提携梁氏，岂偶然哉？

梁漱溟先生自幼即善自学。唯善自学者，能抉择、能裁断，能增学力，能有主见。仰他人鼻息，一心欲预西学之流者，学问或者有之，洞见则不易得，盖人云亦云、不敢专主也。胡适训练似较陈寅恪正规，成就难望其项背者，盖因陈氏之见地，绝非欧美大学可教也。"学识"高于"学问"。而前者不如后者可传可授也。无论多正规的"学术训练"，都无法培养出见识、思力、愿力。梁漱溟以及一切深造而自得的传统思想者，除自主阅读外，皆得力于观察世情、反躬自省、身体力行、学思相长。"学术训练"固决不可缺；唯条件不足时，尚可自行弥补。而洞见、见识与思想，则非单纯"学术训练"可致者。

问：您会如何在近现代中国知识分子的谱系中为梁漱溟定位？从新儒家的角度，有人将其与熊十力、冯友兰等并提；从身体力行寻找中国现代之路的角度，有人将其与黄炎培、晏阳初等并提……您觉得谁是可与梁漱溟相参照或对比的人物？又或者，他的定位是独特的而无法在近代中国内部寻得一参照？（如艾恺曾将梁漱溟比作"中国的甘地"）

答：梁漱溟曾这样概括自己：非学问中人，乃问题中人。这话既含谦虚,也有骄傲。实则学问与问题很难截然分开。唯学问有精粗,问题有大小。精致的学问必当自我限制,不可直接触及大问题。而被大问题抓住的人,未必没有学问,只是志趣不在以学院派的方式精致地打磨学问;更无法以精细的、符合学术统绪的方式呈现关于大问题的学问。梁公当属体大思精、有学无统的情形。他留下的著述,大体分为四类,第一类是纯粹的学术著作,如《印度哲学概论》《唯识述义》。第二类关于大问题的系统论述,也可以说是"思想"作品,例如《东西文化及其哲学》《中国文化要义》《人心与人生》等。第三类是实际政治方面的文献,包括大量的政论,及其政治思想的系统表述。后者如《乡村建设理论》,实际上也是思想性作品,但更多的属于实际政治行动的"理论基础"。最后一类是关于自己的学习、体会和功夫方面的讨论和记录。虽也涉及经典,但不能算纯粹的学术研究著作,如《朝话》《礼记大学篇伍严两家解说》等。

要较为真切地理解梁漱溟,恐怕就要抓住他始终身处其中的大问题,同时也要注意他进入这些问题的方式。梁公的第一类作品,相对而言清楚简要,自成系统,但缺乏专家之学所追求的精细烦琐。梁公说自己不是学问中人,盖指这一层而言。他的第四类著述,其实有极精微真切者,宋明儒语录中之学问,亦无非如此。但已难以纳入现代学术。其第一类作品,关乎某个学术"论题"。此类论题对梁公解决自己的大问题当然有所帮助，但就其自身，毕竟只能算"有问题意识"，而不就是"问题"。其第二、三、四类作品，则更多的是梁漱溟对大问题的探索与表述。

要比较准确地为梁公在中国近现代知识分子历史上定位，恐怕首先要明白，"知识分子"虽必有学术背景和学术立场，但其身份未必是大学或研究所里的纯粹学者；更要明白中国近现代思想史的基本问题轴。已故的中国哲学史大家冯契先生曾概括，中国近现代思想的总问题轴无非是"古今中西"。纯粹的学术问题未必围绕此轴，而"思想"则必回应此轴。梁漱溟的看法则有些不同，虽然他本来就是冯契的研究对象之一。梁毕生探索，概而言之无非两类问题。曰：人生问题，曰：中国问题。其著述对此二问题的回应，有分说，也有合论。分说，如第三类作品，基本围绕中国问题；第四类作品，基本围绕人生问题；合论，如第二类作品，基本将人生与中国问题合而言之。在中国近代思想史上，能将此二种问题并举而分合的，举世罕匹。

青年毛泽东臧否当世人物，以其学思是否有"本源"为准绳。梁漱溟可谓学有本源，行有体用矣。以所谓新儒学视之，或以为梁近熊十力。其实梁毕生以毛泽东为思想上的诤友。一生交往，或从容长谈，或激烈争辩。"文革"中写成《中国——理性之国》，还亲赴新华门托将书稿呈毛。此举不无再启对话之意。当然他同熊十力思想纠葛亦不可忽视。熊之研究佛学，本激于梁之批评。熊之重要论著，梁每细读之，时有苛评。彼此书信论辩，更何止数通。大体熊立论善巧，气魄雄伟，然不无造道之言。而梁更能做心性功夫，其言多出自笃实体会。熊虽重心学，而更有性与天道之说，有本体论、宇宙论。梁学则纯心性之学矣。

故梁漱溟于近代思想史大抵处于毛泽东与熊十力之间。熊学有本源，虽有政治思想，并无政治实践。可谓有体无用。黄炎培、晏阳初辈则唯有政治行动，学无本源，可谓有用无体。将梁漱溟比作甘地不妥。甘地以苦行沙门相介入政治，以出世相入世，此非梁所能认同。梁是以出世精神，而非出世之相介入政治的。要之梁与甘地，就像佛教与印度教的关系，看上去有不少相似处，大本则异。甘地政治实践较梁算成功，盖因中印基本情况有异也。印度独立，有甘地即成功泰半；中国革命，非出毛泽东不能胜利。

问：梁漱溟以多种观念在其身上的并存而著称。通过他，我们看到了民国时期诸种相互竞争的思想资源进行沟通的新的可能性。在将不同思想资源进行连接这一点上（如佛与儒、儒与社会主义……），您最看重梁漱溟的哪个面向？

答：梁漱溟之可贵，恐恰在于多重面向之共存。如列举他所依傍、亦有所贡献之统绪，大致有：儒佛、新旧、中西（外），知行、学道、世间出世间、儒家与社会主义等。其之所以如此，不是因为他视野广大、兴趣良多，而是身处古今中西之间、人生问题中国问题之间，不得不如此。梁公毕生探索之大问题，本就是两重面向，可分可合的。而古今中西，既是中国问题、人生问题之必然包含者，也是回答中国问题与人生问题所运用的资源。

多重面向虽然并存，本末体用则有区分。梁毕生自我理解为佛家，这是他回应人生问题的最终回答。而梁公一生为中国奔走，虽皈依受戒，以佛法自修，仍是白衣，未能遁入空门。儒家于梁，既是世间立身之本，也是中国救世之方。故梁学游于佛儒之间，可谓以佛学为体，以儒学为相，以乡村建设或社会主义为用。他在"文革"中受冲击后，第一反应是写作《儒佛异同论》，则其志可见矣。然而在梁漱溟，内学虽能彻底解决人生问题，但对于中国问题，并无直接贡献。前面论及梁与甘地的差别，说梁不会以出世间的形相去行世间的事业。这有证据，就是梁虽为佛弟子，却并不赞成太虚法师直接用佛教救国的主张。另一方面，儒家对于解决中国问题极有意义，但对于解决人生问题，并不彻底。梁在《儒佛异同论》中对比了儒佛之破"我执"的彻底性，以为儒家只能破分别我执，佛家才能破俱生我执。

梁虽认信佛家，其一生修证，要在儒佛之间。他的修佛经历，学界亦有梳理。梁虽曾研习藏传佛教（噶玛噶举派），但恐亦以五加行为主，算基本功课。虽曾修习大手印，是否有实证，不得而知。于汉传佛教，虽习禅定，亦无证据言其破参开悟。倒是梁自己老实留下佛门高僧训斥他不得妄语的材料。但他自律极严，长斋礼佛，每以日记自讼。诵经持咒、念佛念观音当是日课。内学有云：诸恶莫作、众善奉行、自净其意、是诸佛教。梁公于此，庶几无愧乎！唯修佛者当不起分别、不事攀缘。而为国是奔走，政诤教辩、是自非他，在所难免。俗事上打转，则此处需借力儒家。俗事消磨，而又期自性弥陀、一念灵明不失，则儒门内唯有王学契合此机。故梁漱溟毕生尊王，重《大学》而轻朱子。晚年对艾恺说：我好像远远地见到了王阳明。故梁于儒家，盖可确认有修有证矣。王学本就在儒佛之间，以其学佛固不足，以其修儒则有余。梁公50年代面折庭争、70年代拍案而起，固然是儒家的"威武不能屈"焉，亦可说是佛家的"直心是菩萨道场"。无论梁公于内学所证如何，其养成世间光明俊伟之人格，盖无疑矣。全部近现代学术思想史，学术史地位高于梁者虽不乏其人，而论人格之纯粹强矫，恐无人出其右也。大知识分子易自恋自大、意必固我。虽不曲学阿世，难免崖岸自高、责世贵己。如不假儒家之省察克治、佛家之念念忏悔，易陷顽固我执。如梁反省自己常犯一个"矜"字，即是此意。这是梁漱溟对人生问题以及与中国问题相交织的人生问题的处理。

用今天的话说，梁漱溟倾向于在人生、中国两个问题之间保持必要的张力，而交织也是不可避免的。正缘有此交织，梁漱溟作为思想者和力行者才有其不可取代的殊胜意义。中国问题在梁亦可分为两个任务：认识老中国和建设新中国。而他对老中国的认识，又须从中国人的人生态度出发——这并非梁自己的安身立命问题，而是文化中国之根底。梁漱溟本质上把文化理解为人生对外物及自己与他人的态度。前者可以解释中国为何科学技术不发达，后者可以解释为何中国重家庭、天下，轻团体、国家。建设新中国，即从老中国不合现代的特点出发，进行团体建设。这就是乡建运动的理论出发点。在人生、中国二重问题的汇合处，梁独重心学。这既可以解释他的贡献，例如对西方哲学中直觉主义的独到认识；再如对团体建设的伦理性的重视；又如对社会主义的认肯；也可以解释他学说和努力的短处，例如对格物与科学世界观缺乏积极的判摄与回应；再如对团体建设政治性的忽视。故其得其失，都同梁学的心学品格有极大干系。

问：请您谈谈梁漱溟的"乐观"问题，他的乐观由何而来，所乐观的究竟是什么（尤其是他生命最后所透露出的乐观）？如果梁漱溟看到今天中国与世界的状况，对比他30年前的乐观，以他自己的观点看来，会是一种印证还是削弱？

答：梁先生的乐观，或者说不悲观，恐怕归根结底还是同他的佛教正知见有关。唯因悲智，故不悲观。菩萨道的慈悲，与凡夫消极颓废的悲观不一样。悲观乃因所执着的东西必将破灭，而已破灭的东西仍被执着。梁先生学佛得力，本不执着，本无来去，故无所谓破灭。众生无量誓愿度，有此大悲故不容悲观；而实无一众生得度，有此性智故不必悲观。这是从梁学的根底上说。从时势的起伏上说，梁先生的最后几年，正是中国的80年代，欣欣向荣、只争朝夕。梁先生见世人对佛陀和孔子又开始敬重和研究，岂有不乐观之理？

至于今日世界，无论中外，梁先生恐亦当有许多批评。他原赞许的社会主义"透出了人心"的向上精神，今日多被物欲取代。梁先生曾对"欲望"和"志气"做过著名的区别。或者他会以为，今日之政治原理，不再建立在志气之上，而是建立在欲望之上吧。不过他对一时状况的批评，恐怕未必会意味不乐观。如天假以年，他对儒家经典当有更全面深入的阅读，或许也会同意：以为政治建立在满街人都有做圣人的志气上，只是某些心学家的善良意愿，而远非儒门的古今共识。梁先生是个有理智上的真诚、勇气和彻底的人。对他来说，悲观和乐观都不重要，根本的是认识和建设。正如他壮年时的志向是认识老中国那样，他在今天也许会提出，认识新中国、认识新世界；建设新中国、建设新世界。不改初心、持志不堕，此之谓也。

问：您不仅是一位哲学史研究者，也身处"做哲学"的第一线。虽然艾恺将梁漱溟称为"最后的"儒家，但今日也有儒家，也有人在创造新的中国哲学。距离梁漱溟去世三十年过去了，中国知识界在建构属于中国人的伦理、哲学方面取得了怎样的进展，对梁漱溟的思想遗产有怎样的继承与扬弃，未来的思想构建的方向又在何处？

答：艾恺的这个判断很出名，也概况了梁先生的某些特点。但从根本上说，是不准确的。梁漱溟既不是"儒家"，也不是"最后的"。梁自己澄清过，熊十力是儒家，他本人是佛家。而几乎所有宣布某种"最后"的判断，都会被历史嘲弄。梁先生虽不以儒家与哲学家自居，儒家与中国哲学却无法不直面梁先生的遗产。梁先生、熊先生那一代学人，对西学的了解，较康梁一代为专精，较贺麟、冯友兰一代则为浮泛。然而迄今为止，中国哲学界固然对西学越来越多的流派有了越来越专门的了解，但仍缺乏对西学整体的合理判摄。这也是当前中国哲学所面临的最重要任务之一。在西学译介和研究极为薄弱的情形下，梁先生、熊先生他们依据有限的、零星的、局部的、三四流乃至普及性的西学读物，做出的关于西学的大判断，仍能切中要害、发人深省。这就是思想家的品质。一流人物能据三流材料做出深刻的判断，而三流人物饱读一流材料，却只能拿出平庸的结论。梁先生去世已经三十年了，我们对西学文献的积累已远非民国和前三十年可比，对西学的研究也越来越广泛和精细，但梁、熊二先生"发愿见体"的志趣，不仅已成空谷足音，甚至对新一代学人恐已变为难以理解的、"民哲"般的东西。当不是具体学人，而是学术这件事情本身已经开始排斥真正的思想志趣的时候，回到晚清以降直到上世纪80年代的那种既生机勃勃，又严肃诚恳；既有专门学问，更具求道热情和天下担当的中国思想传统，就成了最迫切的事情。在这一统绪中，非独梁先生、熊先生，而且康有为、廖平、章太炎、梁启超、王国维、蒙文通、刘咸炘、吕思勉、钱穆等在中国的土地上顽强地生长出来，同时对西学怀有整体判断意图的学人，都是值得敬重、研究和继承的。中国学术复兴的契机，必然是对西学的整体判断和扬弃，而非以西学为正果的什么"预流"。这一统绪中的前辈，虽怀此志，而格于时势，无法从整体上，据其本末源流学习、理解和解释西学。当今之世，这一条件正在逐渐成熟。同时，对中学传统，特别是经学的真正理智兴趣也正在复活。在这个意义上，无论儒家还是中国哲学，可能正面临着西学东渐以来最好的创发时刻。中国年轻一代的学人，哪怕不赞成梁先生的某些具体结论，如能常常体会他的悲悯、严肃和诚恳，学得一二分他的愿力、毅力与思力，那么梁漱溟先生和真正的中国思想传统，就会仍然与我们同在。

大陆新儒家与儒家社会主义
以梁漱溟为个案

一 现代新儒家的出现、宗旨与问题，儒家对社会主义中国的态度

儒家是一个具有深刻政治旨趣与复杂历史面目的思想流派。它同传统中国政治史、社会史乃至整个中国文化的关联较之其他任何学派都更为密切。在传统中国向近现代中国转变的历史关头，儒家自然占据着争论的焦点。无论从政治、社会还是思想文化方面看，这段转变都是不折不扣的革命史。就政治而言，革命意味着推翻君主制，建立共和国。儒家与君主制本来就难以切割。近代儒门代表人物保全君主制的言论与行动，只能让儒家同君主制捆在一起沉入历史的深渊。就社会而言，革命意味着破除儒家所引导的、作为君主制正当性资源的宗族制度——现代共和国当然难以同传统的宗族社会相

互匹配。当其社会、政治基础都已丧失殆尽,儒家在思想文化上便难以维持下去。

无论情感上接受与否,道、咸以降,有识之士均能清醒看到这一时代巨变。集中了传统中国泰半精华的儒门子弟,自然更不例外。即令殉道殉君,也正是确知势无可挽之后的决绝之举。儒门本身对儒家的检讨反省,其痛切深沉,一如明末遗老之于阳明心学。面对现代转折自我变革的儒家,虽已不据学界主流,但血脉所传,自成一系,这就是所谓现代新儒家。

由于中国现代化道路的曲折与分殊,新儒家在不同历史时期也有复杂的分化。清末保守派、维新派乃至革命派中都有旧学统中的大儒,其中多当时政界的风云人物,虽彼此攻讦不已,但均能依据对儒学的发挥引领不同政见。对此本文暂不予以梳理。本文所谓新儒家,是在五四运动前后,儒家传统与现代文明之间的主客地位已然颠倒,儒家已丧失引领政治思潮的权威之后出现的统绪。他们不是因传统教育而持先天立场之儒家,而是了解新学,出入中外,以平心权衡折冲中西高下之后,重归六经的儒家。他们的时代,政治问题的中心已不再是清朝政权与君主制度的存亡,而是民国自身的政治危局:党派林立、军阀割据、中日关系、国共之争。

虽然不必像清末儒家那样纠缠在君主制度与民族主义这些麻烦问题上,新儒家还是要面对那个时代最大的政治争论：中国应该建设怎么样的共和国？或者说，在宪政与党国之间，在三民主义与新民主主义 - 社会主义之间，如何评判？

鼎革之际，新儒家门下精英多选择离开大陆，故一般将新儒家与海外及港台新儒家相混同。20世纪末，中华人民共和国境内儒家思潮复兴，亦自立为大陆新儒家，以与境外新儒家相区别。也许两造都忽视了民国新儒家有宗师居于大陆，建元之后尚著述思考不辍。

本文拟重新梳理新儒家之谱系如下：新儒家于五四运动前后出现之后，其整体在新中国成立前后分化，一支为境外新儒家，以牟宗三、唐君毅等为代表，基本为熊门弟子，再加上钱穆、方东美等老一辈；另一支则为大陆新儒家，第一代以梁漱溟、熊十力等为代表，第二代则以近十年兴起的儒家人物为代表。大陆新儒家的代际之间，虽没有明确的师承关系，但不可否认梁熊等作为大陆第一代儒家的地位。不唯宁是，作为境外新儒家大多数代表人物的师长辈，他们在共和国建元之后的思考，更值得思想界的重视。大陆新儒家的第二代与他们面对着同一个社会主义共和国，尤其不应当绕开梁熊二位的思考去谈论所谓的"儒家社会主义"。

新儒家外王学的根本问题就是中华文化传统和现代中国的关系问题。撇开中华人民共和国这六十年的历程，现代中国从何谈起？

从儒家立场出发，对于中华人民共和国大体可以有这样几种态度。

第一是既不承认其政统，更不承认其道统。于政治、文化全盘否认之。境外新儒家主流大体如此。大陆新儒家第二代中亦有此态度。

第二种态度是将其政统作为给定的历史实际接受下来，但不承认其有独立之道统，效法历代儒家对待正统王朝的态度分辨道势、以道压君。大陆新儒家第二代的主流，例如所谓"政治儒学"之方案，即属此列。即使目前的"儒家社会主义"论调，也是将两造作为外在的东西相互结合的。

第三种态度则是正视新中国自有之道统，努力理解之，且把新老中国在道政二统上的联系视为最根本的问题。目前只能在第一代大陆新儒家中看到这种努力。

由于儒家与革命政党在中国近代史上的直接冲突，要儒家严肃承认革命所建之国的正统性非常困难，遑论正视其后的道统。这既需要有一个足够展开现代中国政治及思想趋势的充分的历史过程，也需要直面实际不计俗议的大丈夫气概，更需要冷静全面的观察和客观深远的思考。同时满足这些条件的人物确实不多，我们且以新儒家的代表人物梁漱溟为例，简单地考察一下儒家对于社会主义与现代中国的第三种态度，为大陆新儒家的进一步开展提供方向上的参考。

二 梁漱溟与新中国

与一些新中国成立后在中国共产党的建议下才去努力"接触实际"的纯学院派思想家不同,梁漱溟毕生的实践与思索本来就以"中国问题"为起点之一。民国年间,他在此大问题上的贡献主要是两个方面,即"认识老中国、建设新中国"。对老中国的认识见于其著作《中国文化要义》及《东西文化及其哲学》。建设新中国的实践则主要是乡村建设运动以及在国共内战时期以民盟领袖身份的调停活动。反映在著作上,则是《乡村建设理论》。

中华人民共和国建元之后,梁漱溟虽以参政建言的方式参与了新中国的建设,但政治上的波折使他对新中国的旁观更多一些。这位在新中国生活了近四十年(已略久于他中华民国时期的生命)的老人因此获得了一个"认识新中国"的机会。这在著作上的主要体会则是"文革"期间草就的《中国——理性之国》以及新中国成立初的《中国建国之路》。

梁漱溟的思索和行动是贯通的。他政治生活的根本目的源于他对老中国的认识。他对新中国——即使是一个不同于他自己理想的"新中国"——的态度也取决于自己在老中国时期的认知与实践。更重要的是,作为对中国传统文化与传统社会进行过系统的研究和总结的思想家,他对新中国政治的文化根源给予了深邃的考察。梁漱溟是一个极其自信而有骨气的人,他对新中国的认识绝非曲学阿世有所贪求的一时狡狯之作,而是面对一个绕不过去的巨大历史存在的深沉思索。无论辩护、反省、批评与赞美,皆从廓然大公之直心流出。唯仁者能好人、能恶人,此之谓也。

《中国建国之路》是认识新中国的政统之作,而《理性之国》则是论证新中国的道统,将之同老中国之道统积极联系起来的作品。这两部作品也是他1949年之前所关怀的问题的自然延伸。

梁漱溟在民国年间孜孜奔走数十年者,只为建设一个新中国。为此必须检讨老中国的崩溃。老中国是所谓伦理本位、职业分立的社会。传统文化则是一个理性早熟的文化。与西洋文化相比,中国传统文化个人、团体之地位弱于西方,家庭与天下的地位则强于西方。由于早熟的理性主要运用在生活伦理上,故既无科学技术传统亦无宗教组织传统;而伦理本位、职业分立的特点则排除了社会阶级的存在。老中国自有其治道,拥有这些特点恰然自得,无往不适。但经与西洋文化全面接触,这些长处同时即是短处。最大的一个结果是无法建立真正的国家。国家发育于团体生活,而必须以阶级社会为基础。

> 若特指其[丁按:指中国]失败之处,那不外两

点:一是缺乏科学技术;二是缺乏团体组织;更无其他。而近代西洋正是以科学技术和团体组织见长,也更无其他。我在《东西文化及其哲学》上曾指出近代西洋的长处有三点:一是社会和政治上的德谟克拉西精神……现在……因我悟得德谟克拉西精神是团体生活的一种进步,不宜只提这一种进步,而忽置其根本团体生活……(《乡村建设理论》,见《梁漱溟全集》第二卷,页192)。

这里的团体,指超越家庭的共同体组织,包括宗教组织、阶级与国家。

首先,撇开表述上的不准确,梁漱溟确实超越了五四新文化运动的根本见解,与此相比,熊、牟一系的新儒家仍然纠缠在道体坎陷开出"科学-民主"新外王的思路上。甚至直至今日,不少以西方研究为业的学者,仍然没有领悟到家庭之上的"团体"(无论其为城邦、教会、阶级或者国家)之于西方远比所谓"民主"根本得多。团体其实也是梁所谓"个人"的另一方面,两者不可割裂。

其次,梁漱溟对国家和阶级的看法大体符合马克思主义。但他对中国社会的判断则与中国共产党完全相反。梁以为传统中国社会根本不是那种阶级社会,是以俄国式的革命(无论资产阶级革命还是无产阶级革命)

在中国根本行不通（参见《我们政治上第二个不通的路——俄国共产党发明的路》，见《梁漱溟全集》第五卷，页261）。

最后，既然中西社会之差别主要在团体组织，而国家亦由此团体发育而来，那么建国事业，莫急于建立这样一个新组织。又因为中国社会没有阶级，只有哪怕式微着的家庭，那么建立这样的组织就该在旧式家庭占统治地位的乡村入手，以新礼俗锻造新团体。此即梁氏乡建运动的根本关怀——通过乡村建设入手解决中国问题。

可以看到，梁与老中国的那些革命者的出发点与目标有共通点，即建立新团体，进而建立新国家。也有进一步的差异，即否认老中国社会有阶级，进而否定建立作为阶级先锋队的革命政党之必要。梁1938年在延安窑洞里和毛泽东的热烈辩论，症结就在这里。毛批评梁没有看到人类社会的普遍性——阶级斗争，而梁则反驳毛没有看到中国社会的特殊性——伦理本位职业分立，等等。

历史为这场双方互不服输的辩论做了裁决。对中国共产党的胜利建国，除国民党之外，最不服气的大概就是梁漱溟此类另有一套建国方略的人，但最慎重地加以思考与总结的也是他。1950/1951年之际，梁总结了中国共产党之三大贡献：统一建国、树立国权，引进了团体生活，"透出了人心"——即奋发向上的忘我精神。

第一大贡献非常明显。第二大贡献实即能够建立主权国家的主要理由。梁的乡建乃至国民党的党建,何尝不是团体生活的努力,何以唯独中国共产党成功了呢?这是给梁带来最大痛苦的地方——不仅他对新中国的建设失败了,甚至他对老中国的认识可能也是错误的。而建设新中国之失败正因认识老中国的根本错误。在和毛的辩论中,他似乎是一败涂地了。

但梁仍然坚持他对老中国以及中西差别的根本看法。在《建国之路》中,他认为中国共产党在中国社会造就了准阶级(这也就是说,本无阶级),然后以一种近乎早期基督教的方式在血与火的斗争中建立了团体生活。因为斗争能最大限度地凝聚团体的力量。与此相比,试代表全民因而丧失阶级基础的国民党失败了,试图通过礼乐而非斗争建立团体生活的乡建道路也失败了。历史表明,中国的团体生活只有通过阶级斗争才能成功地建立起来,而这是作为儒家的梁漱溟明知而不肯为的。

> 原来集团引起斗争,斗争促成集团。集团实与斗争相联,而散漫则与和平相关。(同上,页333)

> 集团生活在数千年来我们中国人一直是缺乏的,而今天中国共产党在其团体组织上的成功,几乎可以说是前所未有。(同上,页339)

> 我苦心要引进团体生活,却不成功;因为我

不想走这条路[丁按：即斗争之路]。及至见到共产党成功了，胸中只有说不出的感慨。(同上，页351)

梁漱溟没有接着去沉思这个对于儒家来说至关重要的政治哲学基本问题：政治团体是否一定源于斗争，政治团体内部的伦理风气与其外在斗争的需要如何相辅相成。他直接将团体生活所需的基本伦理精神（人心）归诸中国共产党无意所做的第三大贡献：

> 今天我的路没有走通，而共产党的救国建国运动却有成效于世。——特别是见出了人心的透达流行渐有其新道路，人的生命之相联相通渐有其新道路，大致可解答我夙日的问题……中国共产党自始即不理会这问题，但它却不知不觉竟然走对了……中共只是无意中作了两件事：好像一个伟大宗教的样子，填补了中国缺乏宗教的漏空……从而引进了团体新生活，以代伦理旧组织。(同上，页384)

团体生活所需的这个向上的、忘我的精神透出了人心的本性。人心与人生的问题本出于梁漱溟独得之思，也是他"中国问题"与"人生问题"两大根本问题的联系中枢。梁漱溟对资本主义社会的法权基础一向有一个批评

(这和中国共产党的影响无关),即"权利"意味着一种利己的、占有的、向下的精神,表现了人心染污沦落的一面。是以所谓宪政民主的道路非但行不通,而且要不得。这是梁漱溟晚年接受共产主义理想的主要背景。

由此大体可看出新中国成立之初梁漱溟对中华人民共和国之政统与中国共产党之道统的基本意见:中华人民共和国结束分裂建立国权,其政权之正统性自无可疑。其建国的根本方式也是引进团体生活。团体生活有两面性,一是对外斗争,另一是内部的积极向上之人心。对外斗争(阶级斗争、民族斗争)是中国共产党最自觉的,然而不合道统,为梁所不取,却正是历史之所选择。积极向上之人心则关乎道统之基本问题,但又是中国共产党为了缔造团体无意中获得的。总之,虽然人民共和国的政统毋庸置疑,中国共产党之新统却不尽符合旧道统,即使有所发扬,也是不自觉的。

中国共产党的意识形态决不会像梁漱溟那样割裂斗争与人心。中国共产党也不会承认它只是无意地弘扬忘我精神。用党的术语表达,阶级斗争、阶级意识、无产阶级革命精神本来就是不可分割的整体。当梁漱溟在中华人民共和国继续生活20多年之后,在毛泽东时代的巅峰,他就有了一个绝好的机会全面观察这一切是如何联系在一起的。

梁漱溟在《中国——理性之国》中继续了他对新中国的认识。与一切肤浅阅读告诉我们的相反,这部书固然是一次在道统上论证社会主义的笨拙尝试，但它同时也比例如《中国建国之路》更顽固地坚持了梁漱溟对老中国道统的一贯看法。这是一部融贯中国古今道统的奇特作品。梁氏认为：社会主义革命大成于中国的主要根源在于中国的传统文化，而作为世界革命的中心，中国将来能在人类社会率先进入共产主义，其契机仍然在于发扬、提高传统之精神。

为此，他对新中国成立前后的观点做了大幅度的调整。表面上他不再纠缠于中国共产党与他各自"团体化道路"的得失，但新中国成立初年归为中国共产党团体化道路特有优点的东西，梁氏现在几乎全部重新吸收到中国传统中去。他虽然承认了中国古代社会确实是阶级社会（这是30年代他和毛辩论的焦点），但仍然强调伦理本位才是这个相当弱的阶级社会的根本特点。而伦理本位的文化在老中国的时代既使"汉族无比拓大"，更使中国共产党能够团结有关社会力量，发扬超越个人的集体主义精神进行革命与建设。梁漱溟巧妙地运用了中国共产党在工人阶级弱小的社会发动无产阶级革命成功的例子，援引了列宁的理论，区别了无产阶级的存在与无产阶级的意识，将中国革命与社会建设的成功归结为"无产阶级精神"，从而收入他自己所谓"人心"的方面。

这就是说，随着对中国共产党革命与建设事业的了解，梁漱溟放弃了"中共不自觉地建立起向上之心"的看法，但同时立刻将此向上之心与基督教式的斗争－团结精神区别开来。在仍然只对"阶级斗争"教义做象征性援引的同时，梁漱溟将中国共产党团体精神的实质同伦理本位的传统文化以前所未有的方式积极地联系起来。这不能不说是新中国的社会主义建设为他提供了新的证据。

[丁按：社会主义建设的问题是：]一、在大小集体中，如何把彼此协作共营的生活做好？二、如何提高人们的品行风格和陶成社会良好风纪，把劳动纪律、社会秩序径直寄托在人们的自觉自律上？……中国社会传统的伦理本位主义无疑地将是对前一问题最适合的贡献；而在后一问题上，则中国古人所好讲的礼乐正切合需要……（《中国——理性之国》，《梁漱溟全集》第四卷，页459）

梁修正了自己对传统中国文明的批评，将伦理本位主义与家族本位主义区别开来。认为伦理本位主义虽然没有导致老中国成为现代意义上的国家，却使得汉族在人类文明史上无比拓大，为中国社会主义革命提供了基本的历史条件。更有甚者，伦理本位主义既克服了个人主义，也高于集体主义——因为集体主义只是放大的个人主义而已。伦理本位主义表示"心的时代"将取代个人主义、资本主义的"身的时代"之到来。在这个意义上，中国的社会主义,只是这个人类的"心的时代"的先声。

正是通过他的晚年"心学",梁漱溟将哪怕脱离无产阶级存在的、大公无私的"无产阶级精神"与伦理本位主义紧密地联系起来,从而在新时代里完成了他对伦理本位主义也就是中华文明的最高肯定。他用这个自己体会为中华文明精粹的东西贯通了中国的过去、现在和未来,贯穿了儒家和社会主义-共产主义、概括了中西文明-政治之高下。传统儒家能够克服狭隘阶级立场是伦理本位主义中为对方(包括被统治者)设身处地着想的因素,中国走社会主义而非资本主义道路是因为伦理本位主义中重视义务而非权利的要素,中国将来能够率先进入共产主义,则是因为伦理本位主义中的人心向上因素。

> 无产阶级精神既有其高于我们传统习俗之处,同时又和我们固有精神初不相远,中国人很容易学得来。(同上,页309)

> 中国在世界上所以率先建设社会主义,盖因其自有几千年的文化背景在;这里根于同一理由,又可以指出在"超出资产阶级法权的狭隘眼界",实现"各尽所能,各取所需"[丁按:即共产主义]的问题上,吾人较之西方人将容易的多。(同上,页477)

三 如何继承第一代大陆新儒家的遗产

从表面上看,大陆第一代新儒家的历史处境已经过去了,但他们留下的沉重遗产是无可回避的。梁漱溟朴拙深沉的思考给后人留下了这样一些问题。

首先,如何在中华文明的危机与中兴的历史背景下重新思考政治哲学的那个基本问题:对外斗争与对内团结的团体精神;更重要的,如何在伦理本位的中国式共同体中给出解决这个问题的新线索?

其次,如何总结中华文明的基本生活方式与社会结构?这个问题即使在新儒家内部亦有争论,遑论其他思想流派。对梁的伦理本位说,熊十力曾批评道:"中国家庭确是国家民族衰败危亡之原。他拿伦理本位来粉饰太过。实则帝制之久、封建思想之长不拔……皆由家庭之毒太深"(《熊十力全集》,第八卷,页646f)。此非一时激愤语,熊十力撰写《原儒》,本就针对着"伦理本位"之类的儒家而发。熊氏以一代儒宗,视中国传统家庭制度为毒刺赘疣,这难道不发人深省吗?

第三,如何理解社会主义中国。第一代大陆新儒家历史处境的最大变化是社会主义中国的发展和变化。社会主义中国本身的变化及其中之不变,乃是我们思考儒家传统常变之道的历史前提。

总之,继承第一代儒家的遗产,首先是进入以下三方面所构成的完整的问题视野,即中外文明的消长之势、儒家传统乃至中华文明传统之再理解、与现代社会主义中国之命运,这三方面缺一不可。尤其不能脱离现代国家与中外关系阐述儒家传统。而进入这个问题视野的最好线索,莫过于重新发动毛泽东、梁漱溟与熊十力辩论的核心话题:家庭、团体与国家的关系曾经是怎么样的?又应当是怎么样的?在这样的思考进程中,儒家的命运同社会主义的命运将难以逆料地纠缠在一起。

2010 年 3 月

第三编

哲学之会通与分际

论西方哲学中国化的三个阶段[1]

中国的,或者说中文的西方哲学研究是中国哲学本身的一个部分,而不是西方哲学的一个部分。正如法国哲学家弗朗索瓦·朱利安(Francois Jullien,一译弗朗索瓦·于连)等对中国哲学的研究不是中国哲学的一部分,而是法国哲学的一部分那样[2]。中国的西方哲学研究与其说是"西方哲学在中国",不如说是"西方哲学之中国化",属于广义上的"西学中国化"。西方哲学作为一个变化着的历史整体,不可能全部体现在中国的西方哲学

---

[1] 在此文收集资料过程中,张奇峰博士与苏杭同学贡献良多,特此致谢。文章的删节版于2017年5月29日在巴黎高师做过宣读,蒙在场师生提了问题或发表了评论,笔者在此也表示感谢。后经编者删订,载于《天津社会科学》2017年第5期。这里是原稿未删节版。
[2] 参见朱利安,《功效:在中国与西方思维之间》,北京大学出版社,2013;于连,《圣人无意》,商务印书馆,2004;于连,《迂回与进入》,生活·读书·新知三联书店,2003。

研究中，而必有其选择、权衡、解释。其中的取舍、译解、权重，没有中国思想的主体地位是无法完成的，即便中国研究者对此并无自觉。西方哲学中的思潮、学派、人物在欧美学院的盛衰隆替，与在中国多不一致[1]。故中国思想界眼中的西方哲学必不同于其在西方之状况。造成这一差别的，就是"中国化"。无论如何评价，"西方哲学之中国化"是一个基本的诠释学事实。对之非但不应回避，而且应当给予历史地理解。这种理解或自觉将有助于哲学的创发。

西方哲学中国化不仅限于中国的西方哲学研究，更体现在对西方哲学的运用上，体现在中国哲学对其历史与原理的解释上，也体现在中国哲学当前的最有活力的创发动机上。非但如此，中国传统学术中的某些部分被称为"哲学"，也就是说，"自古就存在着中国哲学"这个基础性判断的成立，本身就是西方哲学中国化的直接后果。依照西学的分科重新整理、命名、解释中国的传统学术，从而奠定现代中国学术的整体格局，这是标志着中华文明卷入现代世界的头等大事。在这件事情上，西方哲学的中国化起到了关键的作用。

按照中西文化交通史的内在节奏，可以把西方哲学的

---

[1] 这方面例子很多。例如黑格尔研究在中国曾长期占据重要位置。当前，整个现象学运动在中国仍方兴未艾，在欧美则已变质与衰落。分析传统在欧美哲学界已趋主宰，在中国则远未如此。

中国化乃至整个西学中国化分为三个历史阶段：明清之际（16世纪末至18世纪初）；晚清（19世纪下半叶）至上世纪70年代末；上世纪70年代末迄今。这三个历史阶段之间的中国学术思想和西方哲学本身都发生了巨大的变化。中国学术思想发生的是古今之变、学统之变、学术建制之变、"三千年未有之变"，表现出明显的、巨大的、整体性的断裂。西方哲学发生的是典范之变、思潮之变，风格之变。西学四百年来的变化亦不可谓不巨，唯相对中国古今之变为小。西学之变虽较小，而无西学中国化，即无中国学术之古今巨变。本文就西方哲学中国化三阶段各自之特点、贡献、任务与局限略述其要，以期对哲学本身之推进，尤其是中国哲学之新开展有所助益。

一 格义阶段：明末清初西方哲学之中国化

1583年（明万历十一年），耶稣会传教士利玛窦（Matteo Ricci，1552—1610）由澳门抵达广东肇庆，入华传教。[1] 1610年代中后期之后，随着高一志（Alfonso Vagnone 或 Alphonsus Vagnoni，约1568—1640）、艾儒略（Jules Aleni，1582—1649）等人著述的刊行，西学的整体

---

[1] 利玛窦并非首位入华的传教士，但可以说是第一位在儒家士大夫中产生重要影响的。参见朱维铮主编，《利玛窦中文著译集》，复旦大学出版社，2001，"导言"，页6。

概况，包括"西学"这个名称，才开始出现、传播。[1]此时西学的主要内容，除天文地理、制器技艺外，均可归于包括神学在内的广义的西方哲学。[2]这既是当时传教士所传西学整体内较尊贵的部分，也是他们最重视的部分，用以"补儒易佛"、诱导秉持儒家正统学说的儒家士大夫接受天主教义。[3]而晚明正是阳明学勃兴的时期，士人或计较朱陆异同，或昌言三教会通。换言之，西方哲学初传于中国，传播方、被传播方、传播目的、传播情境因而传播策略都是高度特定的。或许是这些因素的综合，导致了明清之际西方哲学的中国化有以下几个特点。

首先，这个时期对西方哲学的理解与翻译，带有明显的"格义"色彩。所谓"格义"，原指佛学初传初译，以道家、玄学名相翻译、解释佛教概念的做法。[4]与此类似，晚明传教士们选择以儒学的，尤其是宋明理学的基本概念去对译、解释西方哲学。但这种做法并不是纯然被动的，而

---

[1] 以欧洲学术为核心的"西学"概念的使用可能源自耶稣会传教士艾儒略与高一志，虽然之前，"西术""西法""西洋之学"与"天学"已略有使用。参见邹振环，《晚明汉文西学经典：编译、诠释、流传与影响》，复旦大学出版社，2001，页4—5。又参黄兴涛撰，《明清之际西学的再认识》，见黄兴涛、王国荣编，《明清之际西学文本——五十种重要文献汇编》，中华书局，2013，第一册，页4。
[2] 见荷兰汉学家许理和的概括。参见邹振环，前揭，页5。
[3] 自然科学、几何与逻辑属广义哲学。有的自然科学著作也大谈宗教义理。参见黄兴涛，前揭，第一册，页26。
[4] 参见汤用彤，《魏晋玄学论稿》，上海古籍出版社，2001，页38、39。

是既有诠释学上境域融合之不得已、无意识,也试图在尽量降低陌生感与敌对感的同时注入真正的经院哲学内容。其中最重要的范例当然是以利玛窦为代表的最早一代传教士,将拉丁文的 Deus 顺着宋明理学——确切地说,程朱理学——的传统翻译为"天主"。这既巧妙地诉诸了程朱派理学家一贯坚持"本天""本心"之分,拒绝佛教乃至陆王心学的正统化倾向[1],更顺之塞入了天有其"主"(Lord)的真正基督教精髓,可谓出于格义、超越格义。这样的策略也体现在对西学整体的初步翻译上。被称为"西来孔子"的艾儒略所著《西学凡》是一部在明清之际士大夫中产生过广泛影响的西学概论。[2] 书中将哲学音译为"斐录所费亚",意译为"理科",径直解为"理学""义理之大学";将神学音译为"陡录日亚",意译为"道科""道学"。且依当时欧洲大学学科格局,又将理科划分为逻辑学、物理学或自然学(Physica)、形而上学(Metaphysica)、数学、广义的伦理学(Ethica)五类[3] 且将物理学译解为"察性理之道",形而上学译解为"察性以上之理",广义伦理学解释为修身、齐家(Oeconomica)、治平(Politeia)之西学。[4] 艾氏及其

---

[1] 杨廷筠与许胥臣为艾儒略《西学凡》分别撰写的序言和引言都明确援引了程子儒者本天之说。参见黄兴涛等,前揭,第一册,页231、232。
[2] 参见邹振环,前揭,页225—226。其影响甚至延续到晚清,参见黄兴涛等,前揭,第一册,页230。
[3] 参见艾儒略,《西学凡》,见黄兴涛等编,前揭,页233—238。
[4] 修身西学、齐家西学、治平西学等,参见同上书,第二册,页447。

他耶稣会士在他处也将物理学翻译为"性学",形而上学翻译为"超性学"。[1]这些关键概念直接来自儒家尤其是宋明理学的经典。但亚里士多德哲学和经院哲学在其深处当然不同于宋明理学,格义自然也有其边界。只要涉及各自至深之处,格义即无法持续。晚明西学已有这样的努力:非但坚持关键概念的音译,并且在至深之处明确解释西方哲学传统与理学的不可调和之处。[2]这种工作的意图是划界而非融合,在格义的主基调之下,这样辨别差异的努力是更可贵的。

格义对于准确地理解外来思想是不利的,但好处是在未尝触及中国学术思想传统的主体性的前提下,从另外的视域、他者的眼光丰富了这个传统的可能性。在这个意义上,西方哲学中国化的第一阶段,也可以从另外一方面理解为中国哲学本身的局部延伸或"另类化"。

其次,这个阶段的西学传播主体是高度限定的,具有高度同质化的耶稣会背景。西方哲学的整体格局是介绍过来了,但重点内容则以亚里士多德哲学、托马斯主义的经院哲学以及宗教文献为主。另有少量文艺复兴与宗教改革之后的学问,而科学技术方面的著作则是经过精心选择的。[3]这种传播是深谙体用主次之妙的。按中国传统学术的看法,哲学

---

[1] 参见《性学觕述》《超性学要》等。参见黄兴涛等,前揭,第一册,页241;第二册,页777。
[2] 参见《灵魂道体说》,参见黄兴涛等,前揭,第一册,页439—443。
[3] 参见邹振环,前揭,页5。

与宗教属于"道体之学",天文历算、制造技术等属于"器用之学";道体之学重而旧,器用之学轻而新。虽然耶稣会教士译介了不少科学技术作品,但其究竟意图是传道体之学。而结果不尽如人意,倒是那些器用之学被中国学术的主流吸纳,于清代被编入《四库全书》等学术丛书中。[1]

耶稣会士在传播了整体西学概貌的前提下,重点介绍了亚里士多德哲学的基本学说以及经院哲学之要义。这样做的缺点是很明显的,即狭隘片面,且未能真正触动中国学术思想中最根本的部分。但这种做法也有好处,这就是单刀直入,径直抓住了西方哲学传统中最高妙,同时也呈现了与中国哲学最大张力的那些主题:本体论、逻辑学与神学。正如马丁·海德格尔指出的那样,这三个主题可以合而为一,以表示西方形而上学最根深蒂固的传统:本体-神-逻各斯(Onto-Theo-Logie)。[2]可以说,耶稣会士在华传播西方哲学的主要贡献不在于那些具体的学说观

---

[1] 参见邹振环,前揭,页15。
[2] 逻辑学的传入不是孤立的、纯工具性的,而是被首先定位为讨论形而上学基本问题的方法,故不仅包括亚里士多德《工具论》的内容,也包括了亚氏《形而上学》中的有关讨论。参见南怀仁《理推之总论》,参见南怀仁集述,《穷理学存(外一种)》,浙江大学出版社,2016,页1—341。同时,形而上学和神学也有密切的内在关联。海德格尔将存在、逻各斯与神的问题合为一个表述,以为代表了西方形而上学最根本的机制:Onto-Theo-Logie(一译"存在-神-逻辑学")。参见海德格尔,"形而上学的存在-神-逻辑学机制",见孙周兴编,《海德格尔选集》,上海三联书店,1996,页820—843。

点,而是把一种与中国传统学术思想有着根本差异的西方形而上学论题带入了中文语境。

第三,耶稣会教士们的"格义"主要是一种策略,他们自己十分清楚西方哲学与中国哲学的差异所在。因此他们反过来,既从自己的欧洲哲学立场努力理解和解释中国学术传统,也通过翻译、通信等向欧洲思想界介绍了他们所认识的中国哲学。这些工作确实在17、18世纪的欧洲思想界产生了不可忽视的影响。[1]虽然其中不无美丽的误会,但耶稣会传教士,尤其是阅读中国材料的欧洲哲学家们确实试图从西方哲学自身的论题出发严肃理解中国传统的学术思想。

可以说,与西方哲学的中国化相对应,耶稣会教士同样在欧洲引发了一个规模较小而影响较深的中国哲学的西方化运动。他们回译到欧洲的中国著作数量远比传译至中国的西学著作为小,但阅读过有关著作,或在自己的撰述中对中国哲学做出解释、运用和回应的欧洲思想家包括了马勒伯朗士、莱布尼兹、伏尔泰、魁奈、沃尔夫等知名哲学家[2],而当时几乎没有同等地位的儒家学者表现出接触过西方哲学。[3]

---

[1] 参见朱谦之,《中国哲学对欧洲的影响》,上海人民出版社,2006,页187—326。
[2] 同上。
[3] 徐光启本人当然是个例外,但他既皈依天主教,也就不能算"儒家学者"了。值得注意的是刘宗周的回应,参见何俊,《西学与晚明思想的裂变》,上海人民出版社,1998,第七章第一节。

耶稣会教士对中国思想的重要判断有这样几条：首先，中国思想中同样存在着哲学，并且存在着不止一种哲学。其次，必须区分孔子哲学（或曰六经的哲学、古儒真教）与宋明理学。耶稣会士以为孔子的哲学与天主教精神是一致的，六经所谓"上帝""帝"即天主教之天主。"上帝"之中译名遂长行不衰。而理学所主之天理因无位格，故无灵觉意志，故耶稣会主要代表人物如利玛窦、龙华民等均对理学采取否定态度。虽然这并不妨碍耶稣会人士私下对理学的推崇，也不妨碍他们拉拢程朱理学排斥心学与佛教。[1]利玛窦于他所肯定的那种中国哲学（孔子哲学），虽承认非逻辑为其弱点，但更指出这是另一种形态的哲学，即修辞的哲学。[2]而那些阅读耶稣会士所译中文著作的欧洲哲学家们，则反而对宋明理学的基本论述抱以极大的兴趣，非但援引理气之说构建自己的本体论与宇宙论系统[3]，且将天理之说、士大夫之治对应于自然法、自然理性、哲人统治的理性王国以反对基督教会。[4]耶稣会士与

---

[1] 参见邹振环，前揭，页111—114。又参见艾儒略，《西学凡》，黄兴涛等编，前揭，第一册，页234。
[2] 利玛窦认为，西方哲学也自有其修辞哲学，西塞罗、塞涅卡等即为其代表人物。参见梅谦立，《理论哲学和修辞哲学的两个不同对话模式》，见景海峰编，《拾薪集——"中国哲学"建构的当代反思与未来前瞻》，北京大学出版社，2007，页98—104。
[3] 参见朱谦之，《中国哲学对欧洲的影响》，页240—245。
[4] 参见沃尔夫，《中国人实践哲学演讲》，李鹃译，华东师范大学出版社，2016。

西欧哲学家们各执一端的奇妙局面正表现了儒家哲学内部的张力。耶稣会士们即便再排斥理学，也无法拒绝以理学术语去翻译西方哲学的基本概念，毕竟六经中的名目只适用于宗教经典。而欧洲哲学家们也忽视了宋明理学对先秦儒家的自觉接续，其中就包含天理的"主宰"意涵。[1]

要之，在西方哲学中国化的第一阶段，中西方哲学之间的"交互格义"以互为镜像为结果：在西方哲学眼中，中国传统学术思想是"另一种哲学"；而在儒家思想眼中，西方哲学是"另一种理学"。这种交互理解固然有其必然的偏差，但确实是在各自思想形态的最高层面展开的。耶稣会教士对西方哲学的格义抓住了形而上学与理学道体之间的关系。从中国哲学这方面看，虽然他们对道体的理解在大方向上是错误的[2]，但其以道体为中国哲学至高论题则未失大体。换言

---

[1] "天者理也，神者妙万物而为言者也。帝者以主宰事而名"，见"河南程氏遗书卷第十一"，《二程集》，中华书局，1981，页132。又，"【天与上帝】以形体言之谓之天，以主宰言之谓之帝，以功用言之谓之鬼神，以妙用谓之神，以性情言之谓之乾"。"河南程氏遗书卷第二十二上"，同上，页288。

[2] 龙华民撰《灵魂道体说》，一方面以为"太极、大道、佛性皆指道体言也"，一方面则以"太极、大道、太素、太朴、太质、太初、太极、无极……"等皆"形容道妙"。而确解道体为"质体"（又作"体质"，即当时亚里士多德"质料"概念之译名）。与灵魂等"神明"之体、"灵明之体"有别。这些对"道体"的判断是含混乃至错误的。见《灵魂道体说》，黄兴涛等，前揭，第一册，页439、441—442。"道体"当然是宋明理学的基本名相，非但不是"质料"，且蕴含神明、天地之心、上帝、主宰之意。参见朱子编，《近思录》第一卷"道体"。陈荣捷，《近思录详注集评》，华东师范大学出版社，2007，页1—38。

之，这个阶段对中国哲学的理解，可谓正确的发问与错误的回答并存。而同时对西方哲学的传播，则是正确的问题与片面的回答并存，因为耶稣会士们虽然展示了西方形而上学的最基本问题，却只提供了亚里士多德传统的解答，而几不涉及文艺复兴之后西欧哲学的贡献。与中国传统学术的西方化相对照，西方哲学的中国化的第一阶段的主干确实同样也是"第一哲学"，但这根主干未结出任何果实。在中国学术传统中得到传承的只是数学、物理学等旁支。

二 反向格义阶段：19世纪中后期到20世纪 70年代末

西方哲学中国化的第二阶段始自晚清的"西学东渐"运动。由于历史总体情境的变化，这个阶段与第一阶段是断裂的[1]，可谓横空出世。这导致西方哲学第二阶段的若干特点与上一阶段形成了鲜明的对比。这一历史时期的"西学东渐"成果巨大，可以说完全更新了中国学术的整体格局和面貌。不言而喻的是，它也是西方哲学中国化的

---

[1] 清代盛期的学者，已只能以追忆前朝旧事的野史笔调记载晚明的西学中国化运动了。"明天启中，西洋人艾儒略作《西学》，……斐录所费哑者，理科也……陡禄日亚者，道科也……理科如中国之大学，道科则彼法中所谓尽性至命之极也。其致力亦以格物穷物为要，以明体达用为功，与儒学次序略似。"见纪昀，《阅微草堂笔记》卷十二，"槐西杂志"。

第三阶段的历史前提。在这个意义上,对第二阶段的西方哲学研究的总结和检讨是非常重要的。

清代的西学作品传译固然可以追溯到 19 世纪初期基督教新教传教士们在中国沿海的零星传教活动[1],但大规模的西学东渐运动应该始于 19 世纪下半叶。尽管从晚清到新文化运动,数目众多的西方哲学家被介绍到中国,并在知识界——而非单纯的哲学界,甚至主要不是哲学界——的研究、争论和开新中扮演了越来越重要的角色,但中国的西方哲学研究真正成为一个学术传统,应该始自贺麟所说的 20 世纪 20 年代[2]。另外,与 17 世纪耶稣会士们的译介相对照,西方哲学本身的外延也发生了巨大的变化。数学和物理学明显从这个时期的"哲学"中分离了。不过,如果把西方哲学对万有的划分算作西学整体格局的主要根据的话,那么西方哲学中国化第二阶段的最重要成就当然不是中国人开创了自己的西方哲学研究传统,而是中国学术整体建制的西学化。其中最引人注目的是传统学术之王——经学的隐退和"哲学"、文学、"新史学"和诸社会科学对传统学术地盘的接管和瓜分。[3]换言之,中国

---

[1] 参见黄见德,《西方哲学东渐史》,人民出版社,2006,上册,页 113。
[2] 贺麟,《五十年来的中国哲学》,上海人民出版社,2012,页 38。
[3] 冯友兰所谓"子学时代",其实已将诸子"哲学化"了,而他虽未命名子学时代之前的时代,但从他引述章学诚则可推知其当为"六经的时代"。参见冯友兰,《中国哲学史》(两卷本),中华书局,1947,页 28—29。又参,左玉河,《从四部之学到七科之学》,上海书店,2004,页 423—424。

学术整体的现代转型，或所谓从"四部之学"到"七科之学"的转变，其实就是"经学化"到"哲学化"的转变。自此以往，中国学术成为旧学，西方学术成为新学，中西关系被纳入古今关系之下。尽管思潮兴替，对这两对关系有许多深入的争论，但所谓"古今中西问题"在教育建制（新式教育、新式学堂）和学科建制（现代学科体系）上早已解决。这就是西学为主，为灵魂、原理、方法、框架；中学为宾，为肉身、结论、对象、材料。这个数千年未有之巨变，才是西方哲学中国化第二阶段的首要成就。这个变化远非学科内部的"范式转换""思潮转型"或"知识型"更替可比，只有大规模的宗教改宗才差勘比拟。与此相应，西方哲学在中国学术内部赢得了它在第一阶段从未获得的影响。这个影响远远超越了狭义的哲学界，当然也远远超越了西方哲学研究者自己的估计。如果说学科建制意味着西学重塑了中国的知识图景，那么这个历史时期在中国得到传播、解释和转化的西方哲学内容则塑造了现代中国的整个宇宙图景和历史图景。

当代哲学家冯契曾判断，天道观是中国传统哲学的基本论题，而近现代思想则除此之外，尤以历史观问题为紧要，居于中枢地位。[1]旨哉斯言。但可以补充说，天道观与历史观是不相割裂的，前者是后者的前提，后者是

---

[1] 参见冯契，《中国近代哲学的革命进程》，上海人民出版社，1989，页12。

前者的落实。天道观包含但不止宇宙图景,历史图景则属于历史观。中国古代思想的宇宙图景是化生论而非创生论的。总说为一气,分说为二五(阴阳五行)[1];历史图景则基本是循环论而非演进论的,具说则谓五德终始。五德配五行,故历史观实出于天道观。第二阶段西来的哲学已不再像第一阶段那样以古代哲学、经院哲学及前牛顿时代的科学技术为主,而是以19世纪以及20世纪初的哲学为主。[2] 即便把近代科学的传入排除出西方哲学中国化,也无法否认,第二阶段所传的西方哲学是以近代科学为背景甚至为楷模的。换言之,近代哲学仅仅依靠它与近代科学相适应的自然观,就能完全推翻传统中国的阴阳五行学说(天道观)。进化论的一个通俗改写版(严复编译之《天演论》)就能改写传统中国的历史循环论(历史观)。[3] 马克思主义中国化也不外于西方哲学中国化的这种特点。马克思主义的天道观就是辩证唯物主义,历史观就是历史唯物主义。而这两种主义,都是基于19世纪的自然科学、19世纪及18世纪的社会科学总成就的。

---

[1] 参见刘咸炘,《气道》《二五》等文,载氏著,《推十书·内书二》,参见刘咸炘,《推十书》增补全本,甲辑贰,上海科学技术文献出版社,2009,页722—736。
[2] 彼时看待19世纪哲学,犹如今天看待20世纪哲学,唯觉其前沿、鲜活。
[3] 康有为虽然用今文经学的语言赋予公羊三世说以激进的解释,但近代进化思想的主要语汇仍然是西学的。

从学院哲学的视角看,西方哲学中国化第二阶段的基本任务有两个,一是在理解与解释的前提下系统绍介、研究西方哲学。二是以西方哲学为准绳重新区分、整理、解释中国的传统学术思想,写出系统的"中国哲学史"、建构学院化的现代中国哲学系统。从有活力的非学院哲学的视角看,西学中国化的基本任务就是帮助重新解释全部中国历史、帮助解释中国社会的性质、为中国的社会危机和政治危机做出总体的理论描述和实践决断。与这三项任务对应的历史贡献,就是西方哲学研究、中国哲学研究、马克思主义中国化。这三者之间存在着密切的相互关系。西方哲学中国化的成就不仅局限于西方哲学研究的具体成果,更通过一些基本概念和基源判断对"中国哲学史"的建立、现代中国哲学的系统甚至马克思主义的中国化都产生了巨大的作用,远比人们认识到的更为深远。

诚如贺麟所指出的,在现代中国,学院化的西方哲学研究要到上世纪20年代才刚刚上路,30年代之后才略有可观。[1] 此时及稍后,已有张颐、郑昕、贺麟、陈康、庞景仁、洪谦等一批留学欧美,系统接受西方哲学学术训练、学有专攻的学者返国任教、撰述。但所谓"上路"并不仅仅指这些,而是指这一代先生开创的西方哲学研究之学术传统基本形成。这个传统的建立,标志着西方哲学中

---

[1] 贺麟,《五十年来的中国哲学》,页38。

国化第二阶段的成熟。这个阶段有这样几个特点。

首先是对西方哲学之历史整体有自己的判断,既不像晚明那样只传一派,也不像晚清到新文化运动期间那样杂乱无章。贺麟明确指出,西方哲学史之高峰在古希腊哲学和德国唯心论。[1]基于这个整体判断,这个时期的西方哲学研究也就有了重心,这就是近代哲学特别是近代德国哲学。[2]这个选择固然和当时西方哲学的主流有关,也同晚清以降中国思想史自身的整体情境有关。

第二,这个历史判断的背后是对哲学最基本问题的理论判断。例如,正是尚不具备马克思主义立场的西方哲学研究者,明确用"近代唯心论"去描述近代德国哲学。[3]唯心主义、唯物主义、实在主义等的基本区分,并不始自马克思主义的哲学史,而是与马克思主义一样源自更早的欧洲哲学尤其是德国古典哲学的遗产。"唯心主义"不仅是一个译名,而是意味着或多或少承认,引发唯心主义与唯物主义区别的那个问题,就是第一哲学之所在。近代哲学的主流——即使属于最对立的流派——把一切哲学的基本问题理解为思维与存在之关系问题,而不去沉思在此

---

[1] 参见贺麟,《五十年来的中国哲学》,页37。
[2] 而古希腊哲学研究的热潮一直要到21世纪才真正开始。除了治学人数相对稀少之外,对哲学史"演进"的信念也促使学者们对德国唯心论更感兴趣,更不必说,民国时期古希腊哲学研究的重镇陈康先生之哲学底蕴,本来даже与近现代德国哲学息息相关。
[3] 参见贺麟,《近代唯心论简释》,商务印书馆,2011,页1—7。

问题之下的更基本的事情：存在自身之多重含义，以及思维与存在之划分之所从出。如果说，晚明西方哲学的解释者对此基本问题——道体问题或本体论问题及其张力——有清楚的意识，而对此问题的回应则不无偏枯片面的话，那么此时的西方哲学研究者乃至一般意义的哲学研究者则正好相反，执着于对不同回应统绪——唯物主义、唯心主义、实在论等——之简别、衡量与取舍，而从不在问题本身那里逗留。这种做法或不足深责，盖近代西方哲学本身就是这样。[1] 但这种做法仍需批评，因为中国思想中本来没有对"存在"（"是"或"有"）[2] 的根深蒂固的逻各斯（Logos）化理解[3]，中国思想的最高问题也不是西方形而上学意义上的"存在论"（"诸是者论"）。这种创生性的差异本来应该让中国的西方哲学研究者面对西方哲学的基本问题时比欧洲哲学家保持更多的清醒。他们之所以仍昧于哲学基本问题，一个重要的缘由是，他们已无法像晚

---

[1] 按海德格尔的判摄，整个西方形而上学开端（所谓"第一开端"）时就是这样，虽然在柏拉图本人那里仍存在着其他可能，但柏拉图主义则彻底丧失了通向另一开端的道路。参见海德格尔，《哲学论稿》，商务印书馆，2014。另参其文《哲学之终结与思的任务》《柏拉图之真理学说》等。

[2] Being 这个西方哲学的基本概念在翻译为中文时之所以有"存在"或"是"的争论，这本身就说明了中国思想对"存在"或"有"的理解不是从逻各斯或陈述出发的，所以无法先天地将之追溯到连系动词。参见宋继杰编，《Being 与西方哲学传统》，河北大学出版社，2002。

[3] 参见柏拉图，《菲多篇》，99E。载《柏拉图对话集》，王太庆译，商务印书馆，2004，页264。

明学者那样在中国传统思想里发现别样的东西了。原因在于——

第三，西方哲学中国化第二阶段的一个极为重要的成就，是以西方哲学为典范叙说、论述中国哲学史、构建现代中国哲学。

这种论述方式，借用当代中国哲学史研究者的一个说法，可以说是某种"反向格义"[1]，指中西哲学之间宾主地位的颠倒。如果说，晚明"格义"阶段的最大表征是：哲学被理解为"另一种理学"；那么晚清以来的"反向格义"阶段的表征则正好相反，"理学"乃至传统中国的一切义理之学，被理解为"另一种哲学"。随着经学为尊时代的消逝[2]，"中国哲学"这个学科已根深蒂固，无法撼动。更重要的是，将传统"义理之学"视为"另一种哲学"，也不无严肃的根据。而这种根据，才是思想创发的大契机所在。传统义理之学中当然包含着"相应于"哲学，尤其是第一哲学（在西学传统中即为 metaphysics）的部分，这就是上文述及的"天道观"。天道之问，横贼儒道诸派，纵贯周秦汉宋，是中国传统学术最古、最高之议题。《论语·里仁》："吾道一以贯之。"《易传》云："形而上者谓之道，形而下者谓之器。"《老子》首章云"道可道，非

---

[1] 参见刘笑敢，"反向格义与中国哲学方法论反思"，载《哲学研究》，2006年第四期，页34—39。
[2] 参见陈壁生，《经学的瓦解》，华东师范大学出版社，2014。

常道。"《孟子·滕文公上》云:"夫道,一而已矣。"《孟子·尽心上》云:"尽其心者,知其性也。知其性则知天矣。"朱子编《近思录》概括北宋理学,开宗明义就是"道体"。故心性理气诸宗旨,都是对道体之不同解说。体用、形器、名辩、格物、致知等论式,都是道体学之不同进路。这些进路、框架既是论说的,也是践履的。迄至明代,"本体"所云,已不异"道体"。故"本体""道体"之学,实可对应于西方哲学第一哲学之最高问题:"存在之为存在"(to on hei on)、"什么是存在"(on)、"什么是实体"(ousia)。[1]但对应并非等同。道体经验与连系动词无关,道体亦非出自 to on 之 ousia。恰恰相反,道与 to on/ousia 之差别才是至深问题之所在。而几乎所有的中国现代哲学都混同两者。这体现在,他们用存在、存有或实体去解说道、天道[2],把思维/存在之关系问题视为天道问题的基本内容,从而把源自亚里士多德追问 ousia 的"形式

---

[1] 参见亚里士多德,《形而上学》,1003a20,1028b3-4。见 *Aristoteles' Metaphysik*, Neubearbeitung der Uebesetzung von H.Bonitz, Felix Meiner, Hamburg, 1989 希德对照版,第一册,页 122—123,第二册,页 6—7。
[2] 冯契固然认为,中国哲学的基本问题和一般哲学一样,也是思维与存在的关系问题。中国哲学之天道观也是探究世界统一于物质还是精神之原理。参见冯契,《中国古代哲学的逻辑发展》,上海人民出版社,1983,页 7—9。而劳思光这样在哲学和政治上与冯倾向完全相左的学者,解说"道"之意涵时,也不免论其为"形上之实体,是实有义""泛指规律"等,与冯领悟相近。参见劳思光,《新编中国哲学史》,广西师范大学出版社,2005,第一册,页 188。

主义"或"理型主义"(通常翻译为"唯心主义")与"质料主义"(通常翻译为"唯物主义"),当成中国传统思想的基本分野。用"本体"论去翻译 ontology,这一方面遮蔽了中文"本体""道体"之原意。另一方面对 ontology 之渊源与症结所在,亦往往昧而不解。可以说,反向格义是双重误解支配下的某种创造性解释。由于现代中国哲学的构建基本以 19、20 世纪之交的某些西方哲学流派为楷模[1],这种"旧瓶装新酒"(冯友兰语)式的体系构建虽然也以"道""理"为其最高议题,但对道、理之预先理解,都是被某种亚里士多德主义或柏拉图主义支配的。金岳霖之道论背后的形式学说与潜能学说、冯友兰新理学背后的共相与殊相学说等都是比较明显的。当然不能说道论、理学与柏拉图-亚里士多德哲学的基本问题(归根结底是理念论问题或形式质料问题)毫无关系,但这种关系是必须反省和检查的,而非先天等同。在最高问题上素朴地、不加反省地加以等同,这才是"反向格义"的症结所在。

然而,正如上文指出的,"反向格义"是被双重误解所引导的,对中国思想之"反向格义",未必意味着对西方哲学之准确的解释。这个阶段对西方哲学了解的全面和深入固然远非明清之际可比,但在对西方哲学最高议题的理

---

[1] 贺麟在叙述中国当代哲学时,非常有见识地将金、冯体系都放在受西方哲学影响的专章中。参见氏著,《五十年来的中国哲学》,第二章"西方哲学的绍述与融会"。

解和解说上,中国学术思想传统仍然顽强地在场。这个时期的中国哲学家,无论学术、文化与政治倾向有多大的差异乃至冲突,普遍地将源自亚里士多德追问 ousia 的"形式主义"或"理型主义"译解为"唯心主义","质料主义"译解为"唯物主义",无非取舍不同。这个甚至一直支配到当代的译解当然是错误的。亚里士多德的基本划分源于四因说中的形式与质料之对立。形式并不是中文的"心"。后者在柏拉图、亚里士多德哲学中可对应于来自阿那克萨戈拉的 nous 概念,而非他们二人的 eidos(理型、相)或 idea(理念)概念。"质料主义"所主张的第一质料(或译"原始质料")也不是中文的"物",前者没有确定形态,是逻辑上的主词或底层,是分析的结果,而非直接可经验的。[1] 而中文的物含义丰富,一般与事相通,是具体的、可经验的。在重要的上下文中,几乎可理解为"实事本身"。[2] 即使 idealism 在其流变中与精神、思维建立了越来越密切的关系,这也从来不意味着理念或观念直接就等同于中文的"心"。中国哲学家们将 idealism 与 materialism 翻译为"唯心主义"和"唯物主义",不是因为对西方哲学的基本问题

---

[1] 参见亚里士多德,《形而上学》,第八卷,第 1、2、4 章。见 *Aristoteles' Metaphysik*, Neubearbeitung der Uebesetzung von H.Bonitz, Felix Meiner, Hamburg, 1989,希德对照版,第二册,页 274—285,页 288—295。
[2] 参见丁耘,"心物知意之间——《大学》诠释与现象学",载《外国哲学》第 23 辑,商务印书馆,2012,页 326—340。

不约而同产生了个人误解,而是因为他们的基本问题意识是"心"与"物",而非"形式"与"质料"。

这个基本问题意识哪里来的呢?心、物问题也不是中国哲学史一以贯之的基本问题。甚至佛学中类似的表达也不是心与物,而是心与法、心与境等。心性天问题、诚体问题,有无问题、道器问题、理气问题都曾在不同时期中成为中国哲学的基本问题。而心、物之为问题,其经典依据固然可以追溯到《礼记·大学》,但在中国学术思想史上之成为基本问题,不能不归诸阳明学的强大影响。阳明虽因疑朱而悟"心外无物"之旨[1],但在朱子及整个宋代理学那里,基本问题则是理气关系而非心物关系。[2]心物之为基本问题,固然可追溯到《大学》。作为四子书之首,此书及其朱注在朱子以后的儒学教育中起到了基础的作用。但即使在《大学》,心物关系亦非其轴心问题。《大学》全篇的枢纽是修身[3],工夫落在格物。"正心诚意"只是八条目之较次要者。且心物之间,尚有"意""知"之隔,并无直接联系。因之,心物并非在《大学》本文中即如此重要,而是在阳明教法和对《大学》的阐释中,才成为中心的问

---

[1] 参见黄宗羲,《明儒学案·姚江学案》,《黄宗羲全集》,浙江古籍出版社,1992,第七册,页201。
[2] 参见朱熹,《近思录·道体》。
[3] 所谓"自天子以至于庶人,壹是皆以修身为本。"《礼记·大学》第一章,见朱熹,《四书章句集注》,上海古籍出版社,2001,页5。

题。更确切地说,阳明最在意的是心与理之间的关系。心、物关系是一个处理心、理关系的更强的方案。[1]

换言之,正因在西方哲学中国化之第二阶段,中国哲学思想的真正底盘与境域是复兴了的阳明学[2],故对全部西方哲学最高问题的解释乃至翻译,皆以心、物问题为旨归。而这种对阳明学的元理解本身又是单向度的,阳明学内部更为复杂的基本问题都被心物问题取代了,遑论整个宋明理学之基本问题。这种简单化的理解表现在,这个时期主流的中国哲学诠释者们,甚至将"理气"问题也转化为心物问题,以"物"解"气"。这种理路恐怕对包括气本论学者在内的理学主流都是陌生的。西方哲学中国化第二阶段的这个特点,同样体现在马克思主义中国化上。

第四,对马克思主义的影响。

由于马克思主义哲学与西方哲学尤其是德国观念论的密切关系,马克思主义在中国的理解和解释,与西方哲学之中国化密切相关,同时也与这个时期中国思想的底盘——阳明学密切相关。西方哲学中国化将唯心、唯物问题作为哲学的基准问题,同时不排斥以此为框架整理和判

---

[1] 参见王守仁,《传习录》,转引自黄宗羲,《明儒学案·姚江学案》,参见《黄宗羲全集》,页221—223。
[2] 西方哲学中国化第二阶段中,译介、研究西方哲学最力的哲学家贺麟,同时也是弘扬陆王心学的干将。参见贺麟"知行合一新论""宋儒的思想方法"等文,参见氏著,《近代唯心论简释》,页49—105。

断全部西方与中国哲学史。从马克思、恩格斯、列宁论著中得到基本动力的中国化马克思主义当然认同这个框架,甚至独尊此框架,更给出了自己的理解与贡献。如果说,哲学家们的兴趣是书写中国哲学史,以便对"天道观"做出最新的贡献的话,那么马克思主义的兴趣是书写中国通史或社会经济,给出最明确和雄辩的"历史观"。这同时意味着对"唯物主义"做出不同于学院派哲学的解释。历史唯物主义在历史领域比哲学领域取得了更多的成就。还是以贺麟为例,学院派哲学家们在解释实际政治历史,特别是中国当代政治思想时,已点出了知行问题,并明确地将之追溯到王阳明,且与西方哲学的有关学说相联系。[1]这与它对理论哲学基本问题的判断是一致的。而中国化马克思主义同样以"知行问题"去进入和理解马克思主义哲学的基本概念——实践。[2]马克思主义者与学院派哲学家在唯心唯物、知行问题上截然相反的意见不能抹煞他们之间有三个最基本的共同之处:第一,他们对理论哲学和实践哲学之基本问题的把握完全一致,无非取舍不同;第二,他们都认为这种把握既适用于,甚至首先适用于从泰

---

[1] 参见贺麟,《五十年来的中国哲学》,页85—88;页139—227。知行合一说与阳明密切相关,朱熹虽已将知 - 行分为两截进行讨论,但知行关系并非理学的基本问题,与此问题相关的《大学》文本内容,字面的,同时也是正统的解说是对应于"诚意""不自欺",而非知行。
[2] 毛泽东《实践论》的副标题正是"论认识和实践的关系——知和行的关系",参见《毛泽东选集》,人民出版社,第一卷,页282—298。

勒斯到黑格尔的全部西方哲学,也适用于从老子到孙中山的全部中国哲学。[1]第三,心物、知行作为问题直接来自阳明学,马克思主义哲学家并不像学院派哲学家那样对此有显白的表述,虽然他们从王船山与颜习斋这样明末清初的理学家那里同样汲取了不少有意义的东西。

马克思主义哲学在其源头上当然属于广义的西方哲学,但比起西方哲学的任何流派来说,马克思主义哲学的中国化、实践化、启蒙化更为成功。撇开复杂的实际历史原因,这与马克思主义的总体化论述特点有关。马克思主义最大的优点是可以顺畅地过渡,19世纪完备的科学体系与20世纪的实践学说对接。它甚至把哲学理解为一切科学的科学、太上科学。用中国传统学术的语言说,这可以说是体用不二,即可以用一个原理贯通本体之学与诸器用之学。

不过,从学院哲学的视角看,本体论问题才是哲学之中心问题。在这个问题上,这个阶段的西方哲学研究者和马克思主义者都力有不逮,没有牢牢抓住本体论进行追问。这同晚明时期形成了鲜明的对照。在这个时期,只有那些受西学影响较少的、从传统学术的路子,特别是佛学和儒学中走出来的中国哲学家(如熊十力以及梁漱溟)对

---

[1] 在此标准下的具体判断可以争论,例如新中国成立后关于老子是"唯物主义"还是"唯心主义"者的争论。但在不同回答的争论中,被争论各方一再重复和确认的,就是那个不言而喻的基本判断——哲学系统的根本宗旨不是唯物主义的,就是唯心主义的。

本体论问题异常敏感。但也正因为他们对西学相当隔膜，虽然了解传统中国学术之体（本体、道体），但并不了解此体虽相应于 ontology，但却不等于 ontology。因此其后学如牟宗三等，一转用西学概念（如存有、活动等）来说中国传统学术之道体，便又产生了偏差，仍然未能打开道体中不同于"存有"之维度。

综上所述，西方哲学中国化之第二阶段取得了不同于第一阶段之大成绩。首先是体用一贯，使得"哲学"这一学术形态在中国确立起来，且能下摄自然科学、社会科学等器用之学，同时用广义哲学整理与概括中国传统学术思想。其次，这个阶段之哲学，仍未失去本体论这个中心，然而只有本体论的答案（唯心唯物），而未能追问本体论自身之双重性（传统学术之道体，西方哲学之"存在论"）。这与晚明的西学解释形成了鲜明对照。最后，在这个阶段，中国传统学术与西学之间的宾主关系已然倒转，对中国学术思想的解释呈现了明显的"反向格义"特点，而中国传统学术尤其是阳明学，仍默默地起着巨大的作用，构成了中国哲学理解和转化西方哲学的基本视域。

三 即用见体与交互格义：西方哲学中国化之第三阶段

20世纪70年代末以来，中国的西方哲学研究进入了一个新的历史时期。从所涉范围看,在此时期的西方哲学研究中得到注重的,恰是前一历史时期相对忽视的内容,特别是马克思主义之后的西方哲学[1],以及古代的西方哲学。换言之,在新时期得到关注的都是与"近代哲学"或"近代唯心论"有最大差异的哲学。在中国朝野自觉走上现代化道路的同时,中国的西方哲学研究在"现代西方哲学"的名目之下,涉及与关注了许多反思现代性的哲学。黑格尔独尊的局面消失了,80年代兴起了康德哲学研究的热潮,但90年代之后,则代之以现象学尤其是海德格尔、胡塞尔研究的热潮。[2]在某种意义上,康德哲学标志着从黑格尔到海德格尔这两个研究中心之间的过渡。在这个脉络里,对康德哲学的研究进路其实是被海德格尔式的问题意识——本体论或存在论引导的[3],这与本世纪从道德哲学或政治哲学出发对康德哲学的重新关注有很大不同。随

---

[1] 参见刘放桐,《现代西方哲学》,人民出版社,1981。

[2] 萨特热、尼采热与弗洛伊德热基本都被吸收到对海德格尔的持久兴趣之中,参见丁耘,"启蒙主体性与三十年思想史",载《读书》2008年第11期。熊伟、叶秀山、张志扬、倪梁康、靳希平、李幼蒸、张祥龙、关子尹、张灿辉、刘国英、王庆节、陈嘉映、张汝伦、张庆熊、孙周兴、陈小文等通过译介、研究、教学或出版有力推进了中国的现象学运动。

[3] 参见谢遐龄,《康德对本体论的扬弃》,湖南教育出版社,1987。李泽厚,《批判哲学的批判》,人民出版社,1979。李泽厚此书虽未以本体论为焦点,但此后提出了"情本体""历史本体论"等重要设想。杨祖陶、邓晓芒、李秋零、张志伟、韩水法等推进了康德哲学本身的译介与研究。

着海德格尔一同兴起的,是关于本体论、存在问题以及真理问题的持续的研究旨趣,甚至波及马克思主义哲学研究领域。[1]海德格尔之名首先意味着本体论的复兴。他穷本究源的"存在之问"终结了关于唯心唯物(黑格尔-马克思脉络)、主体客体(康德脉络)的一切套话,逼迫中国哲学从头(也就是从古希腊)追究本体论的全部历史,逐渐明白源于连系动词的 ontology 与中文之存有、本体的基本差别。[2]虽然这个差别的意义尚未被中国哲学界充分估计,但与西方哲学中国化之第二阶段相比,可以说本体论之问题自觉终于重新登场了。

以海德格尔哲学为新基点,产生了当代中国西方哲学研究的三条道路,一是向前进入法国哲学乃至后现代哲学的研究(德里达、福柯、列维纳斯、梅洛-庞第等的研究)。这条道路是接着现象学的诸多母题思考的。二是沿着海德格尔的弟子辈进行研究,例如伽达默尔、列奥·施

---

[1] 在此问题意识下,又可参见俞宣孟,《本体论研究》,上海人民出版社,1999。钱广华,《近现代西方本体论学说之流变》,安徽大学出版社,2001。吴晓明、俞吾金、王德峰等代表了马克思主义哲学研究中的本体论取向。取道西方哲学或西方马克思主义对一般意义的马克思主义进行更深入研究的,或从马克思主义出发对西方哲学做出回应的,还有孙正聿、陈学明、童世骏、张一兵、王南湜等。

[2] 参见宋继杰编,《Being 与西方哲学传统》,河北大学出版社,2002。是与存在(或存有)之争论从海德格尔研究界开始,逐渐拓展到古希腊哲学乃至整个西方哲学研究。王路、熊林(较早则有陈康、俞宣孟等)对以"是"译 Being 的一贯主张值得注意。但最有意义的是用中文对译 Being 之困难这一基本事实。

特劳斯以及汉娜·阿伦特。[1]这条道路则逐渐偏离了现象学及本体论，将研究领域推进到了诠释学特别是政治哲学。三是沿着海德格尔及其弟子返回古希腊哲学。这里同样有本体论与政治哲学之双重关怀。除老一代古希腊哲学的集大成式贡献之外[2]，年轻一代对柏拉图与亚里士多德的热情也令人印象深刻。同样值得注意的是，包括黑格尔研究在内的德国古典哲学研究亦不无复兴之势。[3]

无论哪一条道路，无论取道本体论还是政治哲学，无论基本倾向有多大差异，西方哲学中国化之第三期的基本出发点是"现代"。现代观与中国"近代"哲学中的"历史观"及"革命观"具有同等的地位与相应的内容。[4]本体论则相当于"天道观"。正如历史观不能脱离天道观那样，哲学之现代观也不能脱离本体论，哪怕本体论看起来有多么迂远。但从本体论开出现代观或新的历史观，需要更艰难的工作。这需要某种体用融贯的总体性哲学。海德格尔哲学有助于重新深入本体（"体"），也有助于思索历史之"用"，但并未也不可能给出具体的总体性。

---

[1] 甘阳、刘小枫等通过著述特别是博雅教育开创了经典诠释的新传统，这是后海德格尔哲学道路中最值得注意的一条。
[2] 汪子嵩、陈村富、范明生、姚介厚等的四卷本《希腊哲学史》可以追溯到第二期之研究，特别是接续了陈康与严群的学脉。
[3] 参见张世英、梁志学、杨祖陶、先刚、邓安庆等对黑格尔、谢林、费希特等的新译介。这与贺麟、王玖兴、王太庆等先生在第二时期的译介活动既有连续性，也有重要的推进。
[4] 参见冯契，《中国近代哲学的革命进程》，上海人民出版社，1989，页12。

黑格尔以及正统的马克思主义哲学都是体用融贯的总体性之学。围绕中心、建立整体性，这也是西方哲学中国化第二个历史时期的特点。而在第三历史时期研究者所注重的黑格尔之后的哲学中，那种至大无外的总体性倾向已一去不复返。同时，正统的马克思主义哲学支配一切学科的总体权威实际上也已经削弱。此时无论在中国还是在西方，哲学陷入的局面是大致相同的，即体用分离、道器殊绝。一方面，道体之学彰显，另一方面，器用之学猛进。如果说19世纪哲学还能勉强收拾住19世纪的科学，那么20世纪的自然科学与社会科学已非20世纪哲学所能笼罩，哲学已无法像19世纪那样作为太上科学、科学的科学来统领诸科学了。哲学不再是科学，也不再可能是科学的哲学（scientific philosophy），哪怕仍有人试图这样做。但哲学如不再是科学，那它应该是什么样的呢？体用隔绝对哲学的考验是巨大的。西方哲学对此有各种各样的回应，对科学技术批判的哲学固然是一种回应，认同科学、运用科学、侍奉科学的哲学也是一种回应。用中国传统术语说，前者达体而绝用，后者立用而失体。但在这个时期的中国，在西方哲学的研究中，对此的回应非常有特点。这就是在哲学的本体层面尽力思考"用"，并且特别注重能够有助于此的西方哲学资源。这是中国思想传统中"体用不二、即用见体"的强大加持力量所致，尽管研究者对此几乎没有自觉。

在"体"的层面思考"用"、容纳"用"，这不是器用之学,仍是道体之学;不是科学,仍是哲学,无非不直接从"体",而是从"用"入手进入哲学原理。对此可以举一个意味深长的例子。这个时期西方哲学研究最早的杰出人物李泽厚先生明确重提体用问题,强调中国文化之"实用理性",将此与"实践理性"区别开来。而他之后的思想努力,从工具本体到情本体等,都试图由"用"及"体"。同样在这个历史时期,在黑格尔之后的各哲学流派中,在中国得到异常关注和充分研究的是现象学运动与实用主义传统。[1]中国人远比德国人重视胡塞尔,也远比美国人重视杜威。这不是偶然的,而是一个哲学史事件。在对现象学和实用主义看似相互平行的研究兴趣中,透露着同一个思想旨趣:即用见体或由用及体。按照詹姆士的说明,实用主义(pragmatism)一词源于古希腊文的 pragma,与实践(practice)概念同源,意思是行动、实行。[2]无独有偶,现象学的口号叫作"面向实事本身"(zur Sache selbst)。[3]海德格尔指出,所谓实事本身,也就是希腊人说的 to pragma auto。[4]由此可见,现象学和

---

[1] 刘放桐教授作为现代西方哲学这个领域的开拓者,同时也是当代中国实用主义研究的开创者,这也许并非偶然。参见刘放桐等主编,《杜威全集》(38卷本),华东师范大学出版社,2015。
[2] 威廉·詹姆士,《实用主义》,商务印书馆,1995,页26。
[3] 参见海德格尔,《我进入现象学之路》,载孙周兴编,《海德格尔选集》,上海三联书店,1996,下册,页1285—1286。
[4] 参见海德格尔,《哲学的终结与思的任务》,载孙周兴编,《海德格尔选集》,下册,页1248。

实用主义在根本旨趣上是相通的，都可源于"实践"与实行。[1]作为译名的"实用"与"实践"之间并无李泽厚指出的鸿沟。而 pragmatism 一词，更贴切的翻译应该是"实行主义"或"行事主义"。无论在古希腊文还是中文那里，行与用并不能直接等同。中译名之所以带有原文所无的"用"，这是中国传统思想中强大的"体用论"力量之体现。正如 ousia 被翻译为"实体"，ontology 被翻译为"本体论"一样，都源于"体用论"学脉。译名虽未贴着字面，但准确表达了字面背后的精神气质。盖实用主义与现象学派的理论倾向本身，都是即用见体的。在实用主义那里，思想之意义无非就是其引发的行事[2]，换言之，抽象不可见的思想含义，被还原到了呈现的行事之中。同样，现象学的主旨，即把在哲学史中一向被定为只可思、不可见的本质、理念（eidos）还原为直接被给予的现象。[3]脱离行事之思想、脱离现象之本质，同于乌有。现象被海德格尔考证为即同于实事或曰事情[4]，亦即希腊人之 pragma。

---

[1] 实践、实事乃至实现在希腊人那里是相通的，参见亚里士多德，《形而上学》1048b20-21. *Aristoteles' Metaphysik*, Neubearbeitung der Uebesetzung von H.Bonitz, Felix Meiner, Hamburg, 1989 希德对照版，第二册，页 116—119。

[2] 参见威廉·詹姆士，前揭，同上页。

[3] 参见胡塞尔，《纯粹现象学通论》，李幼蒸译，商务印书馆，2012，页 84—85。

[4] 参见海德格尔，《存在与时间》，陈嘉映、王庆节译，生活·读书·新知三联书店，1987，页 36—40。

故现象学之"现象"与实用主义之"实用",非但其源为一,其义实亦一也。实用主义与现象学之行事或现象之内容有差异、范围有广狭,其即用见体之义则了了分明。此二学派在中国之兴盛,其深层原因,盖为克服体用断裂之时代难题,不期然暗合于体用论传统。

克服体用断裂的另一条道路则是深入器用之学,直接忽略本体问题;或用器用之学之方法,处理本体问题,或排除,或回应。这就是科学技术哲学与分析派哲学的道路。这两派在80年代之前的西方哲学研究中,基本处于边缘地位。从80年代之后直到21世纪初,亦远非显学。近年随科学技术之长足进步,人工智能、生命伦理、认知科学等问题在中国亦渐出场,科技哲学渐渐壮大。随着分析派哲学势力的不断扩充,甚至已进入欧洲大陆的哲学教席,而中国学界的留学运动正方兴未艾、全面铺开——这将是中国有史以来最大规模的留学运动——分析派哲学渐有压倒欧陆哲学,占据中心之势。这表现在,分析式的西方哲学不仅在英语国家哲学的研究中,而且也在对欧陆传统哲学的历史研究中,甚至在对中国传统哲学的研究中都成为一支越来越主流化的力量,更不必说在伦理学或政治哲学领域了。在欧美,哲学研究的基本方式正在发生文艺复兴以来最大的变化。如果说,哲学在19世纪以太上科学自居,那么自20世纪下半叶以来,尤其进入本世纪,哲学则渐有"科学的婢女"之势。这对中国的西方哲学研究乃至哲学一般的研究，绝不会毫无影响。如果说，西方哲学中国化第二期的显著特点是以西学为基源、以中学为对象的"反向格义"，那么，第三期可能即将出现"反向格义"的新形态——即以科学为基源，以哲学为对象；以分析哲学为基源，以大陆哲学为对象；以当代哲学为基源，以其外所有哲学为对象。与现象学等由用反体不同，这是以祛除本体、只认器用的方式来克服体用断裂。一旦哲学只能依附于器用之学，那么它的末日也就可以想见了。

最后，西方哲学中国化第三期最重要之趋势，是对传统中国哲学的解释与当代中国哲学的自身建设，正逐渐获得自觉，开始走出反向格义阶段。"反向格义"一说既于此时期出现，这本身就意味着中国哲学某种程度的自觉。但走出"反向格义"则远非易事。彻底摆脱西学去解释中国哲学，在现代是不可能的。在面对真正的哲学问题之前，首先就会面对"是否存在着中国哲学"，或"中国哲学应该持何法度"这样关乎"中国哲学合法性"的基本问题。事情不在于要还是不要西方哲学，而在于如何在整体上判摄西方哲学、如何辨析西方哲学之内的不同传统、如何理解西方哲学的基本问题。所以，走出"反向格义"的道路主道不是一蹴而就的，走出"唯心唯物"的框架，只是走出了"反向格义"的一种形态，而非彻底走出"反向格义"。完全走出"反向格义"，需要的恰恰是更全面、更中肯地了解和判断西方哲学。而这首先必然意味着自觉地用中国学术去解释西方哲学。换言之,需要某种"反反向格义"或"交互格义"。在西方哲学中国化的第三时期,这项工作正缓慢但有效地展开。但仍需要检讨、总结与更自觉地推进。

新时期以来的中国哲学研究,可以说基本摆脱了唯心唯物的解说框架,但这并不意味着对西方哲学的排斥。恰恰相反,正是这个时期对西方哲学更深入的研究、更全面的了解,使人能够以更开阔的背景与更贴切的态度进入传统中国哲学的解释和当代中国哲学的建设。换言之,这个时期的中国哲学研究,非但没有脱离西方哲学之中国化,而且本身就是西方哲学中国化的最好表征。如果说,第二时期的中国哲学研究之基本框架,囿于某种不无流俗的黑格尔-马克思传统的话,那么第三期的中国哲学解释,则自觉地逾越或偏离黑格尔主义术语。顺着这个时期西方哲学研究的几个重心,基本就能找到这个时期中国哲学解释的原初框架。按照时间线索,第三期西方哲学研究的学派重心首先是康德。这是以一种不突破"近代唯心论"的方式突破黑格尔。然后突破康德以转移重心。西方哲学研究者突破康德的方式是沿着德国哲学自身的途径,起初是短暂的新康德主义时期[1],然后过渡到现象学尤其是海德格尔时代。之后进入后海德格尔时期。

---

[1] 参见恩斯特·卡西尔《人论》,甘阳译,上海译文出版社,1985。

西方哲学研究的重心转移与中国哲学研究的典范转移有明显的相应之处。以康德哲学,或李泽厚与牟宗三的康德解释为基本框架所引导的中国哲学史研究,占据了这个时期新兴著作的相当比例。牟宗三本人的一系列著作是这个典范最好的展示。到现在为止,中国哲学史学界的许多年轻人仍对牟的著作情有独钟。

以康德解理学有合榫处,也有大抵牾处。以康德解中国哲学中的其他流派就格格不入了。此时,西方哲学研究的其他重心就显出它们的意义。由于海德格尔亲自译解过《道德经》,更由于其思想倾向,海德格尔哲学在解释道家或非理学化的中国天道思想的工作中具有很大的启发性。[1]海德格尔对中国哲学最大的教诲不是直接运用他的学说,而是如何更源初地思"道",如何以更合乎中国思想传统的方式进入道论之域,而不再受心-物或主体-客体框架的支配。这不是说将心物、主客问题简单地搁置一旁,而是要在一个本源的问题情境中衡量它们。[2]要之,打开原初经验的完整情境是首要的,这是现象学传统为中国哲学解释做出的大贡献。[3]

海德格尔之后的哲学重心则不一而足,既有后海德格

---

[1] 参见张祥龙,《海德格尔思想与中国天道》,生活·读书·新知三联书店,1996。
[2] 参见陈来与杨国荣的阳明学研究著作。
[3] 参见《是与易——道之现象学导引》,本书页238。

尔哲学（保守主义政治哲学、以法国哲学为中心的后现代哲学，也有以古希腊哲学为中心的古典哲学运动），也有非海德格尔哲学或反海德格尔哲学传统（分析哲学及科学化的哲学）。这些为中国哲学的解释与建设提供了不同的典范选择。其中值得重视的有：第一，以一种保守主义的姿态反思启蒙甚至反思理学，而回到非哲学化的经学的儒学努力；以及从保守主义的诠释学策略出发，从整体上重新整理和解释中国传统学术。第二，从海德格尔出发，返回西方哲学基本问题的源头，同时批判地审视现代西方哲学和现代中国哲学。第三，从海德格尔或后海德格尔哲学基本问题意识（本体论或形而上学）出发，在反思西方哲学架构的同时，批判地推进现代中国哲学、构建当代中国哲学。[1]这三条道路都可算作中国哲学之后海德格尔典范，更是西方哲学中国化的最新成就。而非海德格尔式的典范，体现为用分析哲学传统，以还原论证的方式解释或构建中国哲学。[2]

后海德格尔时代也许正在到来，但海德格尔时代尚

---

[1] 参见陈来，《仁学本体论》，生活·读书·新知三联书店，2014；杨国荣，《道论》，华东师范大学出版社，2009。

[2] 既有解释，如黄勇与郁振华关于王阳明良知概念的争论；黄勇，"王阳明的良知概念：命题性知识，能力之知，抑或动力之知？"，《学术月刊》，2016年第1期，页49—66；郁振华，"再论道德的能力之知——评黄勇教授的良知诠释"，《学术月刊》，2016年第12期，页14—30。也有构建，参见赵汀阳，《天下体系》，江苏教育出版社，2005。

未真正过去。海氏思想对西方形而上学根源的彻底追究启发着中国哲学家拆除或悬置西方形而上学传统,以同样的彻底性直面道体经验,就像晚明西学初入时那样。海德格尔哲学本身也包含着接触东方思想的可贵努力。列奥·施特劳斯在论及海德格尔时指出,东西方哲学应在"至深根源"上会通[1],这绝非空穴来风。与西方哲学中国化的第二期相比,第三期已触摸到了"至深根源",也就是"存在"(sein)与"道"之差异,但其相应的展开还远远不够。正如上文所示,走出"反向格义"的重要一步是反省整个西方哲学,就其根源和统绪做整体性的判摄。迄今为止,这一步尚未进入当代中国哲学的议题。而只要这一层工作没有完成,西方哲学之中国化就远未了结。

2017 年 5 月 9 日初稿于上海
2017 年 6 月 16 日定稿于巴黎

---

[1] 参见列奥·施特劳斯,"海德格尔式存在主义导言",丁耘译,载列奥·施特劳斯,《古典政治理性主义的重生》,华夏出版社,2011。

哲学与神学的政治对照

柏拉图《会饮篇》解[1]

> "我还留着何等最后之罪呢?"……"同情!对于上等人的同情!"
>
> ——尼采《查拉图斯特拉如是说》

在柏拉图的所有对话中,《会饮篇》拥有一个独特的地位。这个地位乍看起来是由形式而非主题来的。形式教导的东西有时多于内容。在一篇苏格拉底只是参与而非全盘主导的对话中,他人言谈的重要性便被文体强调了。要窥测柏拉图的深意(nous/intention),所依赖的不仅仅是这些言谈之间的内容牵连,还在于这些不同言谈的形式关

---

[1] 本文是 2001 年夏季在一次小型学术讨论会上提交的。所引《会饮》译文出自朱光潜。文章在形式上很不严格。多年来未曾修改。现在中文学界已有不止一种对《会饮》的出色诠释了,本文就不再修改,算留个历史的见证吧。

系。在《会饮篇》中情况更是这样，因为相当一部分发言者与苏格拉底（据信便是柏拉图本人的面具）所云并不构成直接的对谈关系。他们的本意是轮流颂扬 eros，而不是陷入与苏格拉底的"问答辩证法"。在这些颂词以及偶然插入其中的若干小对话之间固然有内容上的牵连（例如对先前发言的评论，对在座者的暗指等等），但形式上的安排还是告诉了我们更多，甚至更深的东西。解读是要有"切入点"的。切入点要"正中肯綮"，而后"以无厚入有间，恢恢乎其于游刃必有余地"。《会饮篇》的切入点，首先要到结构中去寻找。

所谓会饮（Symposium）也就是"一起喝酒"，并且在一起喝酒时候"一起谈论"一个主题，颂扬 eros。于是出现了两个"一起"：酒的共同体与谈论（也就是 logos 的动词形式）eros 的共同体。酒是一种冲破界限的东西（甚至康德都看到，酒能消除人的隔阂。参看《实用人类学》。在《会饮篇》中可以看到，亚尔西巴德最后如何在酒神的力量下冲进了原来把他排除在外的欢宴），但它并不取消界限。一切共同体都是有界限的。

开篇先划定的便是喝酒的界限。苏格拉底出场时与转述者谈论了一番为"酒的共同体"划界的理由。照例先引用而后批评荷马。"逢到好人的宴会，好人不请自来"（注意宴会的主人阿伽通的名字与"好人"的字面联系）；可是在荷马笔下，仍然有不那么"好的人"参加了"好人们"的宴会。这番言论不是什么泛泛而论（柏拉图那里没有什么毫无用意的"泛泛而论"）。注意它是苏格拉底在这篇对话中的第一番言论（最后的言论是关于另一个界限，喜剧与悲剧的界限）。开头就出现了，其真正下文是在整篇对话的末尾。那时亚尔西巴德要打破这个界限，"不请自来"。这位酒宴上唯一的"政治家"亚尔西巴德，他是"好人"还是"不大好"的人呢？

在苏格拉底正式入场之前，有个小过渡。他落在别人（那个人，也就是对话的转述者，被苏格拉底强行带去赴宴的不速之客）后面，驻足不行，"沉思默想"了好一会儿，直到主人派人来邀请。苏格拉底的"请而迟来"与亚尔西巴德的不请自来，对于这个共同体而言，有什么意味吗？

入席之后，酒的共同体刚形成就改变了性质。有人说自己不胜酒力（因为前一天喝得太多，有点宿醉未醒），建议以清谈代替饮酒。众人同意。于是再次划定一个界限（言谈的，也就是 logos 的界限），将吹笛女打发走了（而当亚尔西巴德入场时，人们又听见了吹笛女的声音。这就是说，亚尔西巴德还打破了对谈的界限；甚至在话题上）。话题是斐德若的。因此就话题而言，这篇对话涉及了《斐德若篇》。并且后来苏格拉底结束自己的"颂词或其他什么"时候，是对着斐德若说的。后者是 eros 这个话题的"父亲"。

就这样，一个因为悲剧诗人作品上演而形成的"酒神共同体",就转化为关于eros的logos共同体。在后者当中,悲剧与酒神主题并未消失,而是转入了与logos、eros的微妙对峙之中。直到亚尔西巴德以酒神的形象出场赞美eros的形象或者肉身——苏格拉底为止。毫不奇怪,可以在尼采《悲剧的诞生》中看见多处暗涉《会饮篇》的场景与气氛。据说尼采"倒转了柏拉图主义",至少《悲剧的诞生》倒转了《会饮篇》。

按照提议,与会者决定轮流颂扬eros。关于这个话题的决定性赞同是苏格拉底给出的。颂词出现之前的最后的话属于苏格拉底。这番话把与会者分为几个声部。除去斐德若与厄里什马克外,有"我""阿伽通与泡塞尼阿斯"(悲剧诗人与智者)、阿里斯托芬(喜剧诗人)以及其他人。这种安排提示了:悲剧诗人与智者的言论是属于一个声部的;苏格拉底之赞同是因为他"只知道爱欲论"(erotika)。而阿里斯托芬"更"不会反对,因为他的整个时光都耗费在"酒神与爱神(这里是阿弗洛狄忒)"上了。也就是说,苏格拉底暗示自己对酒神是一无所知的(苏格拉底临终前,听见他的"灵机"告诉他说:"苏格拉底啊,从事音乐吧";并因此做了献给阿弗洛狄忒的赞歌。尼采对此事有所发挥。)那么源于作为酒神祭礼的悲剧呢?

在柏拉图的作品中,轮流颂扬这种文体是奇特的。与"问答辩证法"不同,在轮流颂扬中找不到直接的对谈关系。这是一种习见的前苏格拉底文体。颂词是关于

"神"的。关于神，问答是不得体的。颂词属于政治神学的 logos，问答属于政治哲学的 logos。认识到这点并不困难。问题是，这里柏拉图本人何以给出这许多 logos（神学的、前苏格拉底的自然哲学的、苏格拉底的）？何以把苏格拉底的话淹没或隐藏在众人的颂词之中？柏拉图何以长篇大论、几乎全面（苏格拉底之外的颂词作者依次有修辞学者、智者、医师、喜剧诗人、悲剧诗人与未来的政治家）地给出那些非苏格拉底的言论？他怎样安排他们的颂词顺序？这个安排透露了什么深意？如何理解嵌在这个安排中的苏格拉底言论？也就是，如何理解它的位置、文体与内容？在苏格拉底的似乎是总结性的 erosology（这个生造的词指关于 eros 的 logos）之后，为什么安排亚尔西巴德"不请自来"的颂词？这些问题，是《会饮篇》的独特结构所带来的众多切入点。

言谈共同体的声部分析：结构与主题

众人决定就 eros 给出各自的 logos（关于 eros 的 logos 这个提法见《斐德若篇》）以后，柏拉图安排了一系列颂词。按实际顺序，发言者依次是：斐德若、泡塞尼阿斯、厄里什马克、阿里斯托芬、阿伽通、苏格拉底、亚尔西巴德。关于这个顺序，可以注意的是：厄里什马克与阿里斯托芬的位置是临时对调的。亚尔西巴德是不请自来、在预料之外的。阿伽通做颂词前后，均插有苏格拉底与阿伽通的对话（第一次关于是否应该欺骗大众与少数聪明人的问题；另一次则关于 eros 究竟是否有神性的问题）。苏格拉底的"颂词"实际上仍然是对话体。借此引入了一个不在场的发言者第俄提玛。亚尔西巴德的到场恢复了酒神共同体。整篇对话结束在转述者的醉眼朦胧中。他依稀记得，苏格拉底与悲剧诗人与喜剧诗人仍然在辩论：是否有人可以同时兼善这两种诗艺。

声部很多。"多"对于柏拉图是不陌生的。他深谙毕达哥拉斯的数术。如果用数恰当安排，"多"就可以成为有秩序（cosmos）的"一"。这是宇宙 logos 的秘密，也是"文章"（logos）的秘密。《会饮篇》的言谈共同体出现的若干个声部是：斐德若，一；"泡塞尼阿斯与阿伽通"，二；厄里什马克，三；阿里斯托芬，四；苏格拉底，五；第俄提玛，不在场的六；亚尔西巴德，七。

毕达哥拉斯派的数是有神秘含义的。也就是说，它是有内容暗示的形式。在数的含义中，结构与主题相通了。按照毕达哥拉斯派的数论，第五级生命是神人之间的精灵，第七是雅典娜，第八是友谊或爱情，等等。

城邦的理由：eros 的政治神学

苏格拉底之前的颂词大体都是从自然（physis）、礼法

(nomos)、城邦三者谈论 eros 的。从苏格拉底的言谈表现看（在引述第俄提玛之前，他只有两次进行了特有的"问答辩证法"，而对方都是阿伽通），他的颂词对阿伽通（悲剧诗人）与泡塞尼阿斯（智者）有特别的针对意义。这两个人属于同一个声部，文中有两处暗示。更重要的理由也许是，比起其他人，他们代表的更是雅典的主流意见；或者竟可以说，他们表述的就是城邦的理由。此二人一为悲剧诗人，一为智者派演说家。都是在剧场中左右大众意见的人。（参看苏格拉底关于是否应该欺瞒"大众"与"一部分聪明人"的问题与阿伽通的被打断的问答；被打断意味着，也许可以在别处发现下文。又可参见《法篇》中关于"剧场政制"的讨论）。他们是雅典民主政制的代言者（其他的与会者中，阿里斯托芬是民主政制的讽刺者；亚尔西巴德是在其中投机的寡头分子）。二人立论各有偏重而无实质的不同，无非前者从关于 eros 的 nomos、从城邦的角度（这种 nomos 有利于"公民团结"）说得多些；后者从 physis，从神学的角度说得多些。把两者的颂词联起来看，就可以明白，eros 便是雅典的友爱政治的神学根据。这个友爱政治的枢纽，是智者理解的民主制的公民教育。"高尚的友谊不能由金钱与政治地位（注意金钱与政治地位是寡头政制下的积极价值）产生"（184B）这种独特的教育方式只有一条途径，就是关于德性。"按照雅典的礼法（nomos），只剩下一条路可以让爱人光荣地接受情人……这就是为了德性"(184C)出于某种隐秘的理由,苏格拉底从不冒犯 nomos(这从他的就死便可看得非常清楚),虽然他的毕生活动其实就是动摇甚至刨除 nomos 的神学之根。这也许因为他既是公民,又是哲人?

苏格拉底的"老实话"与政治哲学的 eros

苏格拉底的言谈直接针对的是阿伽通的神学。这回倒并没有"不信城邦所信之神"(他的罪名),苏格拉底只是说,阿伽通赞美的其实并不是神,而只是个"精灵"。阿伽通颂词的结构是先说 eros 的"本性",再说其"恩惠"。苏格拉底大体也顺着这个话题结构。可是仍然坚持着他惯用的"问答辩证法"。看来对于哲人来说,文体决非无足轻重的事情。这关乎与神学、与智者的本质区别。苏格拉底不惜以退出共同体来要挟他人接受他独有的言说方式:对谈,哪怕是和一位不在场的人:

> 这种颂扬的方式倒是顶堂皇典丽的,可是当我答应跟着你们颂扬 eros 时,就不知道要用这样的方式。所以那只是我的口头应允,而非我的衷心应允。请诸位允许我告辞吧,我不能做这样的颂词,我根本不会。不过你们如果肯让我们以我自己的方式专说些老实话……那么我倒情愿来试一试。

在说这番"老实话"之前，苏格拉底先与阿伽通进行了短暂的对答，消除了 eros 的神性。"eros 既然缺乏美的东西，而善的东西同时也是美的，他也就该缺乏善的东西了。"并且极不寻常地自陈为"真理"（须知，甚至连"知识是什么"，苏格拉底也没有确定的回答。参看《泰阿泰德》）。"亲爱的阿伽通，你所不能反驳的是真理而非苏格拉底，反驳苏格拉底倒是很容易的事情。"

真理就是关于 eros 不是什么的述说；至于说 eros 是什么（也就是阿伽通所谓"本质"——tiesitin 与恩惠），那有的只是"老实话"了，以苏格拉底"自己的方式"，当然。

这番"老实话"说的是 eros 的来历、本质与功用。来历与本质，说的是 physis；"功用"（阿伽通则称之为"恩惠"），则是对 nomos 或者城邦说的。苏格拉底假托第俄提玛的这番教诲，说的是哲人的本性及其对城邦的意义。

eros 的本性是既充盈又疲乏的、介于有知与无知之间的。"因为智慧是事物中最美的，而 eros 以美为他的爱的对象，所以爱神必定是爱智慧的哲人，并且就其作为哲人而言，是介乎有知与无知之间的。"

哲人只是爱智慧，他缺乏智慧。他是贫乏的、暗弱的。他不是太阳，不是只是给予从不索取的查拉图斯特拉；他不是在西乃山上目睹火光，听从火光后的声音记下律法（nomos）的先知；也不是身体化之后降临到洞中的光;他也不是已经被灵所感,已经站在光下的目睹"异象"(vision)的使徒。他的本性中是有黑暗的。他的周围仍是黑暗。除了城邦这个洞穴,他从未到过其他任何地方。在这个洞穴中,他与那些对他好奇或憎恶的人对谈,用一个洞外的朗朗世界去惊吓他们。那个真相(eidos)大白的朗朗世界,苏格拉底可曾真的目睹?

那么,向往"智慧"似乎便是 eros 的全部本性了?苏格拉底以为已经明白了这个问题,于是急忙转向下一个,关乎"哲人的用处":"eros 的本质既然如你所说,那么他对于人类有何用处(usage)呢?"这个问题,实在是代城邦提的:既然没有智慧,要尔等哲人何用,在我们已经有了"智者"的情形下?

接过这个问题的第俄提玛其实并未终止关于 eros 之 physis 的教诲。对城邦的某种功用,正是苏格拉底的 eros 的 physis。eros 的本性,原是政治本性。

对谈中的独白,两种不朽

在"功用"名义下的进一步的教诲中,第俄提玛逐渐引导苏格拉底认识到"eros 的目的并不是美",而是凭借"在美中孕育""追求不朽"。接下来,柏拉图的文体突然发生了变化。对谈淹没在第俄提玛"十足智者式的"长篇大论的独白之中。这样的嵌入式的文体,在柏拉图的其他对话中,是比较罕见的,但总是意味深长地出现在关键之处(参见《理想国》末尾关于"灵魂转世"的神话故事体)。难道这便是苏格拉底"以自己的方式"说的"老实话"?

独白已经不是追问和质疑了。独白的政治哲学已经有了肯定(positive)的品格;换言之,已经成了神学的政治哲学。柏拉图为什么要拒绝他人颂词式的独白,而把自己教诲式的独白隐藏在对谈之中?颂词关乎悲剧诗人的旧神(酒神、爱神),教诲关乎先知的新神?那是一种什么神?至少有一点可以确定,那是一种无人知道"它是什么"的神,甚至它是否存在,也只是通过文体与一些不为人注意的极少几处暗示出来的。

这长篇教诲的线索是"不朽"。第俄提玛实际上展示了两种不朽:政治(教育城邦)的与"神学"(智慧的、神秘的)的不朽。前一种属于苏格拉底可以领会的关于eros的教诲;后一种,苏格拉底完全没有插话的资格,只能"专心静听"。他是否有福领受?不大好说。

在表面上,这两种不朽之间,除了深浅之别以外,似乎没有其他什么联系。但是,从柏拉图为前一种不朽所举的例子可以发现他的深意。他关心的是立法者与诗人的作品。这些作品据说是"对爱人进行教育"也就是生殖的产物。诗的例子先前已经出现了一次,第俄提玛在那里的意思是,eros与poesis(诗、创制)都是广义的说法。实际上,"生殖"就是"创制"。政治(教育)的不朽的意图,就是立法。后一种不朽乃是为了给前一种一个"神学"根据。创制者的立法能力(他的生殖力)的正当性(正当性先于合法性)来源于智慧,也就是对"美的本体"的观照。为了把立法的德性奠基在知识的德性("真实的德性")之上,柏拉图必须宣扬后一种不朽。无论那神是什么,他是存在的,能应答的。"只有这样生育真实的德性的人才能赢得神爱(theophilei),如果凡人能够不朽,也只有像他这样才能不朽。"(212A)对于肯定的政治哲学来说,关于应答的教诲不是无足轻重的,即使它是"显白"的。这也是要拿 eros 说事(立法及其"神学"根据)的缘由。因为应答是 eros 或 philei 的题中应有之义。没有应答,就无哲学可言:"如果没有从智慧得到爱的回答,就不是爱智慧的人了。"(Lysis,212D)(关于苏格拉底——柏拉图的"爱智慧"中"爱"的追慕品格与前苏格拉底的"爱智慧"的"协和"的区别,参看海德格尔《什么是那——哲学?》。)那么,只要关怀立法问题,政治哲学难道便是另一种政治神学吗?苏格拉底的"神"是否为不得不有的"显白"之辞?

"老实话"的意图与危险

在一种近乎辉煌的雄辩风格中,苏格拉底的老实话结束了这个言谈共同体的全部游戏。如果整篇对话便随之结束，也符合柏拉图的常规。从气氛、道理、情节与结构上看，苏格拉底的"颂词"本就应该是终结性的了。相比若干没有什么积极结论的柏拉图对话而言，苏格拉底的这篇颂词应该能很好地满足人们寻找肯定答案的愿望。文中的苏格拉底似乎也是这样期望的：

> 这就是第俄提玛教我的一番话。我自己对它心悦诚服，我也在设法使旁人对它也心悦诚服……

问答辩证法真的就在这意在令人心悦诚服的假托独白中结束了吗？苏格拉底真的就这么卸下了喋喋不休的情人面具，不再追慕、引诱、劝告、虚情假意地赞美、温柔敦厚地讽喻他唯一真正的爱人——雅典城邦（上等人！）了吗？他终于显露了无爱情的情人（参《斐德若篇》）、比爱人更神圣的情人（参本篇）的真相了吗？他真的便是用卑微姿态立法的奇特先知吗？在情人特有的卑微["在这个世界上谦卑的，在天国便是最大的"]温顺中，隐藏着与十字架上的加利利人同样的"权力意志的狡计"吗？他只不过用一种政治神学代替了另一种吗？这只是一种与智者不同的调情风格的胜利吗？

但与会众人除了例行的赞赏之外，并无特别的"心悦诚服"的迹象。阿里斯托芬甚至试图提出疑问（其意在于把演说的高峰体验上的苏格拉底拉回问答辩证法之中)。和在别的语境中一样,只有喜剧诗人阿里斯托芬懂了苏格拉底。他正确地看到,苏格拉底顺着那辉煌独白再次上升到云端(虽然这次学了乖,假托了某位不在场的人)。他居然在悲剧诗人的欢宴上大谈什么旁人无缘得见的"美的本体"的世界。情人的面具是苏格拉底在城邦中自保的盾牌。面具本是戏剧的道具。一旦问答被其他的文体所代,调情也就结束了。等待着这位虚情假意情人(原来他爱的是"美的本体"!原来他不是在哀恳,而是在立法!被大批追慕者宠坏了的雅典人能容忍一个以情人面目出现的人为他们立法吗?)的将是城邦旧神的怒火(参看阿里斯托芬《云》)。雅典的民主政制是建立在政治家们(情人)对人民(爱人)的谦卑爱慕(以比旁人更多的"爱情"来劝诱人民选择自己。"我们爱人民!")上的。人民很满意被追求宠爱的感觉(人民当然觉得自己是强大的、主动的甚至有"主权"的。也是至少潜在地有德性的。而"女子无才德可称"。因此人民的政治性别不是女性。这就是民主政制的 eros 象征必然是希腊男风的缘由),人民还觉得,他们是为了增进自己德性(arete)的缘故接受被智者们训练得非常善于调情(诚恳并力陈自己有德性)的政治家的。既然德性是可以被普遍教育(普遍教育是民主政制的基础,参看卢梭《爱米儿》)的,大家就都是贵族了。真正的民主政制(demokrtie,平民政制)也就是真正的德性政制（aristokratie，贵族政制）。eros 从来是有政治本性（physis）的。泡塞尼阿斯——阿伽通（智者——欧里庇得斯式的悲剧诗人）的 eros 是民主友爱政制的神学根基。谁想在民主的 eros 外教诲一个"城邦不信之神"，就必须把这个意图掩藏在阿里斯托芬式的戏谑之下。如果特立独行，产生危险的魅力（这个魅力是希腊男风的悖论式结果——无爱情的情人的魅力；也就是说，反自由民主的 logos 的魅力是自由民主政制的悖论式结果——在自由民主多声部中的神法声音的魅力），且在高处对城邦滔滔不绝，那就难免旧神的祭火了。

醉者的"真话"：苏格拉底为什么要隐藏他的教诲？

关于 eros 的言谈共同体就要结束了。这是一个毫无共识、只有诸神（eros）的"世界观之争"的共同体，在最后的那个声部中，甚至好像连通常的神都没有。"不请自来"的亚尔西巴德结束了这个难以为继的尴尬局面。他模仿狄奥尼索斯的打扮使得他像是酒神的祭司。事实上他确实以酒神的权力恢复了酒的共同体：

> 朋友们，我看你们都还很清醒。这不行，你们得喝酒，你们知道，这是大家原来约定的事。现在我选我自己来做主席，一直到你们喝够了再说。

与尼采所揭示的有所不同，看来这是个作为喜剧形象的酒神祭司。在别人的提醒下，他终于明白这还是一个言谈共同体。加入这后一个共同体的条件是，必须颂扬什么人。亚尔西巴德，这个只会说真话的人，（"'酒说真话'，是否要连'孩子们'在一起都没多大关系"，注意亚尔西巴德那时非常年轻）坚持要颂扬苏格拉底，颂扬苏格拉底的 logos 对个人（而非像智者或人民领袖那样对大众）的巨大力量，颂扬苏格拉底作为无爱情的情人的奇特魅力，颂扬苏格拉底向他隐藏教诲时表现出来的惊人克制。亚尔西巴德的圈套是：

> "希望可以用我的恩情去换取他的教诲，把他所知道的全都教给我。"

但苏格拉底逃脱了。他并没有"教诲""他所知道的一切"。其缘由，天真的亚尔西巴德以为是一种前苏格拉底的传统美德——克制（sophrosyne）。他虽然在"真话"中照录了苏格拉底的话，看来却没有理解：

> 但是，亲爱的朋友，你也许看错了，我也许毫无价值。到了肉眼开始朦胧的时候，心眼才尖锐起来，你离那个时节还远着呢。

苏格拉底确实是在克制，但所克制的不是情欲，而是全盘"说真话"的冲动。必须注意的是,亚尔西巴德是《会饮篇》中唯一以政治为业的人。并且他确实发现苏格拉底"有一种力量能使自己变得更好(better)",因而被苏格拉底认为"倒还真不太愚笨"。那么苏格拉底何以没有什么肯定性的教诲呢?要回答这个问题,必须诉诸亚尔西巴德的自然等级。就社会等级看,亚尔西巴德可谓优秀。门第高(他是伯里克利的养子),聪明过人,并且早立军功。尤其难得的是对苏格拉底的衷心崇拜。在民主政制下得到如此优秀的寡头分子,难道不是苏格拉底的 eros 式对谈的"效用"吗?他难道不希望凭借教育使美好心灵受孕,达到上文所谓第一种不朽吗?苏格拉底对这位无疑有着远大政治前途的人说道:

> 你的算盘打得很好,很占了我一些便宜,因为你拿出的是外表美,要换得的是实在美,这真是所谓"以铜换金"。

铜与金是柏拉图关于自然等级的著名比方(参看柏拉图《理想国》第三卷)。怎么,亚尔西巴德不是个"上等人"吗?在自然等级上居然只是铜种吗?他处在苏格拉底的魅惑控制之下,"从来奴隶受主人的支配还不至于像我这样"。在自然等级上,可怜的亚尔西巴德只是个奴隶而已。在他对苏格拉底的颂扬的结尾,亚尔西巴德还提到了卡尔米德斯等等都有与他类似的遭遇。卡尔米德斯何许人也？柏拉图的母舅，著名的寡头分子，三十僭主时期的政治家。

亚尔西巴德的这番真话，说的是苏格拉底对寡头分子的态度。这些人也是民主政制的批评者。他们对苏格拉底和现存的雅典民主政制来说，都是"不请自来"的人。他们诚然也对现存的城邦之神心怀不满，可他们身后的是一个更为古老的神祇：狄奥尼索斯；在与之有关的悲剧式生活态度上，他们属于前欧里庇得斯的传统，与阿伽通的民主式悲剧艺术隔着一道鸿沟（尼采在《悲剧的诞生》中，对欧里庇得斯大加挞伐。这与他对民主政制的批判是一致的）。

民主分子对苏格拉底是心怀不满的（审讯、处死他的都是民主分子）。来亲近苏格拉底的多是像亚尔西巴德、卡尔米德斯那样的旧贵族（在民主政制下他们就是寡头分子）。事实上，苏格拉底的更重要的教诲对象就是他们。"德性便是知识"主要是说给这些自认为天生便有德性的人听的（注意"德性"与"贵族政制"的字面联系）。对这些"不请自来"、试图以高贵的门第"以铜换金"的家伙，苏格拉底只得隐藏哲学的秘密。

什么秘密呢？哲学的态度不是政治态度，不是在政制、主义、神学之争中进行抉择。民主政制的 eros 政治神学与更古老的、寡头政制的狄奥尼索斯政治神学，都是苏格拉底要回避的东西。也许在这里，尼采的（或者对尼采的）近代保守主义误解可以得到一点教训？

三十僭主复辟寡头政制（恢复酒神共同体）的短暂时期，为了镇压民主分子，杀人如麻。苏格拉底对那些少年时代亲近他，执政之后禁止他讲授的寡头分子说道，他所感到惊异的是，当一个牧羊人所牧之羊越来越少的时候，此人居然毫不承认自己是坏的牧人（参看色诺芬《回忆苏格拉底》）。

那么，好的牧人应该怎样呢？

也许这不是哲学的问题？

这是个理想城邦的问题？

无论如何，在《会饮篇》中，我们看见的就是个现实的城邦。在柏拉图的其他作品中，很少有这样用文体安排来直接描述城邦的做法了。苏格拉底在这个言谈共同体中的表现，就是他在现实的雅典民主政制中如何安身（或应该如何安身）的缩影。

但是，如果那个天真的亚尔西巴德还活着（他由于政治上的反复无常在三十僭主时期死于波斯；他毕生都在"冲破界限"，最远的是冲破了城邦的界限。他投降过斯巴达与波斯），想必会拉着苏格拉底问道：好的牧人究竟应该怎样呢？

《约翰福音》中的"牧羊"问题

牧羊的比方很容易让人想起圣经传统。施特劳斯在

《雅典与耶路撒冷》一文的末尾将上述苏格拉底所云与《旧约·撒母耳记》中的同样比喻做了对照，但那里也还是个坏牧人的例子。出于与施特劳斯同样的兴趣，我们可以注意《新约·约翰福音》中如下的一段话（本文所引福音书译文据《和合本圣经》以及中国天主教会版《耶路撒冷圣经》，有的地方根据《中希英逐字对照版圣经》的希腊原文做了附注）：

> 耶稣对西门彼得说："约翰的儿子西门，你爱（agapas）我比这些更深吗？"彼得说："主啊！是的；你知道我爱（philo）你。"耶稣对他说："你喂养我的小羊。"
>
> 耶稣第二次又对他说："约翰的儿子西门，你爱（agapas）我吗？"彼得说："主啊，是的；你知道我爱（philo）你。"耶稣说："你牧养我的羊。"
>
> 第三次对他说："约翰的儿子彼得，你爱（phileis）我吗？"彼得因为耶稣第三次对他说："你爱（phileis）我吗？"就忧愁，对耶稣说："主啊！你是无所不知的，你知道我爱（philo）你。"耶稣说："你喂养我的羊。"（约翰福音 21：15—17）（《和合本圣经》没有标明 agapas 与 philo 的区别；《耶路撒冷版圣经》前二次彼得回答均是 agapo。）

这段对话，出自《约翰福音》的《附录》（这个部分不见于对观福音）。第四福音书作者如此书写，用意何在？我们来看一看上下文。这个极短《附录》的主要内容只有三部分：按标题一曰"耶稣向七个门徒显现"；二曰"耶稣与彼得"（就是上文所引）；三曰"耶稣与他所爱的门徒"。这个门徒（约翰），据说便是第四福音的作者。附录第三部分，彼得探问约翰的命运，耶稣回答说："如果我希望[wish]他留着[remain]直到我来，与你何干？"（同上，21：23。此间译文有改动。）

从这个附录看，第四福音的意思是说，彼得与约翰是最重要的两个门徒。而这两个门徒对基督的领会与基督对他们的安排是有差别的。约翰又被称为这部福音的作者，那么上述耶稣与彼得的对话写的似乎是约翰那派对彼得的微词。历史中的彼得是所谓犹太基督徒的首领、大众基督徒（羊）的牧人。第四福音开篇就说，律法（nomos）是从摩西来的；恩典与真理（aletheia）是从耶稣来的。实际上犹太基督徒自认是犹太教的一个小派（此派另一首领雅各甚至是犹太教与基督教共同的圣徒），他们把耶稣说的"成全律法"的话做了实在的理解、死守犹太律法（彼得甚至拒绝未受割礼者入教；保罗就此开导过他）。在约翰那派以及保罗看来，成全律法的并非律法，而是真理。真理仅向属灵（peneuma）者敞开（第四福音中耶稣大谈另一个保惠师——"圣灵"的即将来临。圣灵岂能登山训众、以五饼二鱼使众人皆饱？大众目睹圣子神迹；圣灵能有多少人有福得见？）看来彼得只能领会律法，不能领会真理。耶稣所问为 agape，回答都是 philei。耶稣有什么必要和他的犹太同胞用希腊语说话？彼得这个希伯来渔夫怎么会懂希腊话的微妙区别（连保罗这个有教养的犹太人说起希腊话来还让罗马士兵感到吃惊。见《使徒行传》21：37）？这些都是福音书作者的有意安排，为了表明彼得根本不懂或干脆拒绝 agape 的真理。与此对照，处处突出约翰与 agape 的联系。这些都不难理解。问题是，既然彼得这石头（"我要把我的教会立在这块磐石上"）如此冥顽不灵，基督问东他偏答西，何以还要安排他去"牧羊"？

基督问 agape，彼得偏偏回答 philei。这比不假思索问啥答啥要困难。这样地坚持选择 philei，是彼得明白 agape 乃是显白的道理（logos）。agape 就是上文《会饮篇》所谓神爱（theophilei），有了 agape，牧羊就有了神学的根基。但做一个好牧人，philei 就足够了。根基不如"石头"。石头在地上。根基却是天上的。至于说 agape 的道理是什么？懂得 agape 的人的命运如何？一个牧人提出这些问题，基督的回答是"这与你有何相干呢？"

亚尔西巴德是政治家，也就是牧人（参见上文所引苏格拉底对寡头政制的批评）。一个政治家想套出苏格拉底的"所知道的所有东西"，这便越出了他自然等级的本分。苏格拉底的回答其实是："这与你有何相干呢？"

苏格拉底有他的神吗？没有神他便不能立法、不能牧羊吗？政治神学是政治哲学的姿态吗？"到了肉眼朦胧的时候，心眼才尖锐起来"，现在是回答这个问题的"时节"吗？

对于耶稣和苏格拉底来说，城邦或者世界都是洞穴。苏格拉底是试图走出黑暗目睹光明的人或者精灵。耶稣则是来到洞穴中的光明。但何以目睹他的彼得也不能领会神学真理而只知道政治的微言呢？约翰领会了光明与logos的真谛，那耶稣何以不让他去牧羊，只把母亲托付给他呢？看来真理是光，它照耀着律法。但是光并非被照耀的东西。目睹光本身并不是政治。但立法要求目睹被照耀着的原型。用我们熟知的话说，哲学与政治的这个差别，属于"存在论差别"。

是与易[1]

道之现象学导引

《存在与时间》问世已经整整八十年了。它的中文初版距今正好也有二十个年头。在这个历史性的时刻，中文学术界重新研讨这部几乎仍对当下的哲思起着决定性作用的伟大作品，是对八十年前那个精神事件的最好纪念与回应。

《存在与时间》差不多被公认为20世纪最伟大的哲学著作之一。但这并不妨碍我们细心地追随、追问乃至追究之。对著作的追问追究或者是对作者最忠实的追随。《存在与时间》虽是海德格尔最出名的作品，却并非他最究竟

---

[1] 为纪念《存在与时间》出版八十周年而作。本文前半部分初稿曾在香港中文大学2007年5月举行的"诠释现象学及其蜕变：海德格尔《存在与时间》出版八十周年学术会议"上宣读过。全文在复旦大学思想史研究中心2007年春季学期的学术交流会上宣读过。一些师友，尤其是香港中大的特约审稿者提了若干中肯的意见，笔者据此做了一些修订。特此致谢。但有的意见，所涉者大，超出此文处理范围，只能留待他时了。

的作品。他自此书发表之后进行了一系列的探索。它们在"转向"上的一致性也无从掩盖这样一个事实:围绕这个主轴"拓扑学"式旋转的面相是复杂的。《存在与时间》之后的诸"路标"并不标志着唯一道路的前后迢递,也不仅意味着从不同方向指向同一圆心的、简单的"殊途同归",倒是展示了诸道路之间的分叉、疏离、呼应、缠绕与交汇——虽然其间不乏复调对位的意趣("赋格"只是这些对位手法中比较引人注意的一种)。

无论如何,即使这些道路构成了一幅迷宫般的图景,这个迷宫的入口还是确定的。作为海德格尔早期思想道路的唯一交汇点,发展出后期复杂路网格局的正是《存在与时间》所包含的不同动机。在这部著作中仿佛以"体系"的方式得到暂时安顿的那些动机,突破了"基础存在论"结构赋予它们的彼此关联,从一种建筑式的"力学关系"进入了音乐式的"乐章关系",这就是前后期思想风格的转变。就复调式思想动机而言,几乎不存在衡量这些复杂变化的唯一尺度。最合适的做法也许是,在海氏后期著作那些反复出现的动机——这些动机在《哲学的奉献集萃》[1]中的那些"乐章"中都可以找到——选择一个,沿着这个动机的发展走到尽头。在这样一个追随过

---

[1] Heidegger, *Beiträge zur Philosophie-Vom Ereignis*, GA65, Vittrio Klostermann, FaM, 1989.

程中，某个动机会自然呈现出与其他诸动机的对应与缠绕关系。无论我们从真、后物理学[1]、语言、艺术品、时间、此在、自由或哲学史中某概念等动机中的哪一个出发，最后都能达到一个可以将所有这些动机都组织在内的"境域"或者说"境地"。存在/存有（Sein/Seyn）或者发生（Ereignis）在其中向我们涌-现的境域，这就是海德格尔的一切写作言说所引向的地方，就是他试图教会我们领受、赞叹的地方。

但我们如何确定那个引导性动机？这种选择是随意的吗？我们开启随便一扇（法）门都能穿越迷宫、登堂入室吗？回答这个问题的钥匙藏在《存在与时间》的命运之中。更确切地说，《存在与时间》之后的海德格尔如何检讨这部著作，如何以不同的方式拆除这座——固然是未完成的——宫殿，而把那些片断点化为归属另一个"整体"的各种彼此缠绕的主题与动机，这些做法是我们确定路途的指针。

二十年前，任务是进入并勘察《存在与时间》。二十年后，任务倒是看人如何拆掉《存在与时间》？拆掉不是毁掉，看人拆掉也并非"看他楼塌了"。会造的人才会拆。不管怎么说，《存在与时间》已经"过去了"。也许，这才

---

[1] 兹将 Metaphysik 依其原义译为"后物理学"，下同。以与出自易传之"形而上"区别。关于后者的诠释，参见本文第四部分。

符合纪念一词的真意。

有鉴于此,本文即尝试从海德格尔对《存在与时间》的检讨出发,以对照互文还原问题语境的方法,将海德格尔的运思推进到一个原初现象情境之中。本文希望,这个通过还原原初现象整体呈现的基本问题情境,能为在中国传统思想的本源境地中衡量海氏的思想贡献,并通过这种衡量进一步发明这个境地,勾勒出最初的努力方向。

一 探本与破本:《存在与时间》之后

1935年,海德格尔在一次通信里明白指出:

> 这些文稿顺带增加了一个封面,标题是《〈存在与时间〉批判》。我慢慢理解了这本书,现在我更清楚地把握了它的问题;我看到此书充斥着大的粗疏……只有现在才可能再一次更本源得多地提出相同的问题,并且更自由得多地摆脱一切同时代人以及学者学生。[1]

1942年他更是直言:"《存在与时间》是一个失败。"[2]

---

[1] 给 Elisabeth Blochmann 的信。转引自 Guenter Figal, *Martin Heidegger zur Einfuehrung*, Hamburg, 1992, S48。
[2] 参见同上书,S48。

如所引比较诚实地表达了海氏的想法，则其所谓"失败"，当然是就《存在与时间》的计划本身而言，而非表示此书并未完成这样的计划。[1]不妨略带夸张地说，《存在与时间》之后的所有运思活动，都是对《存在与时间》的"批判"。这种批判的精义，正在于所谓"更本源得多地再次提出相同的问题"。既然这种"本源得多"的活动同时意味着"更自由得多地摆脱一切同时代人"等等，那么对问题提法的深入也就呈现了明显的历史之维。

为这通私人信件的内容——当然也为我们的以上解释——提供明确注脚的是短小周密的《哲学之限与思的任务》（下文简称《哲思》）一文。[2]此文于篇首小引便近乎精准地回应了上述通信中的主张：

> 自 1930 年以来，我一再尝试更本源地构成《存在与时间》的主题，而这意味着，要对《存在与时间》的出发点作一种内在的批判。……所以，《存在与时间》这个任务的标题也将改变了。我们问：

---

[1] Figal 的论述至少使人有这样的误解，似乎这个失败仅指《存在与时间》并未按计划完成。参见给 Elisabeth Blochmann 的信。转引自 Guenter Figal, *Martin Heidegger zur Einfuehrung*, Hamburg, 1992, S48f.。

[2] 载于 Martin Heidegger, *Zur Sache des Denkens*, Tuebingen, 1976。中译载《面向思的事情》（下文简称 SD），商务印书馆，1996。为便于读者查考，所引海氏著作凡有中译本者，皆注中译本页码。译文都由笔者核对原文（版本在首出处注出）。通行译文中若干地方径直做了改动，除了必须特别提出讨论的以外，不再一一注明。

一、哲学如何在现时代进入其大限了？二、哲学大限之际为思留下了何种任务？[1]

这就是说，所谓"更本源得多地"提出《存在与时间》的问题，无非意味着回到哲学之"限"[2]，回到哲学开端所聚集的一切可能性，特别是"最极端的可能性"，展示"任务"不得不突破"哲学之限"而留给"思"的命定之理。对哲学史的解释，或更确切地说对"存在论史"的"解构"——亦即展示、追究并且突破哲学本身的可能性——是内在于"思"之事情之自我构成的。[3]对"哲学之限"的考察看起来是"哲学史"上追根溯源的通常工作，就其真义而言，则是为"思"之"起兴飞跃"（Sprung。形而上！）提供可据以跃起的跳板。

在《哲学之限与思之任务》的正文开篇，作者即摆出了哲学之基本任务：

---

[1] SD, S58.
[2] Ende 一词译"终结"不妥。此词多义，虽有此义，但据海氏文中解释说，Ende 之义与位置（ort）同，"从这个 Ende 到那个 Ende"即从一位置到另一位置。例如一线段始终两点都是 Ende。此词即亚里士多德讨论之 peras，参见亚里士多德，《后物理学》，卷五，章十七。此书通行德文本将此词译为 Grenze。参见 *Aristoteles' Metaphysik*, Neubearbeitung der Uebersetzung von Hermann Boniz, Hamburg, 1989, S79。
[3] 从后期思想的准衡来看，《存在与时间》中唯一可以通向"思之事情"的道路就是对存在论学说史的解构。参见 SD, S10, 并《存在与时间》第 6 节。

是与易

哲学即后物理学。后物理学着眼于存在，着眼于存在者在存在中的共属一体来思整全中的存在者——世界、人与上帝。后物理学以建基着行表象的方式来思存在者之为存在者（Die Metaphysik denkt das Seiende als Seiende in der Weise des begruendenden Vorstellens）。……作为根据，存在将存在者带入其当下在场。根据将自己显示为在场性（Anwesenheit）。在场性之当前（Gegenwart）乃在于：当前造就了在场性中的各以其方式的［引者按：或可译为"各从其类的"］在场者。按照在场性之纹理（Gepräge），根据遂具有［按照根基］建立这个特性（den Charakter des Gruendens）……后物理学思想——它是为存在者求根据的（das dem Seienden den Grund ergruendet）——的特点在于，后物理学从在场者出发去表象在其在场性中的在场者，并因而由其根据而来将之表述为在根据上被建立起来的［引者按：或译为"有根据的"］在场者。[1]

这些文字精到而周密，涵摄了海德格尔解构存在论史的基本纲领[2]——这就是追究那个求根据、求本根的势

---

[1] SD, S58f.
[2] 我们在引文中略去了海氏对从柏拉图到尼采的后物理学史的各自点评。但即使不涉及具体历史内容，在这段概括中他还是无法绕开亚里士多德与柏拉图。

用或者说机制。海氏在这里有意连续运用了几个以 Grund 为词根的词语以强调这种机制。思考"存在者之为存在者"本来就是发源于亚里士多德"第一哲学"之"后物理学传统"的首要任务。[1] 后物理学的基本特征不在于为自己提出这个任务,而在以求本根的机制解决这个任务。即使某种"后-后物理学"的思之风格亦是从"存在让存在者在场"这个基本"真-象"出发的。要害在于将"存在"领会为根据(Grund),并进一步在这个根据(也就是基础)上建立(Gruenden)起存在者整体。而"本真地思存在要求让作为存在者根据的存在走开……"[2] 长期以来,海德格尔的工作无非就是以不同方案探索如何破掉这个把存在领会为存在者之根据的求本根机制。结集在《走向思之事情》中的两篇主要文章(《哲学之限与思之任务》以及《时间与存在》)即展示了两条彼此扭结、互有呼应的"破-立"之路。

求本根机制是在柏拉图以降的古希腊哲学那里成熟的。但从海德格尔对后物理学的提法,以及他对柏拉图哲学的反复考量[3],这个机制的主要特点应当在亚里士多德

---

[1] 作为存在者之存在者。后物理学卷四章一,1003a24。后物理学此书仅自述为"第一哲学"早期海在基本问题中的另外阐述。
[2] 见《时间与存在》,SD,S6。
[3] 海德格尔如何在柏拉图与赫拉克里特-巴门尼德之间犹豫以厘定"去-蔽"意义上的真,请特别参看本文第二部分。

那里找到更充分的证据——虽然上文所引"按照在场性之纹理（Gepräge）"云云亦已暗指柏拉图"相论"。[1]亚里士多德在《后物理学》第四卷开首提出"实是之为实是"（to on hei on /das Seiende als Seiende/Being qua Being）的最高问题之后[2]，即在第七卷第一章末将此问题转为何谓"本体"（ousia/Wesen/substance）的问题。[3]用上文所引海氏的话说，到了这一章末，才决定以"建基着行表象的方式"去思考第四卷所提的"存在者之为存在者"问题。这就是说，整个第七卷第一章就以最权威的方式决定性地建立了求本根势用——《后物理学》一书乃至后物理学全部历史对于 ousia 的反复考量追寻，都被此章的义理所决定。我们还是来看文本：

> ['是'的其他涵义]没有一件自在地持存，或是能够脱离本体。……行走者、安坐者、健康者属于存在者。后者之所以显示为更是存在着的，乃是由于它的基底是某种特定的东西——也就是本体与这个——

---

[1] 参见 Martin Heidegger, *die Grundprobleme der Phänomenologie*, GA 24, Frankfurt am Main, 1975, S149。
[2] 《后物理学》诸卷次序固然是编者所定。但这两卷的前后关系是可以确定的。参见不同于传统的另一种编法，*Aristotle's Metaphysics*, Edited and Trans by John Warrington, London/Newyork, 1956。
[3] "所以，从古到今，大家所常质疑问难的主题，就在'何谓实是'亦即'何谓本体'。"亚里士多德，《后物理学》，1028b。兹用吴寿彭译文。

这个东西把自己显示为在陈述方式（范畴）之下的东西。……所以很明显，其他通过这个东西才是[引者按：也可译为存在]。因而第一义的存在者[引者按：也译为实是]——它就不是某种特定关系中的存在者[是者]，而是绝然的存在者——就是本体。[1]

显然，有一种"力量"驱使亚里士多德（以及在他看来的前苏格拉底哲人）去建立生生之流之下或背后（这个"之下"与"背后"也是同时建立起来的）驻留着的"自体"。当这种力量用于探究存在者之整全－宇宙时，即将存在解为最高本体——神。东方的思想或者会把这种力量称为执-着，也就是把捉为持续驻留的"着-者"。[2]"着"是某种本源的时间状态，也就是刹那起灭的生生之流（逝

---

[1] 参见亚里士多德，《后物理学》，1028a10-32。兹据 Boniz 德译本自转译。主词-基底的原则贯穿在亚氏的本体学说中，"分离性"与"这个性"是在此基础上的限制，如无此限制，则纯粹质料（物质）将成本体。亚氏说得明白，无"分离性"与"这个性"的质料乃是"最后基底"（同上书，1029a20）。被质疑的是"最后基底"而非"主词-基底"标准本身。可以看到，也是以这个标准，《范畴篇》即确定了以可感事物为第一实体。最能显示求本根机制发挥作用的应该是亚氏《论生灭》（*On Coming-to-Be and Periishing*）。从哲学史角度看，这篇论文即展示了 Sein/Being 对 Werden/Becoming，或者说"本体"对"现象"，"体"对"用"的压倒性胜利。或以佛学术语说，展示了"自性"或"常见"之建立（"断见"恰由于"常见"而可能）。
[2] 东方思想对"自体"的尊-显与破-斥，详见本文第三部分以下。这里只需指出，"自体"之确立，即东西方思想唯一的决定性分野。

者如斯夫）忽而凝滞为"暂存""同时"。对于所有的时相性（Temporalität）而言，"着"是本源。有了"着"，方有由"过去"-"未来"-"现在"三相构成的（流俗）时-间。也就是说，有了把不断流逝凝滞（凝-着！）为"时刻"的机制，才有由时刻点绵延而成的向度时间。凝着势用是绵延的本因，而绵延又先于时刻。不是时刻在绵延，因为没有持续-绵延就没有一切"时刻"。如果从生生之流的本然看，也就是说如果没有同时性，"是"就不能"是着"；而没有"是着"，则一切"是"就将无条件地等于"不是"。这就无法谈论什么"是者之为是者"（to on hei on /das Seiende als Seiende）。为了确立这个最高任务，亚里士多德必须祛除"是又不是"这个赫拉克里特的幽灵。他的祛除方式正是建立（凝滞）"同时性"。真正无须证明的第一性东西，是这个"同时性""时刻点"（"着"）而非其他。正是在这个提出最高任务的第四卷，他急忙提出了那条通常被误认为逻辑学定律的后物理学原理：

    同样属性在同一情况下不能同时属于又不属于同一主词。[1]

之所以说这是"原理"，那是由于它无法被证明，却

---

[1]《后物理学》，1005b22，吴寿彭译文，有改动。

是一切证明的前提[1];之所以这是后物理学的,那是由于,它所说的要义不过是,"同时"才是(一义性的)"存在/是"的前提。这条在第四卷就出现的原理,似乎也在支持着第七卷中求本根机制的前提。"是着"是"是者"的前提,似乎也是"第一是者"(本体)的前提。不过,这里的前-后只是随俗说的。探求本根的机制其实也就是执着留驻的机制。后者作为势用,必定运用到现象之流上。当它如此运用,也就成了求本根的机制。

我们再回顾一下上文所引海氏原话:

> 作为根据,存在将存在者带入其当下在场。根据将自己显示为在场性。在场性之当前乃在于:当前造就了在场性中的各从其类的在场者。

根据与当前的这种叠合也就是我们所谓探求本根机制与执着留驻机制的叠合。这就意味着,也可以从瓦解当前入手破斥根据。这就是海氏的整个时间论述——此间特别是《时间与存在》一文——与存在论述的呼应。

这里需要再仔细地审视一下这个求本-执着势用。[2]

---

[1]《后物理学》,1006a。
[2] 上文仅是在比喻的意义称之为"力量"。如它真是一种原本力量,那是什么力量?强力意志?强力意志论述要求从解析亚里士多德《后物理学》第9卷的潜能论开始,本文点评的海氏原作不是与之特别相宜的文本。

从"是-不是"到"是着-是者",这是一种什么功用?要破除这个机制,又要依据什么"方法",这个"方法"又将展现怎样的别种境地?以这些道路-境地看,该如何全面地估计、接续、了结海德格尔的哲-思探索?如此这些问题,本文将在第二尤其是第三部分给予比较详细的解说。此间姑从西方思想传统的古希腊哲学起源"视角",对这个求本势用及其消解略作提示。支配着海德格尔本人的,主要是这个"视角"。

从古希腊哲人的自觉来看,这个求本-执着势用是与语言的力量纠缠在一起的。那位主张流变的哲人也正是那位自觉语言的哲人。[1]从语法上看,在亚里士多德那里成熟起来的求本根势用,或正表明了主词对于谓词、名词对于动词的在先地位。用海德格尔习惯的提法,即Was对Wie的在先地位。无论亚里士多德在对本体的追寻中考虑过哪些东西(形式、质料、作为可感事物的综合具体、最后目的、最先动力、完满实现等),它们都是主词或者伪装的主词[2],因而同时也都是被名词指示的东

---

[1] 也许正是由于这个原因,柏拉图探究语言的对话《克拉底鲁》(*Kratylos*)即以这位哲人的后学命名。
[2] 吾人于"潜能/现实"与"隐德来希"之思或可容有其他解释——正如于柏拉图相说亦可有其他解释。此间盖从海氏"求根"之解。海氏此解亦未深违亚氏之说。正是亚氏本人以"形式/质料"说吞没了"潜能/现实"说触及的其他可能。此义容当别申。

西。这些候选答案的共同点(即海氏所谓"求根建基的行表象方式"),在希腊语言通过亚里士多德提出"是之为是"(to on hei on)这个问题时,已经在发问中潜伏下来了。亚氏以"本体研究"回答"实是研究"这个最高任务,即无非将动名词那里呈现的"主词-名词"势用发挥到底而已。"动名词"是现在式与名词之间的中介形态。通过这个中介,现在式-动名词与主词-名词之间,驻留-凝滞势用与求本根-求根据机制之间都产生了对应关系。而正是这些决定了当前-在场与基底-根据之间所谓叠合关系。"时间"问题与"存在"问题在语言那里也是一而二,二而一的。以"现在时-动名词"的方式提出"实是/存在"问题,以"动名词-名词"的方式回应这个问题,这本身就说明那种体现在语法中的力量对希腊存在学说的支配地位。[1] 在西方传统之中,破斥凝滞-求本势用是无法绕开语言的。但另一方面,又不能将这种势用等同于被语言决定的东西,将哲-思研究归结为语源学研究。形而上学与语言学之间确有相互发明的对应关系,却无法以一个取代另一个。正因如此,海氏既提醒我们不可将语法决定哲学,将"动词/名词何

---

[1] 此间可以给予一个决非无关紧要的旁证,对《克拉底鲁》的相关研究表明,"名词"之含义即"所依追寻之存在者"。参见柏拉图《克拉梯楼斯篇》,彭文林译注,联经,台北,2002,"导论"xxxvii。

者在先"执为一个究竟问题[1];又不断沉思语言之本,以道说(Sagen)与名言(Wort)之类指示本无法凝滞在名词与(哪怕是"形式的")主词中的仿佛天命/生生(Es gibt/Ereignis)。考虑到 Sagen/Wort 发声的那些场合,从语言那面看,破本之法当然意味着破除主词-名词的统治。

那种以形式上的同义反复出现的道说(例如 Ereignis ereignet、Zeit zeignet、Wesen westet 之类)似乎即可理解为这样一种尝试,即用见体、摄体归用、以动词直显主词-名词。这并非 A=A 之同一律,而是以此取消了同一律赖以成立的主-名词优先性或竟连系动词之优先性。逻辑的后物理学前提是存在者之优先性。在逻辑开展之前,才是抵达存在者之存在的现象学的真正用武之地。我国哲学前辈贺麟先生尝曰:"所谓现象学的方法,就是即用以观体……"[2]虽未明言胡塞尔以降之现象学传统,但与之并无暌离。海德格尔尝自许在存在之思上运用的是不同于

---

[1] 见氏著,《形而上学导论》,商务印书馆,1996,页 57。此理甚明。在印度-欧罗巴语系中,动词与名词是作为词性分别同时出现的,当然不存在孰先孰后的问题。只有在那种词形上无词性分别的"文字"中,这种探问才是可以回答的。问题不在于成熟语法意义上的动词与名词孰先孰后,而仅仅取决于,我们如何突破这种"成熟的"——或者太"成熟的",也就是"逻辑的"——"语法"去领会原初的文字、词语或者形-象。这恐怕是海德格尔之学对那个所谓"语言-语用"转向的世纪所给予的最可贵的教益。同时这也是破除"语言哲学"这个最后哲学偶像的锤子。自然,极少有人勇于领受锤子般的教益。

[2] 贺麟,"王船山的历史哲学",见氏著《文化与人生》,上海人民出版社,2011,页 256。

胡塞尔本人的"可能的现象学"[1], 我们或亦可如此理解海式道说的"现象学性"。

在海德格尔比较正式的"方法论"探索中, 或隐或显地起着引导性作用的, 当是遮 Was 显 Wie 之"形式指引"。此法未提语言之名, 实含破斥名词, 显现原初"动词"之意蕴。[2]

二 哲学之限与柏拉图洞喻

作为思之任务的开端, 破本返虚的努力从突破哲学的事情开始。思之事情并非将哲学的事情简单地抛到一边, 而是在哲学的极限上探勘其最大的可能性, 正是在这里, "隐藏着不再可能是哲学之事情的有待思的东西"[3]。这就是说, 哲学的"终限"与思之"开端"是重合的。这个终限-开端就是存在者之存在或存在之于存在者——让在场（Anwesenlassen）。

关于《时间与存在》的讨论课中说得明白, 让在场可有上下两机。一是着眼于在场者来看, 关涉存在者。我

---

[1] 参见 SuZ 第 7 节, 并"我进入现象学之路", SD, S85。
[2] Martin Heidegger, *Phänomenologi des religioesen Lebens*, GA 60, Frankfurt am Main, 1995, SS57-65.
[3] SD, S67。"能让"只是偏于"让在场"的施发者, 不可有主词-主体方面的理解。

们可以将之领会为"让……在场",勉强可称"所让"。二是着眼于那让在场者在场的来看。我们可以将之领会为"……让在场",我们强名之曰"能让"。[1]《时间与存在》的运思,是通过沉思 Es gibt…… 而将这个"能让"思为"给予-赋予-赠予"的形式主语——Es/Ereignis。这里有个很大的麻烦[2],这个表述虽然尽可能地避免主词,强调从"给予-赋予-赠予"以及"发生"的原初"活动"意去沉思那进行"施与"的。但德文乃至一切西文语法的力量迫使以主词去猜度这个 Ereignis。即使不名之以某概念,也会顺理成章地将之解为"给予者"——这样,那个应该被克服的求本根势用就仍还在发挥作用。形式主语毕竟还有主语的外表。[3]但一切真正的主词都是被给予的在场者。则居于主位的那"使在场者在场"的当非在场者。不过,如仅这么理解,会将上面的阐述认作避免无穷倒退的逻辑论证之类的东西。这里的事情早于逻辑,论证无从措手。海德格尔在这里要做的不是论证,而是指点-显示-引导。另一条通向 Lichtung 的进路未直接从 Es gibt 入手,

---

[1] "让在场"中的差异见 SD, S38。
[2] 这个麻烦海德格尔看到了,参见同上书, S18ff。
[3] 以英文为例,如说"下雨了"(It is raining.)不像中文可完全省略其主语。中文这样的句子在在皆是。比如"着火了""打雷了""发大水了""开花了"等。电闪雷鸣雨落花开,诸自然现象皆无真正主语。诸现象仿佛自成主语,然唯天之命。所谓天何言哉,万物生焉,四时行焉。无主语,表天之至德、天的无为而治。

但其发用的场合则更为广泛——可以说,海氏思想道路中对"真"的思考都从属于这进路。此间更清楚地展示了"形式指引"或者"形上指引"的力量。

这条进路的入口还是"让在场",但却是将之放到形而上学的开端——也就是放到那个聚集了最大可能性的基本问题情境下加以追究的。这个问题情境,就是柏拉图的洞穴隐喻所展示的东西。

海德格尔反复考量解说过《理想国》[1]里这个著名的隐喻。这自然不无理由。前期所陈的理由是:

> 自柏拉图以来,哲学在其枢要问题上未尝取得任何进步。[2]
>
> 柏拉图在触及哲学追问之外限的地方,也就是说在触及哲学的开端与终结的地方打比方,这并不是偶然的。这比喻的内容尤其不是偶然的。在《理想国》第七卷开头,柏拉图所阐释的就是洞喻。[3]

其后则是"为什么对柏拉图洞喻的这个解释是历史地本质性的?因为此间在一种被引出的沉思中还可清楚地见到,

---

[1] 原书名 Politeia 有城邦以及灵魂之政制之意。兹姑用旧译。
[2] Martin Heidegger, *die Grundprobleme der Phänomenologie*, GA 24, Frankfurt am Main, 1975, S399.
[3] 同上书,S402。

aletheia 是如何同时还本质地承担希腊人对 on 的追问的，这个 aletheia 最终又是如何被这个追问（被对于理念的设置）带向坍塌"[1]。

前后期的有关论述有相通的地方，也就是从对此隐喻中的真（无-蔽）学说的解释探问其担当的希腊存在之问；也有实质性的转变，这就是将前期的解说中一定程度上赋予柏拉图的地位转给了巴门尼德-赫拉克里特。但即使以解构存在论史为主要任务之一的后期思想，柏拉图的洞穴隐喻也还是承担着用以"触及哲学开端-终结"的基石作用。《哲思》一文将柏拉图而非其他任何人作为对哲学-后物理学起决定作用的人物提出来，这绝非仅对尼采鹦鹉学舌而已。这里的根据正在于，以洞喻-日喻为主体的柏拉图隐喻最鲜明地表明了后物理学的特性[2]，由此也比其他进路——例如《时间与存在》中跳过"无蔽"直引 Es gibt/Ereignis 的进路——都更清楚地指示了对后物理学的破除之机。

在前后期对柏拉图真理学说的解释中，柏拉图的地位虽有实质性变化，但使得其地位发生变化的、海氏本人的真

---

[1] Martin Heidegger, *Beitraege zur Philosophie (Vom Ereignis)*, GA 65, Frankfurt am Main, 1989, S359f..
[2] 参见 Martin Heidegger, *Wegmarken*, Frankfurt am Main, 1978。《路标》，商务印书馆，2000，页 430。亦请参见《现象学基本问题》中这样的话，"既然我们试图越过存在而进入存在由之出发并在其中得到发明领会的'光'，那我们当然就直接活动在柏拉图的一个基本问题当中"，GA 24, S402。

（无-蔽）之思则没有根本的转变。也就是说，对柏拉图的解释变了，但解释要表达的思想结果仍是一贯的。区别仅仅在于，前期（以《柏拉图的真理学说》为代表）他认为柏拉图在一定程度上还算阐发了无蔽之精义，后期（以《哲思》为代表）他则认为将这个地位赋予巴门尼德更加合适。

为更好地领会后期那条破本返虚、由在场引出 Lichtung 的进路，我们先来看一下前期海德格尔对柏拉图洞穴隐喻的解释。

如所周知，《理想国》第六卷末至第七卷的三个隐喻——即所谓直线隐喻、太阳隐喻与洞穴隐喻——最集中地体现了柏拉图在这篇主要对话中的核心思想。其中，洞穴隐喻最复杂也最全面，实际上将前两者包摄在自身之中。[1] 正如海氏敏锐地注意到的，洞穴隐喻不同于仅有简单比方的前两个隐喻，而是包含了一个动态的情节。这个隐喻的要点，乃至《理想国》整篇对话的精髓，都隐藏在这个情节之中。[2] 用海德格尔的话概括，这个情节讲的是"从洞穴到日光，又从日光到洞穴的［两次］转折"[3]。从洞穴上升

---

[1] 参见 Seth Benardete, *Socrates' Second Sailing*, Chicago/London, 1989, 页 176。

[2]《理想国》原文开头的词就是"下降"（Bloom 英译本作 went down to）。与表出洞囚徒折返回洞之词同。

[3] Martin Heidegger, *Platons Lehre von der Wahrheit, mit einem Brief ueber den Humanismus*, Bern/Muechen, 1975。《柏拉图的真理学说》，见《路标》，页 248。

到日光的"灵魂转折",当然就是(柏拉图笔下的)苏格拉底强调的,灵魂从城邦礼俗攀升到自然真相的"教化塑形"(Peideia/Bildung)进程。这个进程,包括从洞穴的黯淡光线中摸索出来,再到洞穴之外学习观察真实的事物乃至光与太阳,都与前两个隐喻相合。问题在于,洞穴隐喻中"从日光回到洞穴"的第二次返转究竟说明了什么?

一般而言,仅从"纯粹哲学""第一哲学""后物理学"角度解释《理想国》,固然可以很好地说明前两个隐喻,但很难将洞穴隐喻解释周全。[1] 在《理想国》本文中,这个第二返转过程一方面明显指涉真实的(而非此书中的)苏格拉底在雅典的那些为自己招致杀身之祸的谈话活动;另一方面,由此隐喻的上下文亦可推想,也暗指哲人(也许是在柏拉图笔下重获虚拟生命的苏格拉底)在城邦中为了正义[2]学习与世浮沉从而屈身为王的过程。无论动机与结果如何,下降到洞穴即指耽于哲学生活者结束自然退隐,返回城邦参与政治生活的过程。对于这个情节,似乎只能容忍非"后物理学"的"政治哲学"解释。[3]

---

[1] 参见黑格尔,《哲学史讲演录》,第二卷,商务印书馆,1996,页176、196—199。其中涉及洞穴隐喻的,只谈出洞,未及回洞。讲政治的精神哲学部分也未提及。
[2] 《理想国》里正义的精义就是哲人克制哲学爱欲、放弃幸福,也就是哲人为王。舍此则正义的其他一切形态均无从谈起。灵魂的逻各斯部分向上凝视相之世界,是为哲人之理论生活;向下管住非逻各斯的诸部分,是为明智者之实践生活。正义的要义在于强迫这个部分向下统治。
[3] 参见以 Seth Benardete 上引书为代表的 Leo Strauss 派的各家解释。

然而，海德格尔在这个显然关涉正义-政治的地方坚持认为，这个过程讲的是"真"之发生，正如他在另外一个显然关涉美-艺术的地方，仍认为讲的同样是"真"之发生那样。这当然并不表示海德格尔依从传统所谓"后物理学"的"相论"解释。毋宁意味着，在破除了求本势用所规定的"后物理学"之后，海德格尔也破除了那种被"第一哲学"框定的"实践哲学"或者"政治哲学"。只有在这种破本返虚的工作之后，才能更为原初地探索真之本质——包括了政治与艺术的本质。下面可以看到，在"真之本质"这条道路——这条道路落实为海德格尔对柏拉图洞喻的不断解释、变形、运用与瓦解——上，"政治"与"艺术-宗教"，或者还有"哲学"罢，本来就纠缠在同一个完整境地之中。

在海德格尔看来，柏拉图已经通过提出 Eidos（相或者外观——Aussehen）达到了（"存在者之真"）无-蔽意义上的真。[1] "相"表明事物自身的闪现与自显。无此则一切

---

[1] 参见海德格尔，《路标》，商务印书馆，2000，页54ff。关于"无蔽"，也可参见《存在与时间》第44节B、C。代表性的看法参见《真之本质》一文之第四部分，《路标》p217。那里明确突破了命题真理而进入"存在者之真"意义上的无-蔽之思。存在者之真（即在场者在场）本藏有通向"存在之真"（或更早所谓"存在论之真"）之向上之机。海在从解释命题真理出发的、1930年的《真之本质》一文中仅达到"存在者之真"意义上的无蔽，"有意不提""存在之真"意义上的无蔽（参见《路标》页232）。而从在1931/32年的《柏拉图真理学说》乃提高起点，直接从"存在者之真"意义上的无蔽开始，诠释其向上之机何以在柏拉图那里失落而沦为命题之真。

事物都还是被遮蔽的。在柏拉图那里,"相"甚至可被称为最无蔽者,"因为它首先在一切显现者中显现出来,并且使显现者成为可通达的了"[1]。Eidos包含向上之机,即在"何所是"(Was-sein)之中存在者自身的出场呈现。由此而上,可以通过对"成相成形"的条件作进一步的观察而通达"存在之真"意义上的无蔽。[2] 但柏拉图的真理学说表现了更多的相反势用——即让相与形控制着无蔽,从而将无蔽置于相-形之下。[3] 由存在者之无蔽而下,存在者之真遂凝固在何所是(即相或形)之中,且落入与观看乃至眼睛的关联之中,以致符合意义上的命题真理学说在后世占据突出位置。[4] 总之,柏拉图真理学说包含了"必然的两义性"[5],向上通达无蔽,向下则沦为符合意义的"正确性"。且后者实占主导地位。

这就是《柏拉图真理学说》的"真俗两谛"结论,它大体已可通向后期对柏拉图在表面上更无歧义的"不利"结论。然而,这里更为引人注目的则是海德格尔对第二次返转的解释。这个解释在一定程度上动摇了此文的结论,从而使柏拉图洞穴隐喻在海德格尔那里的地位变得暧昧了。

---

[1]《路标》,页255。
[2] 如何由此向上,盖即《哲思》第二部分的出发点。
[3] 参见《路标》,页265。
[4] 同上书,页258f。
[5] 同上书,页266。

海德格尔敏锐地注意到，返转下降（海氏所用词为Rueckstieg）回洞穴，乃至回洞者与其他囚徒们的"斗争"才完成了整个（甚至整整三个）隐喻。这里虽然没有提及"无蔽"这个词，但却以这个返转-斗争的情节象征了"无蔽"最重要的一层涵义："……无蔽者总是克服着被遮蔽者之遮蔽状态。无蔽者必然是从一种被遮蔽状态所夺取的……"[1]只有通过对再次返转的强调性解释，才能通达希腊人那里关于真的原初经验："真就是以解蔽方式进行的争夺。"[2]"……真之本质就是与被遮蔽者……相联系的无蔽状态。"[3]

无蔽在自身中包含着、依赖着同时也照亮着作为蔽护含藏的遮蔽，无蔽作为无-蔽与遮蔽的这种斗争-依存，以至于遮蔽几乎作为无-蔽的"心脏"发生作用，这是海德格尔关于"存在之真"的成熟定论[4]，也是在对Lichtung的沉思与道说中必然要述说的东西。虽然海氏后来为了坚决区别无蔽与"正确性"而拒绝用"真"——哪怕是"存在之真"——这样的字眼去描述无蔽[5]；虽然在这里，柏

---

[1] 参见《路标》，页257。
[2] 同上。
[3] 同上书，页258。
[4] 参见 SD，页74。又见, Martin Heidegger, *Platons Lehre von der Wahrheit, mit einem Brief ueber den Humanismus*, Bern/Muechen, 1975.《人本主义书简》,《路标》，页400。
[5] SD71ff..

拉图被解释成只涉及了"存在者之真"意义上的无蔽，洞穴隐喻还是提供了通向 Lichtung 的丰富的经验描述。与其他地方相比，这种描述与关于艺术品的经验描述同样清晰有力地展示了内在"斗争"对无蔽的构成作用。正是返回洞穴的情节指涉着无蔽对遮蔽的"斗争"——而在晚期作品中，道出无蔽的光荣被明确归于巴门尼德（在那里柏拉图被解释为仅仅在讲"外观"与"正确"了），"斗争"则毫无疑义是赫拉克里特的贡献。[1]于是，柏拉图洞喻中的最深刻部分道出的仿佛却是赫拉克里特式的"真理学说"。此事吃紧。切不可忘记，无蔽与遮蔽之间的这种斗争，是真之发生的基本境域，也是海德格尔一贯反复强调的东西。[2]柏拉图的"地位"容或有所降低，"斗争"的地位从未降低过。

比解释更重要的是解释所要表达的东西。无蔽与斗争——而不是柏拉图的地位究竟何在——才是海德格尔试图通过解释柏拉图洞喻所要揭示的。但即便如此，我们也还是可以指出海德格尔略过的两个关节。这不是为了考证柏拉图或者海德格尔，而是为了把事情弄得更清楚些。

在洞穴隐喻的设置与情节中，有两处向来比较费解的

---

[1] 参见 GA65, S360。
[2] 《艺术品本源》中的真理乃至《德意志大学的自我主张》中的教育，都以斗争的方式发生。教育以斗争方式发生，同时可以参见《柏拉图的真理学说》中对无蔽-阴影关系的解说。

地方，海德格尔在《柏拉图的真理学说》中没有涉及。第一处是洞穴较高处的"火堆"，以及火堆与被缚囚徒之间举着一些器物走来走去的自由人。[1]在此文中，海氏固然也提到"火是太阳的后裔"[2]。但至于火堆、器物、行人究系何指，他只字未提。第二处，在柏拉图原文中，"外观"（Eidos）——至少万物之"外观"——并非观察的最高最后目标。在学习凝视真实或者无蔽（此即柏拉图所谓学习哲学[3]）的过程中，目光还要越过外观而上，看到光，最后看到光的来源，也就是作为一切事物生长与被看见的根本原因，作为无蔽之"原因"的太阳。[4]虽然柏拉图以太阳比喻的还是"善之相"，也就是说还是"外观"，但太阳闪耀与万物闪现当然并非同一回事；对通常事物外观的观看，与对光乃至光源的观看，也是绝不相同的、迭次"超越－而上"（meta/beyond）的三个阶段。这也符合事物外观－光－太阳三者的等级。这是柏拉图用太阳比喻"善"或者"太一"的根本理由所在。如不明这层要义，日喻就整个失效了，攀升出洞的人亦毕竟毫无所得。[5]对于这一点，海德格尔此文中也基本含混过去了。

---

[1] 参见《理想国》，514a-515b。
[2]《路标》，页263，可以对照《现象学基本问题》，S403。那里对洞喻的描述完全忽略了"火"。
[3] 参见《理想国》，475e。
[4] 参见《理想国》，509b。
[5] 后世所谓柏拉图主义，特别是新柏拉图主义，在此三个等级上发挥尤多。

这两处都是关节肯綮，不是什么可有可无的细节。一处关涉礼法宗教，一处关涉自然存有，哲学的基本问题（后物理学－政治哲学问题）已皆为所涵。海德格尔此间略去关节不谈，当属有意为之。实际上，他后来在表述"无蔽"时所做的关键推进，都是扣着这两处关节，也就是说扣着整个柏拉图洞喻的。

三 洞喻的变形与破除

现在可以回到海德格尔在《哲思》一文中的破本返虚之道了。此文的关键之处就是顺着洞喻中察看相－光－日的经验而推进的。与《柏拉图的真理学说》相比，此文对柏拉图的解释更为切近，而其整个姿态则距柏拉图更为疏远。在这里方可明白，克服后物理学并不是说对柏拉图主义置之不理，相反倒是紧扣柏拉图追问。哲学问题的基本情境都已包含在柏拉图洞喻之中了，同样克服哲学的基本可能也已聚集在此，只待挑明。恐怕这就是所谓"哲学之限"的深意。

对后物理学的这个立场是某种调适的结果。在《时间与存在》一文中，"罔顾存在者而思存在"[1]的任务意味着

---

[1] 此口号于此文中首尾呼应，实贯穿该文。也就是说，此文表明的无非是一条如何"罔顾存在者而思存在"的道路。

同时罔顾后物理学。该文对此道路做了完备的概括：

> 本真地思存在这种事情，这要求我们的沉思紧跟着在让在场中显示的指点。这一指点在让在场中指出了解蔽（Entbergen）。但是，从这种解蔽中说出了一种给出（Geben），一种有（Es gibt）。

所引"但是"之下，便是此文之路。也就是跳过"在让在场指出了解蔽"而大谈其"有（它给出）"乃至 Ereignis。此文虽亦简略指点解蔽意味着"带入敞开（das Offene）之中"，仍不免使讨论者疑惑道："在此未曾道说并且大可置疑的还是，从何而来并且如何有'敞开'？"[1] 于是便可确定《哲》文与《时》文的关系，前者可嵌入后文道路之中，乃专言"敞开"如何有。至于这个"有"本身，海德格尔在该文之末方才发问，将线索牵回《时》文。但正是这样一个脚注式的"嵌入"，才使得"罔顾后物理学"这样一个激进立场调适为"克服后物理学"，才让腾空而起的飞行转为顿挫而兴的跳跃。随着思落回"哲学之限"的跳板上，柏拉图洞喻于是再次作为基本问题情境出现了。

哲学的事情——作为让在场的存在，不从在场者而从在场者之在场、出场方面来看的在场本身，就是外观之闪

---

[1] 参见《一次关于〈时间与存在〉的讨论课纪要》，SD，S38。

现（Scheinen）。由此闪现，才有现身当前。外观闪现是依他的而非究竟的。正如柏拉图所看到的，闪现必然在某种光亮中发生。仅当有了光亮，闪现者才能如是闪现——也就是说才有外观（Eidos）。光亮同样是依他的而非究竟的，这是柏拉图与海德格尔一起踏过的最后一步——但是，光亮所依者是什么？柏拉图回答说，是光源——太阳，也就是善-太一。柏拉图的这个回答，是西方哲学一切本体-神学的发端。海德格尔以一个对西方哲学传统来说完全是陌生的与歧出的路向说，光亮所依并非光亮所来，而是它在其中到达的"敞开之境"：

> 我们把这一允诺某种可能的让闪现与显示（ein Moegliches Scheinenlassen und Zeigen）的敞开性命名为敞亮。[1]

---

[1] SD, S67。Lichtung 在字面上是动词 lichten 的动词化，此词除"照亮"外，也有开辟草莱、"使茂密的树木稀疏"之义。按照海氏自己的释义，当从后解（同上，S67-68）。译为"澄明"固然不妥，即使译为"林中空地""空明"等仍不够确切，盖此词源于使"林中空地"可能的那个动词。故确切译法当为"辟"（与此相近的 Offenheit 当相应译为"开"）。此间照顾到它与"敞开"与"光明"的关系，姑且译为"敞亮"。本文第三部分将回归"辟"的用法。体会中文之意，明是被照，亮是能照。按照维科的解说，在森林中以火烧荒，露出大地，也就是开辟林中空地，乃是文明生活的起源。参见 Vico, *The New Science of Giambattista Vico*, translated by T.G. Bergin and M.H. Fisch, Cornell University Press, Ithaca/London, 1970, 页 208f.

并非光创造敞亮；光——以及黑暗——都是以敞亮为前提的。"敞亮是在场者与不在场者的敞开之境。"[1]

这个"敞亮"对于西方哲学传统来说是陌生的，倒是与老子"以无为用"的思想经验[2]不无相通之处。但海德格尔此间所想，比单纯"崇本息末"的贵无论又深了一层。在他看来，巴门尼德哲理诗中所道出的"无蔽"——此词便是《柏拉图真理学说》的那个核心概念——正是对敞亮（而非后世所解释的"真理"）之思考。然则，自柏拉图以降，此义何以黯然不彰？在抵达这样深处的思考面前，任何原罪式的外在偶因论是幼稚可笑的。使得无蔽被蔽、躲藏起来（Sichentziehen，通译所谓"恬然不居所成"）起来的绝非外于无蔽的东西（在已经超越任何存在者的地方，还会有外于这种地方的"东西"吗？）而只能是无蔽自身。"遮蔽"在这个意义上，就像无蔽的词形（A-letheia）所显示的那样，成了无蔽心脏般的核心：

> 倘若情形是这样，那么敞亮就不会是在场性之单纯敞亮，而是自身遮蔽着的在场性之敞亮，是自身遮蔽着的含藏之敞亮（Lichtung des sich verbergenden Bergens）。[3]

---

[1] SD, S68.
[2] 参见《老子》，王弼本第十一章。
[3] SD, S74。注意遮蔽与含藏的字面关系。"含藏"通译"庇护"。

这样，专注于存在者而"遗忘"了存在的"后物理学"本来就是无蔽遮蔽自身的结果。

我们看到，《柏拉图的真理学说》所强调的无蔽与遮蔽的互依共生又出现了。但在这里，"斗争"一词所含的二者互外之义消失了——本文自始至终没有出现过赫拉克里特的名字或者学说——取而代之的是无蔽深沉的自身退隐。对存在者的照亮，正是那照亮存在者的存在之自身隐没。那让在场者在场的，自身必定不在场；它正是以自己退场的方式让在场者在场。进一步说，在场者被超越而上到允诺让在场之敞亮，那么敞亮自己就敞开了。无蔽将自己作为那自我闭藏的敞开出来。但既然这是"罔顾存在者而思存在"的结果，那么，当无蔽现身，存在者便退隐。不过，无蔽是作为自身隐没者现身的，因而，存在者也是作为自身现身者隐没的。遮蔽不再现身在遗忘无蔽的自己之中（也就是说，存在者状态上的真理被遮掉了），却作为遮蔽无蔽的东西在无蔽中现身。

无蔽就自己说，包含遮蔽（存在在存在者那里隐退）。

遮蔽就自己说，包含无蔽（存在者存在、在场、被照亮）。

如遮蔽被遮蔽，则无蔽亦被解蔽。

如无蔽被解蔽，则遮蔽亦被遮蔽。

如上一切，方是圆转的无蔽。

这个海德格尔逆料将被指责为"非理性"的呓语的

复杂语式，也许就是被比喻为通过走到反面又回到正面的"拓扑"结构的东西。不过对中文传统来说，这个用现代数学来比方的别扭东西也许没那么古怪。如果我们把无蔽理解为"阳"，遮蔽理解为"阴"，那么上述四个短句所描述的就是两仪的阴阳鱼而已。第四个短句，就描述了两仪所构成的闭合而明显的圆圈——也就是所谓"太极图"而已。[1]

我们难道有根据随随便便地用阴阳太极之类来解释无蔽-遮蔽吗？我们确乎没有什么"根据"，不过倒也不曾随随便便。海德格尔如果不抛弃一切根据（Ab-grund），如果不脱离基地（Grund），那他也就无法起跳，无法形了又而上到旷达空灵的敞亮之中。支持这一切的不是根据，而是源于柏拉图洞喻的经验。只不过他的经验与《理想国》里那个解放了的囚徒最终有所不同而已。正是在这个最终不同的地方（也就是自身遮蔽的无蔽），海氏这个文本没有提供更多的经验。要知道，这个位置（无蔽与遮蔽的互依互启），在柏拉图的经验里是以回到洞穴了结的。而在这个文本中，自从海德格尔开始谈论光的前提以来，似乎没有任何回到洞穴的迹象。《理想国》里的苏格拉底也许会诘难说，难道光的前提仅是开辟-蹚空的敞亮

---

[1] 太极图虽由宋儒光大。太极生两仪等之理则由《系辞传》来。"无极而太极"之说则由周敦颐《太极图说》来。

吗？如果海氏那里的经验者一直在洞穴之外，那么太阳的位置何在？如果洞穴才能提供对遮蔽的经验，那么这里作为无蔽心脏的遮蔽又从何而来？

倘若海氏的经验尚且不足，我们有什么经验可以支持阴阳之互含互兴不断圆转？

确实，《哲思》在谈论无蔽自身遮蔽时，失去了此文严密的经验描述风格，而代之以语词游戏。不过，这倒也不是通常的游谈戏论，因为有关的经验在另一篇更为著名的文本《艺术品之本源》早就给出了。基于本文的脉络，我们且以另一种目光重新审视这篇易遭误解的名著。

这部作品与通常所谓艺术哲学、所谓美学毫无关系。为避免对此文——实际上是对艺术本身以及"美"本身的——流俗误解，海德格尔明确指出："艺术就是真自行设置入作品之中。"[1]"真发生的方式之一就是作品之作品存在……美是作为无蔽之真之现身方式。"[2]

同《柏拉图的真理学说》一样，这篇作品的主题是"真"。同《哲学之限与思之任务》一样，这篇作品在"遮蔽"与"无蔽"的互含互兴中朗现真之玄奥。上文已经展示，这两部构成参照空间的作品都是从对柏拉图洞喻的发挥-追究而来。正如海氏《哲学的奉献集萃》中所暗示

---

[1] Martin Heidegger, *Holzwege*, Frankfurt am Main, 1980。《林中路》，上海译文出版社，2004，页25。
[2] 同上书，页42f。

的,一切关于"真"的经验,都与柏拉图洞喻构成了某种或承继或紧张的对应关系。那种克服"后物理学之真"抵达无蔽之境的经验,也是从挑开被洞喻遮挡的可能性开始的。《艺术品之本源》(比《哲思》更为)沉着耐心地描述了关于无蔽之境的经验。然则,这种经验是否也同柏拉图洞喻构成了某种对应关系——就像更为扼要的《哲思》那样?这里对真的经验是从艺术品——在这里是神庙——开始的,柏拉图洞喻中是否也包含了"审美"经验?

回答是肯定无疑的:柏拉图洞喻包含了关于"艺术品"的经验。并且,这种"包含"对于柏拉图洞喻而言绝不是无足轻重的。

海德格尔对柏拉图洞喻的解释首先是以"真实性"(无蔽性)程度的高低为基本线索的。在他对洞喻的解释中,比"阴影"更"无蔽"的相起到了核心作用。不过,在提出洞喻之前,柏拉图自己已在线段比喻中给出了"真实性"的等级序列。[1] 在那条由真实性程度不同的灵魂-认知状态组成的线段中,投影、诗歌描述与造型模仿等"再现性影像"属于真实性最低的最初一段直线,与之对应的想象则低于把握可感事物的知觉。这就是说,艺术作品与作为最无蔽者的相恰恰处于真实性的两个极端。将艺术品视作"真之发生"显然是对柏拉图的尼采式的断然颠倒。

---

[1] 参见《理想国》,509d-514a。

柏拉图将艺术品与倒影之类相提并论，视为最不真实的幻影，自有其理由。这个理由与《理想国》的主旨密不可分。在柏拉图那里，"艺术品"（技艺的作品）都是模仿性的。这种艺术品包括诗歌在内——或者不如说，主要指涉的就是诗歌。《理想国》中，诗艺-艺术在真实等级中的地位，僭政在正义等级中的地位，爱欲-想象在灵魂等级中的地位，三者是一致的，都是最低劣的。僭主的灵魂被爱欲统治，诗人是僭主的朋友，被束缚的囚徒就是欲望之民——被诗剧影像所教导的、民主政体下的无数小僭主而已。柏拉图所描述的"艺术品"经验正是《理想国》的关键所在。如果洞穴确实指涉城邦，那么按照洞穴底壁上被认为是"唯一真实"的影像生活，这就是城邦的根基。苏格拉底的命运就是与这样的城邦敌对。这就叫作"诗与哲学之争"——正是这个争，曾被海德格尔以赫拉克里特的方式释为更高意义上的无蔽所在包含的东西。

但是，在《艺术品的本源》中，得到申辩的仿佛是那处死了哲人的城邦。看起来，这个能让我们回想起尼采《悲剧之诞生》立场的颠倒翻案只不过重复了被缚囚徒们的世界：哲学是希腊精神的堕落，诗与艺术才是唯一真实的！

在《艺术品的本源》里，海德格尔不知出于什么原因——也许不想仅在表面上卷入柏拉图、尼采关于"真理"的争论里去吧——有意绕开了那些模仿性的作品（这也就绕开了希腊人的诗剧），举了一个特别的例子：古希腊的神庙。

这个"艺术品"是太特殊了。在希腊人那里，神庙本来就不是什么供"审美"的艺术品。更不必说，希腊人那里有各种"技艺"，而没有现代意义上的所谓"艺术"。即令可以"艺术"去解说希腊经验，神庙在城邦生活中也更多的属于"宗教"而非"艺术"。从"艺术史"这样一门现代学科的视角来看，神庙不仅仅本身是一个"艺术品"，而且是其他一切作为供奉物的艺术品的源泉与中心。通过仪式，神庙把一切物件与语言都组建到以自身为中心的城邦宗教生活之中。它赋予其他一切以意义。

实际上，城邦生活是以神庙为基础与中心的。我们不必广引材料来阐明古代城邦与古代宗教的密切关系了。现在要解决的是这样一个问题：真理是一个晚于宗教-艺术的"哲学概念"；这个更多的属于宗教-艺术的神庙，与真理之类有什么关系？

宗教-艺术自在地同哲学-真理没什么关系。没有哲学-真理，宗教-艺术仍然可以保有自己以及自己的世界。不过，一旦"哲学"出现，宗教-艺术——或者不如说关于神的"艺术"——便无可回避地被真理牵连到同一个处境里去了。哲学缘何出现？这个问题，如果站在宗教-艺术那边，正如柏拉图洞穴中那个自由了的囚徒缘何突然解除束缚那个问题一样，只可归于机运而

是与易

无法穷诘。[1]问题的关键在于，如何安顿这个把真理与神话全都牵涉在自身之内的处境？如何安顿真理、又如何在真理既有之后安顿神话？这就是哲学的基本处境。哲学的首要问题自然是，如何处理"被真理教化塑造的人"与"没有被真理教化的人"的关系；这就是说，如何安顿神话，安顿或者改造基于神话的传统城邦。这个处境正是柏拉图洞喻最终要表达的东西。《理想国》以那种戏剧化的方式也正彻底化了这样一个问题：宗教－艺术与真理之类有什么关系？

艺术不得不归于宗教问题，宗教不得不归于真理问题，真理不得不归于哲学－神话的关系问题，而这个问题又不得不归于"政治－哲学"问题。只有把《艺术品的本源》与《理想国》放到同一问题脉络中，才能明白海德格尔真理论述的深意。同他另外两部关于真理－无蔽的论文一样，同一切关于真理的论述一样，《艺术品的本源》仍然是以洞穴隐喻为基本背景的。

现在可以回到文本，来看看神庙这个例子的特殊性了。对于洞穴隐喻来说，《哲思》中的 Lichtung 之类并未明确提及，但可从同一个目－光现象追究而得。可以说，洞喻隐含了 Lichtung——哲学隐含了终结自己的思之

---

[1] 但如在哲学－真理那边，就会对机运作真理化的理解，即所谓历史与逻辑的统一。可以参见黑格尔精神现象学的工作。

可能。同这种手法一样,《艺术品本源》对洞喻也是入吾室而操吾戈,因其述而革其道。首先,作为城邦意义中心的神庙,当然也出现在柏拉图全面描述城邦的洞喻中——神庙的位置正是洞中火焰的位置。这就是为什么它不是表现性-模仿性的艺术品[1],但却作为源泉与中心照亮了所有诸如此类的艺术品的缘故。如果说海德格尔在其他对于柏拉图洞喻的解说中总有意无意地略去洞中之火,那么在《艺术品的本源》对太阳以及整个洞外世界的略去,以及对神庙的描述与沉思,就更发人深省了。

在对洞喻中设置的解说中,柏拉图笔下的苏格拉底把"火"指为可见世界中的"太阳"。[2]这个表面上最权威的说明却无法解释与洞中之火相关的其他场景:在火焰与囚徒之间的行人以及他们手举的日常器具、假人假兽;特别是囚徒所认为最真实的东西——火焰所造成的洞穴底壁上的投影。实际上,洞穴隐喻具有某种两重性。洞穴既有苏

---

[1] 由于"艺术品"一词的歧义,以及柏拉图洞喻本身的双重性,现代所谓艺术品在柏拉图洞喻中有两种出现方式,一是广义的,被制作的东西,也就是文明生活所必然包含的技艺制品。即在火堆之前矮墙之上不断活动的假人假马与日常器具之类。可举的例子是军事行动中涉及的马匹战车以及木匠做的床(作为可感物的马是对马之相的模仿,故在洞喻中为假兽。其他皆仿此);另一是狭义的,被模仿出来的东西,即当今所谓艺术品。在洞喻中相当于洞穴底壁的影子。在其他比喻中所举的例子就是诗中的马具兵车、画作中的床之类。参见《理想国》的整个第十卷,并整个《伊安篇》(*Ion*)。
[2] 参见《理想国》,517b。

格拉底明言的可见世界-太阳的一层隐喻，也指涉它未曾明言的城邦-礼法意思。[1]也就是说，洞穴指的是城邦-自然界，洞外指的是自然界-可智思世界。柏拉图本人的意思是，（神所确立的[2]）礼法之火（通过诗人的述-作）照亮城邦世界，产生立教-立法诗作中的种种意象（洞穴底壁的种种影像）；而太阳则照亮可见世界，产生自然界中的万物。可以确定的是，如果洞穴指称城邦，那么火的位置恰好相当于神庙。苏格拉底在《理想国》中对那个所谓最好城邦的规划蓝图中，神庙的定位问题是最后讨论的，这正与火堆在洞穴中的地位相应。[3]

将自然与城邦分离，将神与太阳之类的自然力量分离[4]，这是哲学导致的必然后果。换言之，洞穴隐喻的两重性本来就是自然哲学式解说的结局。在《艺术品本源》一文中，海德格尔依据前哲学的传统，破除了自然-城邦的分离对立，将洞穴隐喻的两重性（拓扑学地？）扭结在一起——在此他要阐述的是：是神庙（而非"太阳"）照亮了自然，神庙最终照亮的是自然，神庙通过这种照亮最

---

[1] 参见 Seth Benardete, *Socrates' Second Sailing*, Chicago/London, 1989, 页 177。
[2] 参见柏拉图《礼法》(*Laws*) 的开篇。
[3] 参见《理想国》，427b。意味深长的是，在神庙定位的问题上，苏格拉底尊重阿波罗祭司们的传统权威。这也就说明在最好城邦中，火堆仍然存在，并且它是作为传统被哲人王所尊重的。
[4] 诚如阿那克萨戈拉所云：太阳（阿波罗）是会发热的石头。

终揭示了不同于自然哲学总问题的那个自然；在《柏拉图的真理学说》中他明确对之批评，而在这里他始终对之保持沉默的是：自然之上的那个可智思世界。

首先，海德格尔同前人一样，并未否认神庙的直接含义。神在神庙中现身在场，这种在场勾勒出一个领域。该领域敞开的范围"正是这一历史性民族之世界（die Welt dieses geschichtlichen Volkes）"[1]民族的命运-使命正是在这一世界中被展开、落实的。此间所谓民族世界，实含古人城邦之义。[2]

海德格尔在简略提及民族世界之后，就将之按下不表，开始描述自然。这并不是说，他转到了另一件事情上。没有完整的自然，民族世界、历史世界也就无从谈起，无从兴起。民族世界正是在被神庙所照亮的整个自然中获得其位置的。这个"位"并不是物理空间中的确定坐标，而是人世在整个原初现象中的发生位置。与自然哲学的假设不同，人并非在与自然界的对立中找到自己的位置——无论这个位置是高于、低于还是效法于自然——毋宁说，仅当整全自然显示自己，人世才能作为人世发生定

---

[1]《林中路》，页 27。
[2] 如涉及古典时代，德文 Volk 每有表城邦（Polis）之义。参见黑格尔在古典立场上对费希特所代表的现代自然法权学说的批判。G.W.F.Hegel, *System der Sittlichkeit*, Hamburg, 2002, 特别是 S84f.。此间海氏"世界"概念，亦有历史的生活世界之义。

位。神庙并不像通常所谓艺术品那样表现、指示或者象征自然，而是开启自然、撑开自然，将包含人世的自然本身聚拢起来、显示出来。严格地说，并不是人建造了神庙，而是神庙打开了人所归属的、在其上才能自我建构的世界——正如火焰照亮了被缚囚徒们的洞穴。在这个意义上，神庙超越了古希腊人那里自然/人工乃至自然/约定的对立。这些对立仅在神庙撑开的整全领域之内才是可能的。无疑，海德格尔对神庙-自然的描述方式本身意味着对柏拉图洞喻所含的城邦/自然对立这一哲学本身的前提的否定。

海德格尔对神庙的"照亮"（lichtet——请注意这个词与 Lichtung 的字面牵连）之用并不仅限制在狭义的所谓"无蔽"的范围里。或者说，"无蔽"并不仅指涉天空、海洋、山石、鸟兽这些自身涌现而来的"自然物"。若仅仅如此，海氏所谓神庙与柏拉图洞喻中洞外的太阳没有什么差别。神庙所照亮的，除了自身无蔽着的"自然"（physis）之外，还有自身遮蔽着的大地。

大地同样是从"作品之是作品"（Werksein，一译"作品存在"）中所开启的。作品之为作品，其存在一方面包含了它所归属的"意义脉络"，这个脉络属于民族生活世界与自然世界之统一体。与其他的艺术作品不同，神庙并不以片断的（um-zu 即为何而用）方式勾连出世界整体，而是直接昭示了宇宙-城邦在世代-地域上的统一体。另一方面，所有的作品都是有质料的。但一般作品只是为了特定用途消耗质料，唯独神庙让质料就它们自身显示出来：正是在神庙这样一个所谓"人工制品"中，金木土石之类才作为自然要素本身——也就是说，恰恰不是作为某个产品的材料，而是作为它们自身——显示出其存在。神庙这个人工作品就这样展开了另一类"自然存在"——含藏一切财用的大地。[1]作品打开的世界中包含了质料所归属的大地。这就是说，作品照亮的原初的真——无蔽世界恰恰显示了质料的存在。甚至恰恰"制作了"质料及其总和——大地。这意味着，作为世界现象的原初之真——展开描述这个真，就是《艺术品本源》的唯一目的——恰恰不是柏拉图的可智思世界中的相。

如所周知，这个相（Eidos）就是亚里士多德那里与质料相分离的形式。形式沾染质料（灵魂沾染肉体[2]）就是可见世界（人世）的起因。正如海德格尔早已考证过的那样，相（形式）在柏拉图那里是最无蔽的东西。那么可以推想，造就阴影（最不真实的东西，被遮蔽的东西）之有蔽与黑暗的就是质料。毫无疑问，作为一切质料之母体，大地就是遮蔽自身。大地，似乎就是直接无蔽意义上

---

[1] 五行见《尚书·洪范》，孔颖达疏曰："……金木者百姓之所兴作也，土者万物之所资生也。是为人用。五行即五材也。"《尚书正义》卷第十二。是传统思想解所谓"质料以材用"之义。

[2] 参见柏拉图《斐德罗》（*Phaedrus*）。

的真理（在柏拉图那里，在海氏的这个文本这里，这一层真理就是光天化日的世界）的对立面。海德格尔解释柏拉图洞喻时，阴影被解释为被遮蔽，洞穴则为一切遮蔽之渊薮——遮蔽自身。正所谓"坤以藏之"[1]。很清楚，大地在《艺术品的本源》中的地位，相当于洞穴在《柏拉图的真理学说》中的地位。这一点毫不可怪，海德格尔早在解说柏拉图洞喻时，已强调指出，洞穴是"被大地所包围的"[2]。这意味着，《哲思》一文中显得有些突兀的对于无蔽-遮蔽互依互发的阐述，是以《艺术品本源》中关于大地-世界的经验描述为前提的。正是神庙这样的艺术作品，展示了那个原初法象，让天地各成其位："建立一个世界和制作大地，乃是作品之是作品的两个基本特征。"[3]

地是遮蔽——遮隐含藏，天是无蔽——开辟敞亮。法象莫大于天地，原初法象是天地位焉，而非只有无蔽之天。然则圆转无待意义上的无蔽便并不等于第一层意义上的无蔽，而是天尊地卑的浑然。在《柏拉图的真理学说》中，海德格尔用哲人回到洞穴的历程来解说无蔽-遮蔽的共生；在《哲学之限与思之任务》中，他以某种不无生硬的文字游戏简略提及两者的互含共生；而在《艺术品的本

---

[1]《周易·说卦传》。
[2]《路标》，页258。
[3]《林中路》，页34，在《演讲与论文集》的有关篇目中，世界-大地二元，被代之以天地神人四方。本文下以天地代替世界-大地。

源》中,海氏则以邃密的现象学经验描述昭示了"艺术品"所展开的原初意义上的真或无蔽,就是以神佑民族之位撑开的天地[1],我们称之为原初现象整体(原初的世间经验)或者原初法象。无论如何解释,都有关于无蔽－遮蔽之共生互含的现象之机。对于这一点,海德格尔始终通过赫拉克里特的统绪统称为"争",虽然他也意识到了这个字眼可能导致的误解。[2]《艺术品之本源》的最大贡献,在于对无蔽－遮蔽之争的阐发。这种阐发对于领悟无蔽之玄义提供了有效的现象学支持。上文已经指出,如没有这种支持,空口阐发无蔽之义,既难免非理性呓语之讥,更是不切实事之举:遮蔽正是显露无蔽之核心。

艺术品之存有显示了原初法象;原初现象整体的构形之理即无蔽－遮蔽相争相成之理。神庙通过其祭祀聚集万有。如同在柏拉图洞喻中,外观－理式可以把目光引向超越了存在者的阳光与太阳那样,被聚集的存在者整体也可以显示超越这个存在者整体的敞亮(Lichtung)。但与那种典型的柏拉图主义传统不同,敞亮并不离乎万有,而是即之而在,寓于存在者整体而现有(west)。由于敞亮

---

[1] 此间未提同天地神人四端的关系。神谓民族之神,虽祖先不附,亦有本族家神之意,仿佛谛礼,而非普世之宇宙神(参见古朗热,《古代城邦》)。人则居其间成位,与参天地对照。然而幽明异路,《中庸》虽盛赞鬼神之德,亦未将鬼神摆入原初现象。《艺术品本源》既以神庙与天地为参,故不必单列神与人。神庙包含二者之故。
[2]《林中路》,页35。

是那个使得存在者/在场者存在/在场的,故以存在者传统视之,敞亮似乎比存在者更存在一些(seiender als das Seiende)。[1] 敞亮包容存在者整体,如无包容万有——在这个环节上,由于海德格尔突然提到(固然就那么一次)"无",当然让人想起贵无论传统下的老子形象。海氏之意犹云,当无之用,以用视之,无即本-体;自体清净,万有自有。

然而,正如《哲学之限与思之任务》一文已经显示的,海氏并非那种崇本息末、体无蹈空、沉溺在无的直接性之中的贵无派。无蔽之玄义在于,无蔽是自身遮蔽着的。这种自身遮蔽着的无蔽才是存在本身之真。

在《柏拉图的真理学说》中,海德格尔强调的是无蔽与遮蔽之争;在《哲学之限与思之任务》一文中,他强调的是无蔽之自身遮蔽。而《艺术品之本源》所昭示的则是,无蔽与遮蔽之争,就是无蔽之自身遮蔽。真并不仅仅是敞亮或者说敞亮意义上的无蔽;毋宁说,真——圆转无待意义上的无蔽——乃是作为清虚敞亮与含藏遮蔽的原初争执发生的。在神庙之存在中,"天地位焉"就是原初的真之现象。

天有高明清虚之德,天下有广大悠久之相。这就是说,世界自在地是无蔽的。混沌二分、天尊地卑、上下

---

[1]《林中路》,页39。

是也[1]，由于大地的承载，由于有博厚，才有那高明清虚、广大悠久。两仪之生就是出现地平线。世界就是地平线（Horizont）。没有大地与地平线，天无法显示自己。没有遮蔽即无法显示无蔽。世界既生，浑然之天遂为有待之天。[2] 浑然之天之为有待之天，也就是在"天地位焉"之中撑开天地法象，此即所谓无蔽之自身遮蔽。所谓无极而太极，其"而"字即表浑天始分之机也。无蔽与遮蔽之争，就是无蔽之自身遮蔽。这就是说，天地成位就是浑天一气凝为大地。于是，无蔽之自身便遮蔽呈现为"世界一味地建基于大地之中"[3]。

以上是就天之为无蔽而言的。与此相应，原初真相之另一端，即作为大地的遮蔽也有对应的双重玄义。在天尊地卑的原初法象中，大地呈现顺应宁静之德、含藏闭锁之相。含藏闭锁是为翕，顺天而动是为辟。翕者，合也，闭也。辟者，开也，豁也。遮蔽原文所表，无非翕

---

[1] 见《说文解字·叙》。按《说文解字》中，上下于六书为指事。上乃"一"上所示，下乃"一"下所示。"上，高也"，"下，底也"。上下云云实据天尊地卑之象而来。故《说文》开篇列"一"字，云"惟初太极，造分天地，化成万物"（《说文解字·第一篇》）。又参见同篇"示"字，解为"天垂象"，其部首"上"即指天。

[2] 天有既分对待、未分无对两义。无对义之天盖即大一（即太一）。"天"字从大，从一。《礼记·礼运》云："是故夫礼必本于大一。分而为天地，转而为阴阳……夫礼必本于天，动而之地……"孔颖达疏曰："大一者，即天地未分，混沌之元气也。极大曰天，未分曰一……"

[3] 《林中路》，页42。

义。敞开所表，无非开义，敞亮所表，无非辟义。翕辟皆为坤德。[1] 在海氏那里，大地表遮蔽之本相。大地闭锁含藏，是自在的遮蔽。按海氏所言，是为遮蔽之"拒绝不纳"（Versagen）之义。[2] 然而在原初法象中，大地又作为大地显露。大地如不显露，则天地不成其位，天、天下、地平线皆无所显。天尊地卑即意味着大地显露，而显露即是进入无蔽。大地作为大地进入无蔽，既作为遮蔽被去蔽。大地被去蔽，即呈露地平线。即以卑位之博厚，显示尊位之高明，同时显示天地之间之广大悠久。于是，遮蔽越出自身，为它地起指示出天与天下。此间遮蔽不再意味着自身，而是意味着另外，显示敞亮清虚，此即海氏所谓遮蔽之第二义："伪装"（Verstellen）。[3]

神庙撑开天地，给出世界这个地平线，天地各成其位。既生两仪，天地成位。开天辟地，天尊地卑。开天同时就是辟地。在天曰开，在地曰辟。大地显露，遂有天下。遮蔽指引敞开，即天随地显；遮蔽指引敞亮（Lichtung），即天下随大地辟显。这是"伪装"所含之两层。

大地辟显无非原初真相之一端。中西文明都以辟显

---

[1] 翕辟不等于阴阳，一阴一阳不可全解为一翕一辟。熊十力之说虽自有其据（《系辞》有"是故阖户谓之坤，辟户谓之乾，一阖一辟谓之变"之语），然不全合经义。盖辟为坤德，并非自动，乃顺天行而动之相。《系辞》又有"夫坤，其静也翕，其动也辟，是以广生焉"。
[2] 《林中路》，页40。
[3] 同上。

大地为基。然而中西关于大地辟显的经验有所不同，意味着中西原初真相发生方式的不同。在西方是以火开荒（lichten），显露被黑暗密林围绕之林中空地，由此遂有文明之火。林中空地的内外界限是清楚的。由此确立原初之政治空间与城邦世界。中国则艮止于山、道（导）出洪水、坎于四渎、归陷大海、显露大地。烧荒不过是为了逼退禽兽。[1] 故在中国原初文明经验中，天下悠久无疆。盖因大地之辟因水土之"道"，而非仅以火 lichten 之。

要之，在《艺术品之本源》中，海氏以无蔽－遮蔽之争彰显自身遮蔽着的圆转无待的无蔽。此时，无蔽便不能理解为直接的开敞。为避免 Offene、Lichtung 之说带来的字面误解，海德格尔指示说，无蔽之真不是一个幕布永远拉开的舞台。[2] 这或许暗示了，开合相引之道才能显示无蔽。因而无蔽－遮蔽之争就超越了柏拉图洞喻中哲人与公民、哲学与诗的斗争，表现为天地开合之道。

在中国关于原初现象整体的描述中，天地开合都是乾坤阴阳之道。当海氏通过对艺术品的现象学描述阐发天地之义时，我们上文对无蔽－遮蔽的阴阳太极解释才得到了某种程度的经验支持。幕布开合之喻更接近了乾坤动辟生化之理。似乎海氏之思与中国传统思想越来越相似了。

---

[1] 参见《尚书·禹贡》。又《孟子·滕文公上》。掌火之益只是禹的助手。
[2] 《林中路》，页40。

不过，恶紫夺朱，子恶似是而非者。思想论衡是虔诚精微的事业，越是相似的东西越要引起警惕。否则，思想的火花便极易熄灭在比较哲学之类滞重现成的东西里。

为了推进海德格尔的思之道路，我们必须在思想经验的原初完整境地里权衡西方哲学。兹事体大，固非一文所能完成。本文终章，仅凭上文结论从方法论上提点一二，完整系统之论尚待来日。

四　遮是显易：原初现象整体的还原

诚如海德格尔以尼采式口吻所断言的那样，哲学或者说西方哲学就是柏拉图主义。然则，西方哲学的基本经验及其基本表达方式便奠基在柏拉图洞喻所展示的问题情境中。如本文所示，海氏对西方哲学传统的克服与超越，即体现在他对那个基本问题情境的解释、运用与超越上。这正属于严格意义上的诠释现象学方法。本文的这个部分，试图进一步运用这个方法，以检讨海氏自己的思想经验及其表达。本文之所以没有像一般的海德格尔研究那样，直接从讨论他的那些名相（Sein，Lichtung，Ereignis 等）出发（甚或不加讨论地直接运用这些表达），这恰恰是因为遵循了海德格尔的方法。

对诸思想形态的权衡，如仅限于在概念表达之间格义比较，终归流于表面。无论作何比较，都是合法误解的结果。概念表达归属于一定的经验整体与问题情境，表达习惯本身也是一种特殊的经验。这种经验整体的基本视野，就是诠释学试图以"境域"（Horizont）去指示的。诸思想形态之间的恰当权衡，当以在各基本境域之间自如出入为前提。自如出入自然意味着可以在一定程度上反省-描述某个基本境域。"对境域的反省-描述"这种诠释学表达对应于"描述世界现象"的现象学主张。诠释学的最高任务不是描述某个境域之内的特定经验，而是描述境域本身；正如严格意义上的现象学工作是从对世界现象-世界意识的描述开始的。至于"能否反省-超越本己境域"之类的诠释学争论，应当早已被各种层面的交互理解与解释工作所解决。本己境域并非潜在境域，境域互融之所以可能，正缘于在各本己境域之下彰显发皇更大的共同潜在境域。仅当彰显了原初境域（这属于解构-还原之现象学方法），也就是发明了相对最大的共同境域（这属于交互理解之诠释学方法），论衡平议之类才是可能的。

海德格尔克服柏拉图主义的前提恰恰是深入而非摆脱柏拉图那里的基本问题情境。换言之，如果不是对柏拉图所提示的东西更为本源的理解，那就没有资格权衡克服柏拉图主义。对我们来说，这意味着，海德格尔与柏拉图从不同方面共享了那个天（道）-人（道）经验所展示的基本现象整体。

我们按照先秦道论术语生造的"天道经验"一词，大体对应于西方哲学中关乎自然的经验[1]。然在中国古典思想中，天道经验实是经验道体的入路之一。人道经验亦可为另一入路，两者并不相滥，但亦并不隔绝。此间所谓"关乎自然经验"中所涉之"自然"严格指示 physis/natur 概念，而不从中文固有脉络理解。这个论衡部分所关注的是，大成于柏拉图之手的西方哲学传统如何在完整的天道经验中抽取片段构成了那个与礼俗对立的自然（physis/natur）[2]；海德格尔又是如何对之反省、颠倒乃至克服的；权衡与推进海氏的工作，尚需哪些关节。这些关节点归属本文所谓道之现象学。只要通过几处文本评注，对道之现象学的性质、任务、方法与节次做一初步勾勒，本文的使命即告完成。由于"现象学"语境的特殊性，本文将尤其侧重对呈示原初现象整体之道体经验做"方法论"上的阐发。

也许可以预先说明一点，此间关乎道体经验的阐释对照，所切者即天人之际，从人道－天道关系入手直探道

---

[1] 关于先秦道论，参见张舜徽从治统出发所做的研究，《周秦道论发微》，武汉，2005。此书论天道较少，基本没有涉及易学。天道问题参见张祥龙，《海德格尔思想与中国天道》，生活·读书·新知三联书店，1996。此书基本在道家视野中论天道。

[2] 这个过程的另一侧面当然是：如何在完整的人道经验中构成了与自然对立的礼俗（nomos）。天道经验与人道经验的完整性在于，它们共属于同一个现象整体。

体。本文进路，不拟区分心体与性体，而重道之体用，涵摄心性（分梳心性亦是一重要进路，固不可忽也）。与此相应，海氏之思虽以重思"自然"为一重要取径，却是以前苏格拉底哲人为依傍，回到狭义的"自然哲学"（宇宙论）、"人文哲学"（道德论）与"后物理学"（本体论或存在论）有所区别的亚里士多德传统之前。在这一点上，正与以易庸所代表之中国古典思想中以天人之道交互发明的传统若合符节。海氏并非不知他之前的德国哲学（特别是新康德主义）所着意区别之"自然"及"领域"。以现象学术语说，这充其量涉及了"区域存在论"的问题。而海氏以人为一殊特卓异之存在者，以此存在者之分析论展开所谓"基本存在论"，以人之世界所遭际事物以及人自身之存在方式出发追问存在之涵义。这就比新康德主义更深刻地回应了以"人是什么"为基础问题的康德本人。

宇宙论与道德论的刻意区别，源于亚里士多德对存在者的分类（永恒必然的与可变或然的等），此分类基于对存在涵义的某种领悟。而海氏依靠疏解前苏格拉底哲人欲追问且超越的恰恰是肇端于柏拉图、大成于亚里士多德的这个存在领悟与存在者分类。故以缺乏"自然哲学"或者"伦理学"指责海氏，实未原其深旨也。另一方面，亚里士多德本人在区别自然与人事之后，复以其潜能/实现学说贯通两造，使人事伦理之基有其自然之根，或竟有与自然共通之根。此固大哲之事也。如其不然，则伦理与自然、人道与天道必将断为两橛，人道之基不在自然则当在约定、意志、自由、理性、精神等。遂滥入近代哲学而不可收拾矣。以此回观易庸之统，则知其以人道天道、心体性体相互发明之统续有其深意焉。《中庸》系以性体建立心体（天命之谓性，率性之谓道，修道之谓教），复以心体通于性体（以诚之通诚、天命於穆不已，而文王法天亦纯之不已），是以天道人道构成循环往复之洪流，以"诚体"统之而已。如以"诚"为所谓"价值"概念不当为宇宙本体之说责之，则可观柏拉图系统以"善"之相为自然人事以及一切相之源头，即令亚里士多德不用"善之相"建立哲学，而此宇宙目的论之构架则未尝无，即明所谓"价值""事实"之新康德主义区分，未足以理解古人之深意也。本文限于论题，置《中庸》不论，以《易传》为本直探道体。《易传》固乏《中庸》以心体回证性体之进路，然其乾坤二元乃至六十四卦之德，实足以涵摄天地君子，此细玩《十翼》，历历可见者也。如此，则足证乾坤二元，实表道体。道体发用，方在天人，以道体贯通天人，自不必复以"自然""人文"之别责之也。盖易庸实一贯者，此即周濂溪立说之本，无此即无宋明儒之学，终无中国思想可言。

（一）是、易与原初现象整体

在柏拉图那里，哲学当然包含着向自然经验开敞的维度。按照正统的哲学述说，这一维度才是哲学发生的前提。柏拉图哲学的复杂性在于处理哲学之自然经验与神话经验-政治表达的关系。按照柏拉图的描述，仅当否定了礼俗经验（从洞穴中返身而出），自然经验才是可能的。在洞穴之外，自由了的哲人依次观察到如下现象：

> 首先大概看阴影是最容易，其次要数看……倒影容易，再次是看东西本身；经过这些之后他大概会觉得在夜里观察天象和天空本身，看月光和星光，比白天看太阳和阳光容易……接着他大概对此可以得出结论了：造成四季交替和年岁周期，主宰可见世界一切事物的正是这个太阳，它也就是他们过去通过某种曲折看见的所有这些事物的原因。[1]

之后，由于某种外缘——按照《理想国》的表述是由于被热爱正义者所强迫——哲人不得不返回洞穴，此时，他又这样获得神话-礼俗黯淡火光之下的人道经验：

> 这时他的视力还很模糊，还没来得及习惯于黑暗……如果有人趁这时就要他和始终禁锢在地穴里的人们较量一下评价影像，他不会遭到笑话吗？……要是把那个打算释放他们并把他们带到上面去的人逮住

---

[1]《理想国》，516a-c。

杀掉是可以的话,他们不会杀掉他吗?[1]

柏拉图这里的描述虽暗指苏格拉底的命运,其笔调则属诗艺式的打比方,不无戏论嬉谑。我们不妨效法禅宗机锋,以戏了戏,以诗结诗,也顺之追究一二。

上攀出洞者觉得洞外可惊可观,为之盘桓依止者,盖因洞外恰有日光,换言之,盖因洞外恰是白昼之故。然而,洞外此时恰巧晴朗有日,乃是偶然之事——他难道没有同样的可能性遭遇黑夜、风雨、雷霆等其他时刻?我们可以说,柏拉图式的自然观察者,正好在那样一个时刻目睹洞外日光,遂以人道湫隘黯淡而不足居,遂于洞外逡巡不去。这个时刻对于后物理学的历史实乃肇端-统治之元,我们可名之为"是的时刻"——是者,日正之象也。[2] 构成后物理学历史的那些基本概念:存在、存有、本体、是、真,等等,均出于柏拉图郑重描述的这个日丽于天、光明朗现的时刻。假如,这个出洞者按照同等的可能性遭遇沉沉黑夜,此人必以人道-洞穴更为无蔽而归止,毫无时间酝酿那种苏格拉底式的可笑"晕眩"。柏拉图赋予太

---

[1]《理想国》,516e-517b。
[2] 参见《说文解字》第二篇下"以日为正则曰是……天下之物莫正于日也"。古代汉语出现系词固然较晚,而后更以"是"字表之且以是/有翻译 Sein,其义深矣。此与柏拉图洞喻论存有/真理之源,若合符节。又参见下文论"大有"卦部分。

阳之地位，此人亦必以之赋予神话礼俗之火——一切以为礼俗自洽，文明无须天道或"自然法"基础即能成立者，或即此人之苗裔。知崇礼卑，此人既无向上之机缘，亦只能下降到礼俗、盘桓于卑处了。这样的文明，就是低于哲学的政教文明。

进一步言之，即令此人遭遇日光，若诚如苏格拉底所说，此人在洞外长期盘桓，学习观看，有关于昼夜、天地乃至四时的经验，他何以仍然以为："主宰可见世界一切事物的正是这个太阳"？

如上文已示，通过关于真理问题的一切探讨，海德格尔取消了太阳的这个主宰地位。他将天地之间的开辟敞亮——与"天下"相比，这个敞亮是有边界的——立为原初的无蔽现象；并且通过进一步追问遮蔽-无蔽之有（es gibt）指示无端发生（Ereignis）之精义。海德格尔同样也要解释光-形的呈现，他抓住了自然经验中的天地之间（加以洞穴的限制，因为洞穴是有边界的[1]），而略去了日月天体。不过，这同时也意味着，他与柏拉图目睹同一境地，无非取舍不同，缘各自取舍所悟自然之理亦复不同。

柏拉图依据太阳之德，确立超越、产生、揭示一切理

---

[1] 在洞穴有界、天下无疆的意义上，洞穴单用于指示全部可见世界是不恰当的。而海氏以可见世界与礼俗世界叠合，解释为被神庙撑开、又被代表野蛮的密林所限制的城邦小天地，则能圆转地解说柏拉图对整个洞穴的描述。

念之上之善。太阳亦自有形,虽为自我揭示,然终是一物。故善虽超越,亦为一相及存在者。现象学遮是显有,悬置存在者,而后存在者之出场现有可见。海德格尔不滞于物,遂用蹈空示无之法,以敞亮开辟之自现自隐表存在者之现有到场。复又追问何以而有开辟敞亮。后者已非万有之一,故命有之形式主语 es 实为无端之端、无始之始、乌有之有。开辟敞亮乃无端自有、自成发生者。海氏遂以"其命有"(es gibt)或"自发自生"(Ereignis)为最后教诲。

海氏之说,自有精义。不过,天地敞亮自现自隐与乾坤之义虽略有暗合之处,仍拘于形、滞于势。乾坤之理不外阴阳之道。后者含健进生生、贞下起元、不断生成之义。仅仅通过天地的静态对峙,再脱开经验,纯依求本势用,迫于德文语法追问何以 es gibt,终无法领悟生生之义。盖因海氏于现象整体也只窥一端,略去了日月四时万物化育。

如以原初现象整体观之,柏拉图与海德格尔皆各有所偏。前者唯见日月,后者唯见天地。柏氏不知,天道有阳亦复有阴,人道有阴亦复有阳。柏拉图病在天人二分,所谓政治哲人无非看了天上忘记地下,回到地下又讳言天上耳。海氏于"天地位焉"固略有所窥,于"万物育焉"则毫无心得,遑论天人诚明、知崇礼卑、乐阳礼阴、鸢飞鱼跃等义。更不从日月经天四时之行领会自生自成之理。

原初现象整体既非日正的片刻停滞,亦非对峙的天地之间,而是日月经天、昼夜之道、四时之行、天地化育。

西方哲学关于天道的基本经验已用日行之停顿——日正之"是"标明，中华思想对此的基本表达可用日月之"易"来表示。易字面原义，即日月之行。[1]以日月之行为象，推而广之，则可通达作为天人至道的易理，正所谓《易》与天地准，故能弥纶天地之道"[2]。《易》之为书也，广大悉备，有天道焉，有地道焉，有人道焉。"[3]

在儒家经典中，关于原初现象整体与道体经验的表述不一而足，尤以《易·系辞》描述为系统赡富。举其端曰，"通乎昼夜之道则知"，更云，"是故法象莫大乎天地，变通莫大乎四时，悬象著明莫大乎日月……"。

与西方哲学将日行瞬间停滞切割为日正之"是"不同，易理以日月之行为道体经验之开端，所谓"阴阳之义配日月"而"一阴一阳之谓道"。观日月之象而后明昼夜之道，明昼夜之道而后通四时之行，通四时之行而后彰天地化育之道。知天道，则王天下之理在焉。圣王政教之道，无非法天。子曰，"大哉！尧之为君也。巍巍乎！唯天为大，唯尧则之。荡荡乎！民无能名焉……"[4]"无为而治者，其舜也欤！夫何为哉？恭己正南面而已矣"[5]。又云："天何言哉？四时行焉，百物生焉，天何

---

[1] 参见姚配中，《周易姚氏学·序》。
[2] 《周易·系辞上传》。
[3] 《周易·系辞下传》。
[4] 《论语·泰伯第八》。
[5] 《论语·卫灵公第十五》。

言哉。"[1]

四时行、万物生是天德之用,无言无为是天德之体。故《观卦》之《象》曰:"观天之神道,而四时不忒。圣人以神道设教,而天下服矣。"[2] 不宁唯是,亦观天下、观民。故其爻辞有:"九五,观我生,君子无咎。"此爻《象》曰:"'观我生',观民也。"

《观卦》阐发观天人生民以设教之道。此卦所紧接的《临卦》则阐发为政统治之道。"象曰:泽上有地,临。君子以教思无穷,容保民无疆。"[3] 其爻辞则有:"初九,感〔引者按:原文作咸,下同〕临,贞吉。九二,感临,吉无不利……六五,知临,大君之宜,吉。"[4] 关于六五的爻辞:"象曰:大君之宜,行中之谓也。"

"宜",来知德注曰:"宜者,得人君之统体也。"[5] "知临",焦循注曰:"知崇礼卑……"[6] 李道平疏曰:《中庸》曰'唯天下至圣,为能聪明睿智,足以有临也',故曰知临。……'知临'而言'行中'者,《中庸》言'舜之大知,用中于民',是其义也。"[7]

---

[1]《论语·阳货第十七》。
[2]《周易·观卦第二十·象》。
[3]《周易·临卦第十九·象》。
[4]《周易·临卦第十九》。
[5] 来知德,《周易集注》卷五。
[6] 焦循,《易章句·上经》。
[7] 李道平,《周易集解纂疏》卷三。

按，朱子曰："义者，事之宜也。"[1]大君之宜，所说无非政事之义，含摄作为《理想国》主题之一的城邦共同体之"正义"（dikaiosynee/Justice）。哲人王欲施正义于民，必先观察日光，转而回洞以知临之。此"知"（sophia）先无感象，且徒事高明不得中行，则必被穴民所拒。是观临二象，必为任何统治所固有。易理的殊胜在于，大君临民之象，承之以观天观生之象。观民生则以感通天下之志，遂易知易从。观天则明与时中行之道。以通志之感，中行之知以临民，遂能成天下之业。大体而言，在观道之不同耳。《中庸》引《诗》曰，鸢飞鱼跃，上下察尔。[2]上以知观四时，是设教与时中行；下以身感民生，是制礼不逆人情。观象贯通天地四时民生，是易之"原初现象整体"圆转无碍，毫无所遗。哲人王所观，则上下断为两截。盖因柏拉图切断天人，且只见日头高照不见昼夜四时也。

西方哲学所观，上文已以"是"名之。"是"为日头高照，乃易道之一时。易是之则有是焉。用"是"字固取其古义，大抵还在于此名在现代中文与现代哲学中的作用。从易象说，"是"字之义，当归属下乾上离之"大有"卦。其《象》曰："火在天上，大有。君子以遏恶扬善，

---

[1] 朱熹，《论语集注》卷第一。
[2] 同上。

顺天休命。"[1]此卦明白,火在天上,乃天行之一时。阴爻得阳尊之位(六五,其他五位皆为阳爻),上下感应,应天顺时耳。正所谓无为,恭己正南面而已矣。故其《彖》曰:"柔得尊位大中,而上下应之,曰大有。其德刚健而文明,应乎天而时行,是以元亨。"[2]此卦上接"同人",后续"谦""豫""蛊""临""观"诸卦,述圣王之道可谓备矣。有心人如将之与《理想国》哲人王四枢德之说次第合勘,当自有所见。

综上所述,易表日月之行、衍为昼夜之道、四时之行、天地之位。是乃易之时位之一,易是之乃有是。易含是而统摄之,易道含哲学而统摄之。依易之天地人三道所制之礼乐文明,就是高于哲学的政教文明。

(二)《易》中的形象指引问题——以《系辞传》为中心

日月之行是道体经验的开端,然而尚不是真正的道体经验。《帛书周易》所含易传有《要》一篇,记孔子语曰:

> 故《易》有[按:原文为又]天道焉,而不可以日月星[按:原文为生]辰尽称也,故为之以阴阳……[3]

---

[1]《周易·大有卦第十四·象》。
[2]《周易·大有卦第十四·彖》。
[3]《帛书周易·要》章四。

《系辞传》则单举"道"说:

> 一阴一阳之谓道。继之者善也,成之者性也……[1]

《系辞传》的如上说法赅摄天地人三道。人道等原来就不在天道之外,故《中庸》首句即能从属于天道的天命推衍至人道。是以,"一阴一阳之谓道"应该是对完整道体经验的真正表述。不过,这是什么样的表述?要确定这一点,需将它同此传中另一段造成若干历史性误会的名言相对照:

> 形而上者谓之道,形而下者谓之器,化而裁之谓之变,推而行之谓之通,举而错之天下之民谓之事业。[2]

与一般的看法不同,我们不认为"形而上者谓之道"是在表述道体的。相反,"一阴一阳之谓道"才表出了道体。戴东原已经指出:

> 古人言辞,"之谓""谓之"有异,凡曰"之谓",

---

[1]《周易·系辞上传》。
[2] 同上。

> 以上所称解下……《易》"一阴一阳之谓道",则为天道言之,若言道也者一阴一阳之谓也。凡曰"谓之"者,以下所称名辨上之实……《易》"形而上者谓之道,形而下者谓之器",本非为道器言之,以道器区别其形而上形而下耳。[1]

戴东原此言,辨经传义例甚明。"形而上者谓之道,形而下者谓之器……"云云,当然不是用以解释道器等,不是在整个论域内划分出道器且对立之,否则以下的"变、通、事业"又当何解?古来各种解释,之所以未能恰切,要害首先在于对这个"形"字做"形体""形质"理解,"形而上"作无形解,"形而下"作有形解。[2] 此恐未合古意。我们可用内证旁通之法,初步确定此字的含义。《系辞传》"形"字出现多处。姑从《上传》举其大者:

> 在天成象,在地成形,变化见矣。
> 圣人有以见天下之赜,而拟诸其形容,象其物宜,是故谓之象。

---

[1] 戴震,《孟子字义疏证》,卷中,"天道"条。撇开戴震自己对道体的看法不论,他对文字义例的分辨是可靠的。但他对"一阴一阳之谓道"的界说性气论理解,以及对"形"的"形质"式解释,我们是不能接受的,参见正文下文。
[2] 即使遵照这种解释,此言明明说得有"道""器""形"三者。器在形下,则两者明明非一物。如何可以混为一谈?不同于道器之形究系何指?

是故阖户谓之坤，辟户谓之乾，一阖一辟谓之变，往来不穷谓之通，见乃谓之象，形乃谓之器，制而用之谓之法，利用出入，民咸用之谓之神。

注意这里的用法，形象多并列（最后一个例句，形作动词用，为特例）。《下传》又有"仰则观象于天，俯则观法于地"。对照《上传》的"仰以观于天文，俯以察于地理""成象之谓乾，效法之谓坤"并"法象莫大于天地"可知这里的"形"字基本与"理""法"等同义。[1]与"象"对举时，当指在地之象。独自出现——犹如象字也有独自出现——当指广义的卦形与爻形。这种解释符合《系辞传》的性质。须知此篇是为卦爻辞作传。[2]卦爻辞之作，基于对卦形爻象的一定看法与用法。卦爻辞有表达天地之道的，如"乾，元，亨，利，贞"、"坤，元，亨"，[3]也有表达制作之器的，如"鼎，元吉，亨"。同一个卦象，或可表达天人之道，或可表达所作之器，或可表示吉凶。如"离为火、为日、为电……为甲胄、为戈兵"。又如《系辞下传》说："包牺氏没，神农氏作，斫木为耜，揉

---

[1] 帛书本"形"作"刑"，与"法"字的关系更为直接。
[2] "圣人立象以尽意，设卦以尽情伪，系辞焉以尽其言，变而通之以尽利，鼓之舞之以尽神。"
[3] "乾""坤"之类已是所系之辞。乾、健也，坤、顺也。皆从音训，各表天道地德。

木为耒,耒耨之利,以教天下,盖取诸《益》。"是《益》卦之意,有"形乃谓之器",又有"推而行之谓之通,举而措之天下之民谓之事业"。而同一个《益》卦,在《帛书周易·要》那里,又指示天地人君之道:"《益》之为卦也,春以授夏之时也,万物之所出也,长日之所至也,产之室也……《损》、《益》之道,足以观天地之变,而君者之事已。"[1]

由上可知,"形而上者谓之道……"云云,直接地看是《系辞传》作者对系辞者对卦形爻象解释的再解释[2],间接地看,也就表达了系辞者对易象的不同观法与用法。关于易之德用,《系辞传》在其他的地方也做了提示:

> 夫《易》,圣人所以崇德而广业也。
>
> 盛德大业至矣哉! 富有之谓大业,日新之谓盛德。
>
> 《易》有圣人之道四焉:以言者尚其辞,以动者尚其变,以制器者尚其象,以卜筮者尚其占。是以君子将有为也,将有行也,问焉而以言……夫《易》,圣人之所谓极深而研几也。唯深也,故能通天下之志,唯

---

[1]《帛书周易·要》章四。
[2] 此所谓"人更三圣"。旧说卦爻伏羲作,卦爻辞文王作,易传孔子作。虽不足据,其间的解释关系还是清楚的。十翼也有直接解释卦爻之象的,唯《系辞传》还要解释系辞乃至"象""彖"等之所以作,包含再次解释的成分。

几也,故能成天下之务,唯神也,故不疾而速,不行而至……子曰:"夫《易》何为者也?夫《易》开物成务,冒天下之道,如斯而已者也。"是故圣人以通天下之志,以定天下之业,以断天下之疑。

是故阖户谓之坤,辟户谓之乾,一阖一辟谓之变,往来不穷谓之通,见乃谓之象,形乃谓之器,制而用之谓之法,利用出入,民咸用之谓之神。

将这些段落中的相关描述作一综合。可以发现,易有这样几个德用:制器(开物,尚象,形乃谓之器)、断天下之疑(化而裁之谓之变,以之动者尚其变,定之以吉凶所以断也)、通天下之志(推而行之谓之通)、定天下之业(广业,富有之谓大业,举而错之天下之民谓之事业,成天下之务,通变之谓事)、卜筮。

以之回勘到"形而上者谓之道……"这段,即可以综合为"制器""施为裁断推行"[1]、"见道"三个环节。"施为裁断推行"包括"通天下之志从而断天下之疑、制而用之、民咸用之或者说举而错之天下之民"几个环节。大体说来,把"辞"的问题撇开,易象(形)之用,可勉强对应于亚里士多德所谓技艺(制作)、实践(裁断推行)、理观(见道)。同一个形,相应于不同的德用,可以是形式(用以开

---

[1]"化而裁之谓之变",帛书本作"为而施之谓之变"。

物制器)、形势(用以断事成务)、形象(用以通神见道)。所谓"形而上谓之道"也者,即将形观为道象(即所谓"见乃谓之象"),而不观为制器的形式或者实践的形势耳。

这就是说,"形而上谓之道"并非描述道,而是描述如何观道或者道如何显示自己。

那么,道象究系何指,道又如何观法?这就需要对"形而上谓之道……"一段的意图作更精细的考察。

我们把"形而上谓之道……"这一段回复到其上下文中,就可以发现,它原是顺着上文讲乾坤之卦象而作:

> 子曰:"圣人立象以尽意,设卦以尽情伪,系辞焉以尽其言,变而通之以尽利,鼓之舞之以尽神。"乾坤,其《易》之蕴[引者按:帛书本作"经"]邪……乾坤毁,则无以见《易》;《易》不可见,则乾坤或几乎息矣,是故形而上者谓之道……举而错之天下之民谓之事业。是故夫象,圣人有以见天下之赜,而拟诸其形容,象其物宜,是故谓之象……极天下之赜存乎卦……

夹着这个段落的前后两个"是故"说明,这段就是用来说象对易之"现"用的——往来不息、显易发用的就是乾坤。易之有圣人之道,不一而足。以观道体无非其中之一。

另外,所引段落中"卦""象"两字的关系值得玩味。

所引段落开头明白将当"卦""象"作为作用不同的东西。所引最后似乎隐然以两字为同义语使用。其实象并不可见，借卦明之也。故卦辞以"象"释卦爻。经中只有卦爻，何尝可举出象。"极天下之赜"者就是象，象存乎卦，非言象就是卦。此前有"圣人设卦观象，系辞焉而明吉凶……"之语，乃知象虽非诸卦，却非卦不可观、不可显也。而合"在天成象，在地成形""成象之谓乾，效法之谓坤""见乃谓之象，形乃谓之器"三语观之，乃知象属乾属天也。又"天尊地卑"，尊者，上也；卑者，下也。"形上之谓道"盖谓借天象明天道也——"是以明于天之道，而察于民之故。"

能借之以明天道的象究系何指？《系辞传》说的明白："悬象诸明莫大乎日月。"这不是说，天道之象就是日月，而是说，日月之形[1]最清楚地表示了天道之象。再回顾一下《帛书周易·要》中孔子的教诲：

> 故《易》有天道焉，而不可以日月星辰尽称也，故为之以阴阳……[2]

于是乎可以确定，天道之象、设卦所观之象、形而上之象，即阴阳也。

阴阳明明属于两仪，《系辞》云："《易》有四象"者，

---

[1] 在六书中，日月即"象形"之例。参见《说文解字·叙》。
[2]《帛书周易·要》章四。

何也？四象者，象四时也，元亨利贞也。四时无非阴阳往来也。往来无穷，不息不殆，决不可表之以"阴与阳"，而须表之以"一阴一阳"。表天道之象，即"一阴一阳"也。乾坤本是卦形，如何见易？借其卦表阴阳之象也。乾坤被用作形上观道之时，即不再实指天地万物，而指阴阳开合。"是故阖户谓之坤，辟户谓之乾，一阖一辟谓之变……""一阴一阳"表生生不息的变化。

现在我们才可以同意戴东原的那个结论，即描述道体的句子是"一阴一阳之谓道"。也同意朱子所谓，说"一阴一阳之谓道"可，说一阴一阳为道则不可。[1]我们所不敢苟同于前贤者，在于既不将道等同于阴阳（《系辞传》引孔子说"知变化之道者，其知神之所为乎"，又云"阴阳不测之谓神"，是阴阳不同于变化之道也），也不像理学那样将阴阳解释为"形下之器"（器可制作，阴阳可制作否？），而是以一阴一阳为道体之象，指引生生不息，周流不殆的易道。

我们将这种通过阴阳开合不已显示道体的形上观道之方法称为"形象指引"。

(三) 发生与生生——代结语

牟宗三说过，"一阴一阳之谓道"是"指点语"，而非"界定语"，我们的意思同他相仿。[2]这里所需的进一步工作

---

[1]《周易折中》引，见李光地，《周易折中》卷第十四，系辞上传（下）。
[2] 参见牟宗三，《周易哲学讲演录》，上海古籍出版社，2004，页111。

是现象学反思的，即需检讨这种"指点"属于何种方法。

从西方哲学的传统看，必须询问它是概念化把握，是符号，是表象，是显示，还是指号等等。所有这些指点方式，都通过名词化势用指向在场者。海德格尔力图以形式指引之法，把在场的在场者括出去而显示在场者之在场。用本文的话说，即中断名词化势用而显示原初动词。他的努力体现为这样的追问："开辟敞亮从何而有、如何而有？在这'有'中什么在说话？"[1]根据海德格尔的阐发，在 es gibt etwas（它给出某某/有某某）之中，那个超越在场者甚至在场者之在场乃至让在场（相当于开辟敞亮）的 es（它），及其对某某的给出-赋予-命，在给出-赋予-命某某的发送之中，已经自行规避隐没（Entzug）了。有者之有（无蔽、朗现）即有自身之无（没-默-莫）。此即所谓自行遮蔽。要彰显这个沉没-沉默-隐没的"它"及其给出-赋予-命，只有罔顾它所给出的有者（存在者、存有者）而思。这种为了自己不必规避隐没而切断阻隔了 etwas 的单纯 es gibt，被海氏称为 Ereignis——（自行）发生。发生发生（自成成自、自生生自）：Ereignis ereignet。发生发生与 es gibt etwas 其实不二，无非遮显各别。发生发生遮去 etwas 而显 es gibt，es gibt etwas 遮去 Ereignis ereignet（=Es gibt "Es-gibt"）——也就是海氏所谓

---

[1] Woher aber und wie gibt es die Lichtung？ Was spricht im Es gibt？

es 之自行隐没——而显 etwas 耳。粗略地说，后者就叫作遗忘存在。在我们看来，海氏的这种方法是一种彻底化了的形式指引——虽然他后来不再提到这个名称。

与国际海学界的兴趣相关，中文学界往往将海氏"发生"之说与佛老之学相参照。[1] 老学流派歧出，且本于人君南面之术，兹不具论。缘起性空之说与无端发生之说确有可以相互发明之处。不过我们还是要提醒一点，隐藏在 Ereignis 背后的主谓结构并不因为海氏强调了 es 这个主语的形式性而完全不起作用。主语或空，主位仍在。那种"开辟敞亮从何而有、如何而有"的问法本身就仍是主谓结构发用的结果。海氏之学，只在遮有者而显有的方法上，与破斥缘起，直显自性空的路数有所接近。而空亦自空，佛家断不会接受"（哪怕是空的）自性给出诸假有"的结构。"给出者"与"给出"都不是佛家所能承认的。另一方面，假有是自性空，非断灭空。至少大乘佛学，也不会完全接受所谓"罔顾存在者而思存在"的遮-显之路。佛学恰恰是凝视所谓"存在者"，而发现该存在者自身乃至存在完全不能成立。佛学破斥存在者自身（所谓自性），海氏则是追问存在者何以能立。其间差池，可谓谬以千里矣。此点本文略加说明，限于篇幅，不克阐述。

---

[1] 参见 Graham Parkes, *Heidegger and Asian Thought*, University of Hawaii Press, 1987. 此书中用以比较之中国思想，以老庄为主，其次为禅宗。另参张祥龙，前引。

按照本文的阐发,在天地、敞蔽、开合等一系列重要关节上,在原初现象整体的呈现方式上,以易道诠释、权衡海德格尔之学当更为恰切。

海氏最终发问的是,如何有敞亮开辟。上文已经解释,敞亮开辟实指自行遮蔽之无蔽。是以这个问题相当于易学中的观道问题——如何即阴阳之象显明道体?

当然,《易》之经传都不曾这样提问。这对于古人是那样显豁明白,一如日月经天、江河行地。在眼前朗现的境地本不必追问,隔膜远遁的东西才要通过追问抓住。古人与希腊哲人不同——或者说经学与哲学不同——震撼所带来的并非惊奇追问,而只是单纯的描述、赞叹乃至惋惜。《系辞传》便以如此口吻直指道体:

> 一阴一阳之谓道。继之者善也,成之者性也。仁者见之谓之仁,知者见之谓之知,百姓日用而不知,故君子之道鲜矣。显诸仁,藏诸用,鼓万物而不与圣人同忧。盛德大业至矣哉!富有之谓大业,日新之谓盛德。生生之谓易,成象之谓乾,效法之谓坤,极数知来之谓占,通变之谓事,阴阳不测之谓神。

所谓道之现象学,其基本任务就是接绍《乐记》《中庸》以及《通书》的作者,将思想引领到这段文字所显豁的境界面前。道论的纲要就是解释这段文字。限于本文的主题，我们仅从上文所引发的、同海德格尔思想——归根结底是同整个西方哲学——有关的若干关键问题出发，根据这段文字的片段略做点评。

首先，"一阴一阳之谓道"，乃破本返道 - 形象指引 - 遮是显易之法（约略相当于熊 - 牟系统的即用显体之法）。此体为道体，非主体、基体。阴阳往复屈申开合之外无道。"一阴一阳"无主位系之，道并非"一阴一阳"之主语。故不可说道为"即活动即存有"，因其自体不可以存有说。存有只是道之用。"缘起性空"说庶几近之，不如云"性空缘起"；"如如不动"亦有所似，更不如说"不动如如"。要之，唯"生生之谓易"可确解"一阴一阳之谓道。"所谓"为道也屡迁，变动不居"也者。道体为变，有无乃道体之用。生生无其后使生生者，所谓"神无方而易无体"，此海学与易道差别之一。

其次，生生之流，一阴一阳，有生有成。生乃乾德，所谓乾知大始、继之者善。[1]成乃坤德。生成自是二事，而不相脱离。生必有所成，所成必贞下起元，原始要终，

---

[1] 朱子本义云："道具于阴而行乎阳。'继'，言其发也。'善'谓化育之功，阳之事也。'成'，言其具也。'性'，谓物之所受，言物生则有性，而各具是道也，阴之事也。"朱熹，《周易·周易系辞上传第五》。李鼎祚引虞翻曰，继，统也，谓乾能统天生物，坤合乾性，养化成之。参见李道平，《周易集解纂疏》卷八。
按，生、成不宜相混。"生"即"乾道变化"，"成"即各正性命，盖即"曲成万物而不遗"之谓也。《中庸》只说个"诚""诚之"，无非"成之者性""成性存存""各正性命"之理也。

不断重生。此正所谓"乾道变化,各正性命"[1]。海氏发生之说,发生之体(Ereignis)与发生之用(etwas)相互割裂,是只见生理,未见成理;只见生成之理,未见贞下起元、不息不殆之理。海氏大抵只见天地位焉,未见万物育焉。此海学与易道差别之二。

再次,天道诚者自成,人道法天诚之。继之者善、成之者性是天人不二之道,礼乐因之生焉。《乐记》《中庸》皆发挥易理之作。海氏只说制器(艺术)、政教、祭祀乃至思等都是真之不同发生方式。这些方式彼此间是何关系,是否殊途同归之类,他没有进一步的说明。天人关系,在他那里终不免或以人摄天,或以天摄人。此在所忧所患(Sorge、Angst),绝不同于圣人之所忧所患。大业出于决断,盛德从何谈起。诸如此类,皆由海学之境,虽有天地众神,终非所谓参天地而赞化育之境也。此海学与易道差别之三。

2007年5月初稿
2011年3月改定

---

[1]《周易·乾卦第一·象》。

《易传》与生生

回应吴飞教授

吴飞先生的《论生生》是近期一篇重要的中国哲学文献。[2] 文章从现代中国思想的历史处境出发,梳理和辨析了对生生之道的几种阐释理式,进一步提出了作者关于自然与人伦关系的基本主张。吴文考据周详、论证缜密、视野开阔、辨析入微,且显然具有更为完整的意图,本来非我所应置喙。由于文章在论题与理路上均直接涉及几年前发表的拙作《生生与造作》[3],而近来自己也试图推进有关思考,故不揣冒昧,撰文回应。因篇幅有限、时间仓促,于西学部分只做两点申辩。第一,吴飞先生以形质论判断西

---

[1] 原文刊于《哲学研究》2018年第一期。
[2] 本文据以摘引的是吴飞2017年9月13日在中国社会科学院哲学研究所所做学术讲座之全文。
[3] 此文删节版发表于《中国社会科学》2013年第4期,名字亦改为"哲学在中国思想中重新开始的可能性"。后收入丁耘的文集《中道之国》,福建教育出版社,2014,页249,标题恢复为《生生与造作》。

方哲学的基本传统,自有其合理之处。但在亚里士多德及其统绪中,目的论主导形质论,而非相反。目的论确有超越形质论之努力与效验。第二,吴飞先生对中西学关系的看法与我大本不异,而态度略有不同。吴飞先生主判析,欲划清一切界限;我主判摄,欲划清界限之后收摄西学,依中学阐释而安顿之。唯此两点所涉颇大,尚需论证,且待来日。下文仅就生生问题略申己见。

一

吴文与拙文交涉之关键,是如何理解生生。以此为前提,才能展开进一步的工作,彻底划清生生与制作两个模式的界限,推进中学、判摄西学。生生之为吴文的主题,理固宜然。

在这个议题下,吴文的生生之论有三个步骤。第一是通过内外考证,确定"生生"在《易传》中的文义。第二是在厘定"生生"文义的基础上,阐释"生生"的理义,确定其中所蕴之中国哲学出发点:取象。第三是从此基本取象出发,解释整个中国哲学的特质,尤其是其与中国文明(人伦)的关系。笔者先考察吴文生生之论的第一、二步,因为这是他所有工作的真正基础;然后试着提出笔者对有关问题的看法。

吴文在考证"生生"时,广引先秦典籍,结论为:"由

'生'叠字而为'生生',在先秦典籍中出现多处,其义多为迭言'生'字以强调之,或为'进进',或为'生计',或为'使生者生'。孔颖达亦释《易传》的'生生'为'不绝之辞'。"这些地方【丁按:指《易传》之外有此二字的先秦典籍】的'生生'要么二字都是动词……要么第一个'生'为动词,第二个'生'为名词。"

此结论大体可从,然尤可益。《系辞》里有一个同样的叠词现象,且在义理上与"生生"关系密切,即"成性存存"。孔颖达对此有确诂:"……存,谓保其终也";"存存"为:"存其万物之存,使物得其存成也。"[1]至于"生生",孔氏则云:"生生,不绝之辞。阴阳变转,后生次于前生,是万物恒生谓之易也。前后之生,变化改易。"[2]孔诂"存存"为明确的前动后名,而其解"生生"未以此种方式,表明孔未以"生生"为前动后名。故可确认,孔疏"生生","二字都是动词"。然而严格地说,孔氏于"生生"只有解义,并无如对"存存"那样的字义之诂。其解"不绝",实因生生二字前后相联,示前后相继,故有恒而不绝。此来自叠词现象,犹"绵绵不绝""喃喃不休",而与生之字义无直接关系。故孔氏解生生以"不绝"者,以阴阳之理义,非生之字义也。而其阴阳之理义,盖从上文

---

[1]《周易正义》,北京大学出版社,1999,页274。
[2] 同上书,页271。

"一阴一阳之谓道"来。生生之理在阴阳，吴文对此广引史料，解释甚精：

> 京房释"生生之谓易"云："八卦相荡，阳入阴，阴入阳，二气交互不停，故曰生生之谓易。天地之内，无不通也。"荀爽云："阴阳相易，转相生也。"王弼注："阴阳转易，以成化生。"孔颖达疏："生生，不绝之辞。阴阳变转，后生次于前生，是万物恒生，谓之易也。"朱子："阴生阳，阳生阴，其变无穷，理与书皆然也。"李道平云："阳极生阴，阴极生阳，一消一息，转易相生，故谓之易。"

吴文据此概括："各家的理解均指向同一个方向：阴阳之间的关系。阴阳消息变化，显然是理解生生的关键。而诸家释阴阳关系大致有两个方面。一方面，强调阴和阳的相互转化变易；另一方面，强调通过阴阳之间的相互作用，化生万物。"

此概括甚准确。不过，吴文所引六条材料中，主阴阳相互转化义的占五条，唯京房一条主阴阳相互作用义。而在吴文后面的关键部分，对生生的理解，却只基于阴阳相互作用义。此处据材料六分之五强的阴阳相互转化义已消失不见，生生之义乃等于阴阳交合，两个方面变成了一个方面。这是吴文对生生文义的梳理。

关于生生之理,吴文的阐述非常清楚。其所依文本为:

> 《系辞下》云:"天地氤氲,万物化醇;男女构精,万物化生。"这是言生生之理最重要的十六个字,我们将它简称为"生生十六字"。

吴文对"氤氲"与"化醇"做了比较细致的解释:"'氤氲'……状天地间之烟云元气交泰之象,故所谓"天地氤氲,万物化醇"者,指的就是天地之间,元气蒸腾,阴阳交感,……强调天地化生万物之过程。"

吴飞先生又以此与《序卦传》对照:

> 《系辞传》中的生生十六字,又对应于《序卦传》中上经、下经开首的两段话。《序卦传》以"有天地然后万物生焉"来概括上经三十卦,因上经始于乾坤,中有泰否,终于坎离,其大致结构是讲天地间之万物,即"天地氤氲,万物化醇"。对下经的概括则是:"有天地然后有万物,有万物然后有男女,有男女然后有夫妇,有夫妇然后有父子,有父子然后有君臣,有君臣然后有上下,有上下然后礼义有所错。"下经三十四卦始于咸恒,中有损益,终于既济未济,主言人事,即"男女构精,万物化生"……上经始于天地乾坤,以天地化生万物为主题……下经言人类社

会,始于咸恒夫妇之道,与上经乾坤两卦相对。

这就是说,吴飞先生在前文所说的"阴阳相互作用",在这里落实为"天地氤氲""男女构精";吴文理解的"生生",也就是这里的"化醇""化生"。其直接所据的卦象,就是乾坤与咸恒。

非独如此,在天地与男女之间,吴文则又以男女结合更为基本,是为全部中国哲学的取象。而天地氤氲,则自男女构精推衍而来:"中国哲学取象于父母的生育,并以此推衍为天地与万物的关系,好像天地也是万物的父母,如同人类的父母那样孕育万物。这一点既经确立,动物和人的交合生育,倒好像是模仿天地的交合了。"又借《周易正义》孔疏"十六字"的"得一"之说发挥道:"借助人间男女交合之象,推想天地氤氲之事,而抽象出阴阳两大原则,再以此来解释万物生灭,并认为,雌雄万物与人间男女的交合,不过就是对天地氤氲的一种模仿,因而应该模仿天地自然得一的品质,不可差二。这应该就是作易者构造出生生这个概念的大致思路。"

《系辞上》云:"乾道成男,坤道成女。"而吴文之意,可谓"男道成乾,女道成坤"。从卦象上说,可谓乾坤出自咸恒,而后摄咸恒于其下。吴文所谓生生之理,于卦象根植于咸恒二卦,以咸恒为生生之本。

故吴文的结论为:"'生生'之德最核心的含义,就是父母生子这件事,这是一切中国哲学思考的起点,也是一切人伦关系的始点。"

综上所述,吴飞生生学说要点如下:第一,生生之义的文本依据是《系辞下》的十六个字,即"天地氤氲,万物化醇;男女构精,万物化生";第二,此又相应于《序卦传》之上下经之始,亦即乾坤咸恒四卦;第三,乾坤之卦,因而全部六十四卦,皆是以咸卦为基本取象推衍而来;第四,因此,父母生子之象,是中国哲学之起点,也是中国人伦之起点。

二

我对吴飞先生的一贯观点,即"夫妇之道为中国人伦之起点"的看法,非常赞赏,基本同意。但此文是通过证明男女结合是中国哲学的基本取象,来证明夫妇之道是人伦起点的。对吴先生证明这个我本该同意的观点的方式,则恕难苟同。具体地说,吴飞文上述理路的第一、二、三点,恐均有不妥之处。

第一,关于所谓"生生十六字"。

"生生"在《易传》中出现的地方非常清楚,就是《系辞上》的"生生之谓易"。吴先生不去解释此处的文本,反从《系辞下》找出那与"生生"并无直接字面联系的十六个字,以为这是《周易》经传关于"生生"之义的核心文本。这点令人费解。盖《系辞上》多讲八卦之成象。[1]亦讲如何从八卦引申出六十四卦[2]，讲了卦变（错综等）的原则，总论卦、爻、象、辞等的产生与解读原则，《系辞下》则对卦爻辞进行串讲，即所谓系属卦爻也。[3]讲六十四卦多，讲特定的卦变爻动关系多，引述具体爻辞多。上下篇关系虽不可归为纲目，总别之义则在焉。总论易道，当见《系上》。"生生"之说是总论易道者，非仅属特定卦象。生生之义，当求之于《系辞上》的这段话："一阴一阳之谓道……阴阳不测之谓神。"[4]这段总论，与"十六字"有本末轻重之别，先儒如来知德、王夫之等，皆从"一阴一阳之谓道"贯通生生之义。下详。这就是说。对生生大义之出处，吴飞先生有些误会。那十六字是关乎特定卦象的，不足以解释"生生"。

第二，即使吴飞先生所摘的"十六字"，也并非在解释他最重视的咸卦，而是在解释损卦。因而与作为《序卦传》大书的上下经之首的乾坤咸三卦，并不能等量齐观。

《系辞下》对损卦的全部解释是："天地氤氲，万物化

---

[1] 如"是故刚柔相摩，八卦相荡，鼓之以雷霆，润之以风雨；日月运行，一寒一暑。乾道成男，坤道成女"即讲乾坤如何产生其六子：震坎艮三男与巽离兑三女。
[2] "……八卦而小成，引而伸之……"，《周易正义》，页282。
[3] 故《系辞下》篇首即云："八卦成列，象在其中矣。因而重之，爻在其中矣。"
[4] 《周易正义》，页268—272。

醇。男女构精，万物化生。《易》曰：'三人行则损一人，一人行则得其友。'言致一也。"孔颖达清楚指出"三人行"云云为损卦六三之爻辞。但他对"天地氤氲"等十六字的疏解则是：

> "天地氤氲，万物化醇"者，氤氲，相附著之义，言天地无心，自然得一，唯二气氤氲，共相和会，万物感之，变化而精醇也。天地若有心为二，则不能使万物化醇也。"男女构精，万物化生"者，构，合也，言男女阴阳相感，任其自然得一之性，故合其精则万物化生也。若男女无自然之性，而各怀差二，则万物不化生也。[1]

这段话恐怕就是吴先生灵感的来源。吴文对此用了二千多字来阐发，对比中西古典文明对待性欲与生育的不同态度，特别赞赏不以生育为目的之"任其自然得一"的交合。吴先生在这里发挥出来的道理甚是高明，但他据之发挥的孔疏其实并非毫无问题。

孔疏在此用老子《德经》"得一"之义理疏通此十六字[2]，脱离了损卦之象，且隐隐然指向了"感"，误导吴文将之与《序卦传》有关地方相联。王弼对六三爻

---

[1]《周易正义》，页310。
[2] 参见李道平，《周易集解纂疏》，中华书局，1994，页653。

辞的注倒是基于卦象的："损之为道。'损下益上，其道上行'[1]。三人，谓六三已上三阴也。三阴并行，以承于天，则上失其友。内无其主，名之曰'益'，其实乃'损'。故天地相应，乃得化醇；男女匹配，故能生育。阴阳不对，生可得乎？故六三独行，乃得其友。二阴俱行，则必疑矣。"孔颖达疏曰："夫阴阳相应，万物化醇，男女匹配，故能生育，六三应于上九……"[2]

王弼在注损卦时，很清楚《系辞下》里的"天地氤氲……"十六字是解释损卦的，故力图将之贯穿到对此卦象的注解里。但他又无法依据卦象确切解释这十六个字，故只泛泛地引为阴阳相应之原理，来解释六三与上九之应。孔疏亦是如此。这恐怕无法解释，为何《系辞下》在串讲损卦时，要用宝贵的篇幅来引用一个周易的常识：阴阳爻在特定爻位之相应？有此相应的卦在在皆是，为何仅损卦提及此十六字？换言之，王孔其实只是依据此十六字解释损卦，而没有依据损卦解释这十六字。王孔在对损卦的注疏中，涉及天地男女处都是随处可用的泛论。正因王弼对此十六字的理解本来就是原理性的，与任何卦象都没有确切关系，故孔疏《系辞下》时干脆脱离了卦象，依据《老子》发挥自己的义理。而吴飞先生被孔颖达的这番

---

[1] 这是损卦之《象》辞。
[2] 《周易正义》，页174。

发挥所吸引,又据此进一步发挥了他的生生之说。吴先生自己的学说亦非原则上不可成立。但如依据《系辞下》此十六字,则难以成立矣。盖此十六字在周易经传中决非泛泛通理,而是有其独特含义的。

天地,谓泰卦,乾下坤上,故谓天地。男女,谓损卦。此卦兑下艮上。兑,少女之象;艮,少男之象;故谓男女。吴飞先生偏爱的咸卦则是艮下兑上,也是少男少女之象,故其混淆,在义理上亦无可厚非。但在卦象上则仍需批评,盖损与咸相互是错卦,即每一爻之阴阳皆相反。《易》系于人伦之原的是咸卦,而非损卦。其中有深意存焉。下详。

何以《系辞下》论及损卦要说"天地氤氲,万物化醇"?盖损卦是泰卦所变九卦中的一个。这点古今治易象者皆清楚,包括吴先生非常敬重的潘雨廷先生。[1]泰卦之变为损卦,无非泰中乾之三阳爻之一,上升至坤之上六,则乾损一阳为兑,坤益一阳为艮。一得一失之间,泰变为损矣。从卦气说是阳爻上行。此即《彖》所谓"损下益上,其道上行"。至于乾之三阳爻中究竟何者上行,古之治易者有争论。李道平从虞翻,认为是乾之初九上行。[2]损从泰来,泰下乾之三爻,损一而上,此谓之"三人行而

---

[1] 参见潘雨廷,《论〈周易·彖〉作者的思想结构》,见氏著,《易学史发微》,复旦大学出版社,2001,页150。
[2] 参见《周易集解纂疏》,页374—375。

损一人"。初九上至泰之上六("一人行"),外坤卦变为外艮卦,内乾卦变为内兑卦,兑即友也。此即"一人行则得其友"也。李道平引虞翻曰:"兑即友,初【九】之上,据坤应兑,故'则得其友',言致一也。"[1]此与王孔引老氏之"得一"何干耶?

故李道平解所谓"十六字"曰:"天地谓泰乾坤,男女谓损艮兑。天地交则化醇,男女合则化生。"[2]这就比王孔泛指阴阳相应确切得多。按此解释,天地氤氲、男女构精之间不是什么类推关系,而是精确的卦变关系。天地氤氲导致男女构精,从卦象上说,泰变为损,即阳爻所代表的阳气特定运动的结果。

虞翻、李道平等径直以天地氤氲为"泰"之天地交。而明代易学者,如来知德、王夫之则更精微地区分了天地交泰与天地氤氲。来氏《周易集注》说:"以卦象言,地在中爻,上下皆天,有天将地缠绵之象,故曰天地氤氲。"[3]这就把天地氤氲归为损卦自身之象,而与泰卦的天地交有所区别。来氏也区分了化醇与化生:"天地氤氲,气交也,专一而不二,故曰醇;男女构精,形交也,专一而不二,故化生。"[4]是天地、男女为气交与形交之别。

---

[1] 参见《周易集解纂疏》,页378。
[2] 同上。
[3] 《周易集注》,卷十四,九州出版社,2004,页676。
[4] 同上。

船山《周易内传》亦以为，损卦"有天包地之象；阳运乎外，阴处乎中，天地之化机于此而著"。[1]《周易外传》体会更精，以为阴阳莫盛于泰卦，损卦未如泰卦之盛，"授之成而不能成，欲致之而未可致也"。犹如密云不雨、暑气蒸腾，天地将交而未交，故云"天地氤氲，万物化醇"[2]。船山亦如来知德区分气交、形交，为分辨神、形留下余地："氤氲，二气交相入而包孕以运动之貌……化醇，化其气而使神；化生，化其形而使长。"[3]其《尚书引义》更认为："形化者化生也，气化者化醇也……形日以养，气日以滋，理日以成。"[4]而不能离形言神，故"人不能离生以养醇"，才有吴文重视的人伦之基："不可专归生化于天地以遗父母。"[5]

综合上引诸易学者之说，可知吴文被孔疏所诱，以咸感之义解"天地氤氲"等十六字为误。将天地交泰与天地氤氲等而视之，于义亦有未安。而此十六字所云化生化醇，尤非"生生"之总义，下详。

第三，即使撇开"天地氤氲"等十六字，依据《序卦

---

[1] 王夫之，《周易内传》，卷三下，见《船山全书》第一册，岳麓书社，1996，页345。
[2] 参见王夫之，《周易外传》，卷六，同上书，页1051。
[3] 同上书，卷六上，见同上书，页597。
[4] 王夫之，《尚书引义》，卷三，见《船山全书》，第二册，页300。原文为"形化者化醇也，气化者化生也"，当是笔误，据《内传》之说改。
[5] 《周易内传》，卷六，见同上书，页598。吴文所引王夫之《正蒙注》之义同此。

传》定生生之义，亦非确凿无误之说。诸易传中，《序卦传》最为可疑。岂独宋儒非之？韩康伯云："《序卦》之所明，非《易》之蕴也。"[1]船山语更截然："【序卦传上下】二篇必非圣人之书，即以文义求之，亦多牵强失理。"[2]通达如来知德，以为《序卦》乃为象设，非为理设，不失为"圣人之至精"，然亦承认其唯述一端之理而已。[3]

吴飞先生极为重视《序卦传》，以为"惜乎汉唐宋明诸儒大多不够重视，或存而不注，或略陈数语，如孔颖达云'凡《序卦》所明，非《易》之缊也，盖因卦之次托以明义'"。又以为清儒焦循、近人潘雨廷独得《序卦传》之真蕴："焦里堂释其义曰：'此赞伏羲作《易》之功也。父子、君臣、上下，礼义皆本于夫妇，伏羲定人道，制嫁娶，其教切矣。'……至潘雨廷先生更张大其义，以明《周易》全经之义理结构。"这几条判断恐皆有误会。吴文所引孔颖达语，实韩康伯语也。[4]而孔氏关于全经结构之意见，实同于焦循，异乎韩康伯。孔氏于《周易正义》下经之首即疏咸卦云：

---

[1]《周易正义》，页334。
[2]《周易内传》，卷六下，见《船山全书》第一册，页638。
[3] 参见来知德，《周易集注》，卷十五，页717。"物不可久居其所，泛论物理也。如人臣居宠位之久者是也。岂有夫妇不久居其所之理？《序卦》止有一端之理者正在于此。"此来氏对《序卦传》之微词也。见页722。
[4] 参见《周易正义》，页334。

先儒以《易》之旧题，分自此以上三十卦为《上经》，已下三十四卦为《下经》，《序卦》至此又别起端首。先儒皆以《上经》明天道，《下经》明人事，然韩康伯注《序卦》破此义云：'夫《易》，六画成卦，三才必备，错综天人，以效变化，岂有天道、人事偏于上下哉！'案：《上经》之内，明饮食必有讼，讼必有众起，是兼于人事，不专天道。既不专天道，则《下经》不专人事，理则然矣。但孔子《序卦》不以咸系离。《系辞》云"二篇之策"，则是六十四卦旧分上下，乾、坤象天地，咸、恒明夫妇。乾坤乃造化之本，夫妇实人伦之原，因而拟之，何为不可？[1]

据孔疏，韩氏之前，即有先儒以夫妇为人伦之大原，故以咸恒另起下经。上经明天道，下经明人事，故全经之"义理结构"，不必待潘雨廷而后明也。而孔颖达之攻韩康伯，正据《序卦传》。故焦循之意，绝非孤明独发。前人之疑《序卦传》，非因不同意咸感为人伦之原，而实因《序卦传》上经卦象关系紊乱。[2]清理此关系，方是潘氏之贡献。故潘氏所明，实非"义理结构"，而是《序》传之

---

[1]《周易正义》，页139。
[2] 参见潘雨廷，《论〈周易·序卦〉作者的思想结构》，见氏著，《易学史发微》，页302。

卦象结构也。而潘氏如此维护《序》传，亦不能否认韩康伯之指责。潘论《序》传云："《序卦》曰：'《屯》者，盈也；物之始生也。物生必蒙，故受之以《蒙》。《蒙》者，蒙也；物之稚也。'此论自然现象尚可。继之取天一生水之象而卦为需讼。序卦合以人事而言：'《需》者，饮食之道也。饮食必有讼'云云，殊非列卦象者之思想。"[1]这正是用了孔颖达的例子，来复述韩康伯的判断："凡《序卦》所明，非《易》之缊也……"

然而潘雨廷对整个《序卦传》的态度因此显得有些怪诞。因为他坚持《序卦》与《彖》的区别是，在前者，上篇仅言天地，"于人事宜归下篇"[2]。这样，他的批评就是，《序卦》之言义理，未能坚持《序卦》自己的原则。为何如此？因潘氏是纯粹按照卦象来推衍《序卦》的。焦循亦是此意，而来知德早有此说矣。[3]如吴飞先生确尊主潘学，当如潘所做，从卦象解释上下经之关系，而非仅笼统地说："下经言人类社会，始于咸恒夫妇之道，与上经乾坤两卦相对……与上经同中有异，异中见同，参天地以成人事，明生生而言变化。"按，人伦之原，夫妇也，咸恒

---

[1] 参见潘雨廷，《论〈周易·序卦〉作者的思想结构》，见氏著，《易学史发微》，页303。
[2] 同上。
[3] 来知德云："殊不知《序卦》非为理设，乃为象设也。"见《周易集注》卷十五，页717。

也。天地，乾坤也。于《易》，夫妇之于天地，即咸恒之于乾坤。此卦象推衍关系，非"相对""参照"那样简单。诸易家包括焦、潘于此又微有不同。来知德、焦循以为从作为上经之首之乾坤两卦推出。而焦循"相错旁通"之说更精微，以乾坤六子相错成损益咸恒等象。船山用来氏错综之说，其推《序卦传》则较来氏为繁。[1]而虞翻、荀爽、李道平及潘雨廷等则以天地为泰否两卦所含之乾坤。咸自否来，恒自泰来。[2]无论天地取何种解释（乾坤或否泰），无论咸恒来自否泰（虞李潘等）或艮兑震巽（焦），都是由天地直接或间接地推衍为夫妇，不可能如吴飞先生所主张，推衍从咸卦体现的夫妇之道出发。如吴先生坚持以夫妇之道反推天地之道，《中庸》或有比《周易》更直接的证据，盖《庸》有所谓："君子之道，造端乎夫妇，及其至也，察乎天地。"[3]而《易》之取象则天地日月也："是故

---

[1] 焦循曰："乾坤，父母也……六子一父母所生，不可以合。故必相错旁通"，见焦循，《易章句》，卷十一，陈居渊主编，《焦循著作集》，《雕菰楼易学五种》，凤凰出版社，上册，2012，页221。八卦相错，见其《易图略》卷四"八卦相错图第四"。乾坤相错为否泰，震巽相错成恒益，艮兑相错成咸损。见《雕菰楼易学五种》，下册，页914、915。焦氏之"旁通"虽与虞翻用语相同，实较虞为繁。其相错亦非来氏所谓"错"。船山则用错综之法，推衍《序》传诸卦。参见王夫之《周易外传·序卦传》，《船山全书》，第一册，页1099。

[2] 泰否皆含乾坤，皆含天地。否变为咸，泰变为恒。夫妇之道，咸恒一贯，非独取咸。皆由天地出，是所谓有天地而后有男女，有男女而后有夫妇也。参见《周易集解纂疏》，页314、315、320。

[3] 《礼记正义》卷第五十二，北京大学出版社，1999，页1429。

法象莫大乎天地……悬象著明莫大乎日月。"[1]

吴飞先生极为重视咸恒之卦,以此为人伦之原。善哉斯言!诚古人之遗意也。然而吴飞先生以损卦十六字诠释咸卦,或于男女交合与夫妇之道,有所混淆。损卦兑下艮上,咸卦艮下兑上,皆少男少女之象,而圣人以咸卦而非损卦为下经之首,以男女构精之辞系于损卦而非咸卦之下,盖有微意也。单纯交合,尚非人伦。咸卦柔上刚下,男下女、止而悦,方是礼义之象、娶女之象、婚姻之象,而非单纯交合之象。故卦辞曰:"咸:亨,利贞,取女吉。"《彖》曰:"咸,感也。柔上而刚下,二气感应以相与。"仅云二气感应,区分不了咸、损二卦。故《彖》紧接着说:"止而说,男下女,是以'亨,利贞,取女吉'也。"[2] 王弼注"止而说"曰:"故'利贞'也"。孔颖达疏曰:"不失其正,所以'利贞'也。"[3] 而损卦无"利贞"之德。唯云:"有孚,元吉。无咎可贞,利有攸往。"必"有孚",然后"元吉";必"无咎可正",然后"利有攸往"[4]。故来知德注曰:"人心之说易失其正,唯止而说则无徇情纵欲之私,此所以'利贞'也。'男下女'者,以艮之少男下兑之少女也。凡婚姻之道,无女先男者,必女守贞静,男先下之,则为得男女之正,此所以

---

[1]《周易正义》卷七,页289。
[2]《周易正义》,页139。
[3] 同上。
[4] 参见同上书,页171—172。

'取女吉'也。"[1]而女先男实损卦之象。咸损之别，宜玩味也。综合前人之说，损卦未必有正，而咸卦必正也。二卦差异，即夫妇之道与男女交合之差异，人伦与"化生"之差异也。故唯咸恒为人伦之原，损卦十六字不与焉。吴飞先生的整个学说，志在夫妇正始、彝伦攸叙。故咸、损差异所在，对之绝非无关紧要。冀贤者察之。

三

拜读吴文之后，鄙人之献疑如上。至于拙见，将上文之批评倒转即可明白。即我不主张从咸损等特定卦象曲通生生之义，而当以文脉定文意，径从出处推阐其义、寻绎其理。吴文已引其出处："显诸仁，藏诸用，鼓万物而不与圣人同忧，盛德大业至矣哉！富有之谓大业，日新之谓盛德，生生之谓易，成象之谓乾，效法之谓坤，极数知来之谓占，通变之谓事，阴阳不测之谓神。"此篇幅稍长，古人有引述极简者，唯摘"日新之谓盛德，生生之谓易"两句。[2] 其征虽简，其诂则在焉，即以为两句意通，合说顺天改易之理。古人亦有引述极繁者，即从"一阴一阳之谓道"以下全章摘录，方能确解"生生之谓易"。来知德、王夫之皆如此。为将"一阴一阳之谓道"以下与"显诸仁，

---

[1] 来知德，《周易集注》卷七，页374—375。
[2] 参见杨树达，《周易古义·老子古义》，上海古籍出版社，2006，页85。

藏诸用"以下合说，来、王皆破《周易正义·系辞》之分章[1]，依朱子《周易本义》[2]，将"一阴一阳之谓道"判为第五章首，"显诸仁"以下段落均摄此章以下。[3]吴文引"生生之谓易"出处不全，盖从《周易正义》之分章也。朱来王之分章是。盖《正义》判"显诸仁"以上为第四章，以下为第五章，以为"上章论神之所为，此章广明易道广大，与神功不异也"[4]按，其所判第四章有"故神无方而易无体，一阴一阳之谓道"，非无易道也；所判第五章有"阴阳不测之谓神"，非无神之所为也。要之强分神与易道为二章则非。所判第五章之"显诸仁，藏诸用"当用所判第四章之"仁者见之谓之仁……百姓日用而不知"解，此王孔自已言之[5]，何故分属二章？故当从朱来王判章，亦当从来王，从"一阴一阳之谓道"以下一义直贯而解"生生之谓易"。盖"一阴一阳之谓道"章实乃全部《系辞》乃至全部《周易》经传最重要之一章，易道之通义、天人际之微、儒家义理之髓、儒道之分野等皆包摄其中。故不揣辞费，俱引朱、来、王本《系辞上》第五章如下：

---

[1]《周易正义》之分章盖从周氏。先儒亦有其他分章方式，然均不同于朱子。参见《周易正义》，页256—257。
[2] 参见朱熹，《周易本义》，卷七，北京大学出版社，1992，页140—141。
[3] 参见来知德，《周易集注》卷十三，页620；王夫之，《周易内传》卷五上，《船山全书》第一册，页524。
[4]《周易正义》，页270。
[5] 同上。

一阴一阳之谓道,继之者善也,成之者性也。仁者见之谓之仁,知者见之谓之知,百姓日用而不知,故君子之道鲜矣。显诸仁,藏诸用,鼓万物而不与圣人同忧,盛德大业至矣哉!富有之谓大业,日新之谓盛德。生生之谓易,成象之谓乾,效法之谓坤,极数知来之谓占,通变之谓事,阴阳不测之谓神。

《周易》经传中"生生"唯见乎此章。不通此章之义,即便旁涉广大,所得皆非《易》所谓"生生"之实义也。此篇之难,不在文字,而在道理。孔疏文义不精,盖未得理义也。此章理义,船山解极精。然亦有所宗,有所变。其《内传》颇宗来注,而《外传》取精用弘,与《尚书引义》之说互为犄角,别开生面矣。鄙人对于生生之见解,大体近宗船山,远绍明道。略释如下。

来知德注此章,从"一阴一阳之谓道"一气贯下。以为"一阴一阳"是理乘气机出入。气迭运,故太极之理流行而日新,故谓之道。[1]此一阴一阳之道既在天地,也在天人之际,也在《易》经中。"以天人赋受之界言之",就是继善成性。此道在《易》一书之中,就是生生之谓《易》。"生生"即"阳生阴,阴生阳,消息盈虚,始终代

---

[1] 参见来知德,《周易集注》,卷十三,页620。

谢,其变无穷"[1]。以吴文所举两重释义衡之,来知德乃以阴阳相生,而非阴阳交入义注"生生"。[2]来注可谓一体贯通,而诸用殊绝。盖以为天、人、经三者平行,皆道之所在也。彼以"接续不息"注"继",则天道内自有其继,贞下起元,何必继之以善?继既在一阴一阳之道内,为何道后又要说个"继"?此则犹有天人二本之疑。

船山《周易内传》解此章大处依来,但极重视"继"。船山以为"道统天地人物,性则专就人而言也"[3],"继"则示"天人相接续之际,命之流行于人者也"[4]。此言固与来注无大差别。但天命流行之后,"于是人各有性,而一阴一阳之道,妙合而凝焉"[5]。这就非来注所能包含的了。船山此解,本宗《中庸》"苟不至德,至道不凝焉"之理。[6]虽然性小道大,但"性小而载道之大以无遗"[7]。船山此说远应明道之学。程颢云:"……若如或者别立一天,谓人不可以包天,则有方矣,是二本也。"[8]又云:"天人

---

[1] 参见来知德,《周易集注》,卷十三,页622—623。
[2] 焦循以反复推移解生生,亦以为此句说《易》经而非易道,与来注无实质差别:"生而又生,往来交易,此《易》所以名《易》也。"见焦循,《易章句》,卷七,《雕菰楼易学五种》,上册,页164。
[3] 《周易内传》卷五上,《船山全书》,第一册,页526。
[4] 同上。
[5] 同上。
[6] 郑玄注"凝"为"成之者性"也之"成"。见《礼记正义》,页1455。
[7] 《船山全书》,第一册,页526。
[8] 《二程集》,中华书局,2004,页121。

无间断。"[1]《内传》虽云道大性小，但性能包道，这就向破天人二本迈进了一大步。《内传》之于"生生之谓易"，亦宗来氏，解"易"为《易》经。道既全凝于性，道与性皆为《易》理所涵。故《内传》注"生生之为易"一节曰："此以下正言《易》之所自设，皆一阴一阳之道，而人性之全体也。"[2]可见《周易内传》以阴阳相推之道解生生，而张大"继"义，以融天人为一也。"同一道也，在未继之前为天道，既成之后为人道。"[3]则天人固因"继"而同一，而其言则似"继"仍在天道之后、之外也。

《周易内传》或微有未安，《外传》则极周澈矣，唯以"继"之一义，贯天人、贯道善性。"甚哉！继之为功于天人乎，天以此显其成能，人以此绍其生理者……天人相绍之际，存乎天者莫妙于继，然则人以达天之几，存乎人者，亦孰有要于继乎？"[4]

据此，"继"之义大矣哉！天人之所以非二本，盖因天人无非皆继而已。继非唯存乎人道，亦存乎天道。故人之继天，即人即天，即天即人。既是人道，也因之就是天道。反之亦然。这才叫道成于性、至道凝于至德。在人性中成就的，无非就是天道。故《周易外传》实以"继"释

---

[1]《二程集》，中华书局，2004，页119。
[2]《船山全书》，第一册，页529。
[3] 同上。
[4]《周易外传》卷五，《船山全书》第一册，页1007。

"生生",而又以此"生生"为总纲回释道体、回释道善性。故在《外传》,生生为易之说已非道在《易经》而已,而是道之总纲,遍在天人。"夫繁然有生,粹然而生人,秩焉纪焉,精焉至焉,而成乎人之性,唯其继而已矣。"[1]这是将人性之成,皆归于生生、归于继。而在人之生生,无非即天道也。故"道之不息于既生之后,生之不绝于大道之中,绵密相因,始终相洽,节宣相允,无他,如其继而已矣"[2]。这就是《外传》对"生生之谓易"的字面解释。保留了孔疏"不绝"之文义,而以继之理义彻解之。又以大道释"易",彻底与来注撇清关系。[3]故此继绝非仅在天人之际,而是贯穿天人。"一阴一阳之谓道"者,亦无非"继"也。故船山云:"以阳继阳而刚不馁,以阴继阴而柔不孤,以阳继阴而柔不靡,以阴继阳而刚不暴。"[4]至此,船山生生之说大明,无非一继而已。一阴一阳之谓道者,继也。天人之际者,继也,人之成性者,亦继也。继故不绝。唯生生不绝,故"天人无间断"。天人无间断,天道乃凝成于人性。性理即生理也。人之绍天者,非与天了不相干,而即天道所立、至道之凝也。此流行不已、成

---

[1]《周易外传》卷五,《船山全书》第一册,页1007。
[2] 同上。
[3] 此处可参程子之说:"易是个甚?易又不只是这一部书,是易之道也。"《二程集》,页31。
[4]《船山全书》第一册,页1007。

人凝道之总体,即生生,即道体也。

此即鄙人所依之船山"生生"说,旧文判释牟海亚氏之学,无非为引出此道体而已。船山此说,盖以"继"为"生生"之理义,下通孔疏"不绝"之文义。鄙意"不绝"为文义亦不确。盖生生故不绝,非生生文义即"不绝"也。故略呈考证,为船山释补一文义。《春秋公羊传·庄公三十二年》有"【叔】牙谓我乎:'鲁一生一及'"。何休解诂曰:"父死子继曰生,兄死弟继曰及。"[1]《史记·鲁周公世家》则云:"叔牙曰:'一继一及,鲁之常也。'"裴骃集解引何休:"父死子继,兄死弟及。"[2]何解较裴引尤精。两处正文相参可知,继即生也。故船山解非独合《易传》之理义,亦合其文义。生之为继,乃可作用于自生。生即继其生,意即生生。生有此理故不绝不息。而此理非独见于天道之一阴一阳,亦见于人道之仁义礼信。人道之仁义礼信,即一阴一阳之继与成也。唯如此,儒家义理之学,乃与道家判然有别。[3]生生之说,实道体所系。故曰:"生生之谓易,是天之所以为道

---

[1]《春秋公羊传注疏》,上海古籍出版社,2014,页216。
[2]《史记》卷三十三,中华书局,1953,第五册,页1532。
[3] 近人刘武注《逍遥游》,以《易·乾·彖》解"若夫乘天地之正,而御六气之辩",谓:"夫《庄子》此书,所以明道也。其所谓道,非仁义之谓,乃阴阳之谓也"见氏著,《庄子集解内篇补正》,中华书局,1987,页16。其说固是,然而道家虽排仁义,儒家则不排阴阳也。非独不排,在儒家,仁义方成就阴阳,天道凝成于人德,此即《易传》继善成性之理、生生之理也。

也。天只是以生为道,继此生理者,即是善也。"[1]

以上是鄙人关于生生的基本见解[2]。与吴学大旨,并无实质差别,只入路不同。吴飞先生取道阴阳之交、夫妇之合,鄙人取道阴阳相继、天人相绍。吴说重人伦,鄙说重道体。鄙说可包吴说,吴说也可推出鄙说,要皆易理也。故《系辞》云:"天下同归而殊涂,一致而百虑。"

---

[1]《遗书》卷第二上,见《二程集》,页29。
[2] 篇幅所限,言不尽意,详见丁耘,《道体学引论》,华东师范大学出版社,2019,尤其是下篇第二章。

后　记

　　此书大体编辑旧文，而略成其统。这只是为未尽的思考，特别是体系性的工作，提供一个开端，以确定基点和方向。

　　此书得以面世、此内的文章得以撰写，要感谢甘阳、刘小枫、舒炜、冯金红、李学军、施宏俊等诸位师友。

　　感谢生活·读书·新知三联书店（以下简称三联书店）。对我来说，三联书店就意味着 80 年代。每当重新打开三联书店的那些旧书，打开当年的《读书》，就如同回到了精神故乡。正是三联书店，多年以来以她的睿智和耐心，调教着我们这些莽撞的年轻人。并把我们中的一些，从读者教养成了作者。

　　至于那些朝夕切磋、共同求学问道的朋友们，你们已是我生命的一部分，就不再专门致谢了。

丁　耘

2011 年 7 月

增订本后记

《儒家与启蒙》初版问世已历多年,坊间搜罗不易,三联书店的朋友建议再版。旧版多21世纪的第一个10年间、三十来岁时的旧作。世事兴旺,人到中年。目下时势、心境均有些不同。原样重印,实非所愿。故趁此机会,增删了一些篇目,同时改订了各编标题。个别地方做了文字订正,引言、后记则一仍其旧。

请允许我再次向三联书店致敬,再次感谢责任编辑冯金红、吴莘女士、感谢丛书主编甘阳老师。在这个泥沙俱下的时代,他们比我,更不容易做一块江中的顽石。

丁耘

2019年8月9日周五

暴风雨之夜